MONICA SELES

Nancy Ann Richardson

Mein zweites Leben

Aus dem Amerikanischen
von Ursula Bischoff
und Hans-Jürgen Baron von Koskull

GOLDMANN VERLAG

Alle Aussagen, Briefe und Gutachten
stellen Rückübersetzungen aus dem Englischen dar,
da dem Verlag die Originaldokumente
nicht zur Verfügung standen.

Umwelthinweis:
Alle bedruckten Materialien dieses Taschenbuches
sind chlorfrei und umweltschonend.

Der Goldmann Verlag
ist ein Unternehmen der Verlagsgruppe Bertelsmann

Deutsche Erstausgabe August 1996

Originalverlag: HarperCollins, New York
Originaltitel: From Fear to Victory
Umschlaggestaltung: Design Team München
Umschlagfoto: R. Maiman / Sygma / Pandis
Satz: Uhl + Massopust, Aalen
Druck: Graphischer Großbetrieb Pößneck
Verlagsnummer: 12735
KF · Herstellung: Sebastian Strohmaier
Made in Germany
ISBN 3-442-12735-1

1 3 5 7 9 10 8 6 4 2

Dieses Buch widme ich in Liebe
meiner Mutter, meinem Vater
und Zoltan

Dank

Es ist nicht leicht, so zu lieben, daß man den Geliebten nicht erdrückt, wenn man ihn in die Arme schließt, daß man ihn bei klarem Verstand und mit offenem Herzen versteht, ohne ihn zu verurteilen, und Großzügigkeit zeigt, ohne für sich etwas zu erwarten. Meine Mutter, mein Vater und mein Bruder haben genau das während meines ganzen Lebens vorbildlich demonstriert. Ohne ihre Liebe und Unterstützung wäre dieses Buch – von meiner Karriere als Tennisspielerin ganz zu schweigen – nicht möglich gewesen. Vor allem aber hätte ich nie jenes Gefühl von Sicherheit und Ausgewogenheit verspürt, das mich auch dann geleitet hat, wenn mein Weg nicht klar vorgezeichnet war. Den Einfluß meiner Familie auf mein Leben und ihre Teilhabe daran nur anzuerkennen, reicht gewiß nicht aus. Ich kann nur sagen: Sie ist das Licht, das mich führt.

Da ist dann noch Betsy Nagelsen, ein wahrhaft zuverlässiges menschliches Wesen, auf dessen Freundschaft ich nicht verzichten könnte, und Mark McCormack, dessen Güte und Ratschläge mir geholfen haben, stark zu bleiben; Dr. Steadman und Dr. Hawkins, die mit ihrem Fachwissen und Mitgefühl meinen Körper geheilt haben, sowie Topper Hagerman und John Atkins, die mit Hilfe ihrer Physiotherapie und ihrem Bemühen, mir neuen Lebenswillen zu geben, zu meiner Genesung wesentlich beigetragen haben. Ich denke auch an Dr. Jerry May, der mich geduldig angehört, klug beraten und mir getreulich beigestanden hat. Mein Dank gilt schließlich Stephanie Tolleson, die meine Karriere managt, in jeder Situation hinter mir steht und alles Nötige möglich macht.

All diesen Menschen und den Tennisfans, die mich während meiner ganzen beruflichen Laufbahn unterstützt haben – auch in den schwierigsten Situationen – kann ich nur danken, und zwar von ganzem Herzen.

Ich danke Monica dafür, daß sie ihre unglaubliche Lebensgeschichte mit mir geteilt hat; eine Geschichte, die so ereignisreich ist, daß man kaum glauben kann, wie jung Monica noch ist. Mein herzlicher Dank gilt auch Betsy Nagelsen für ihre wertvolle Zeit, für ihr Verständnis und für vier Tonbänder, die sie mir überlassen hat. Ich bedanke mich bei Mark McCormack für seine redaktionellen Vorschläge und Ideen sowie bei Mark Reiter, Stephanie Tolleson, Linda Dozoretz, Tony Godsick, Dr. Jerry May, Dr. Steadman, Dr. Hawkins und Dr. Danelzik für ihre Sachkenntnis und ihren Beistand.

Wie immer danke ich Jane, Art, Sue und meinem neuen Bruder Peter.

Nancy

1

Es gab eine Zeit, als ich mir wünschte, mein Leben sollte wie ein Märchen verlaufen, das mit den Worten beginnt: »Es war einmal« und mit dem Satz aufhört: »Und wenn sie nicht gestorben sind, leben sie noch heute.« Dabei dachte ich an Prinzessinnen, Burgen, Drachen und Ritter auf schneeweißen Schlachtrossen. In solchen Märchen wird das Böse stets besiegt und die verzauberte Prinzessin mit einem Kuß erlöst. Doch die wirkliche Welt ist kein Märchen, und der glückliche Ausgang einer Geschichte ist nicht vorbestimmt. So ist das Leben.

Damals meinte ich, alles stünde zum Besten, und die Entscheidung, mich Ende April am Citizen-Cup-Turnier in Hamburg zu beteiligen, um mich auf die French Open im Juni vorzubereiten, sei richtig gewesen. Meine ganze Familie begleitete mich. Zum ersten Mal war auch mein Bruder Zoltan nach Europa mitgekommen. Wir hatten bei den Australian Open im Januar 1993 so viel Spaß, daß er sich bereit erklärte, in Hamburg mein »hitting partner« zu sein. Bevor das Turnier begann, unternahmen wir einen Spaziergang am Ufer des schönen Sees vor unserem Hotel. Es war ein sonniger, beinahe ungetrübt schöner Tag.

Mich plagte nur die Sorge, gesundheitlich nicht ganz auf der Höhe zu sein und dieses Spiel vielleicht nicht durchzuhalten. Eine lange Viruserkrankung hatte mich im März und in der ersten Aprilhälfte vom Tennisplatz ferngehalten. Ich fühlte mich schwach. Vor den ersten Spielen war ich ein wenig nervös und hoffte, gut zu spielen, um später mit mehr Selbstvertrauen an den French Open teilzunehmen. Zwar gewann ich die ersten

Sätze, doch war ich mit meinen Leistungen nicht zufrieden. »Brauchst du mehr Training, Monica?« fragte mein Vater. Das nächste Spiel sollte am Abend des folgenden Mittwochs stattfinden, und am Morgen des gleichen Tages gingen wir ohnehin zum Training ins Stadion.

Ich hatte den Leiter des Citizen-Cup-Turniers gebeten, mir einige zuverlässige Leute zur Verfügung zu stellen, die für meine Sicherheit sorgten, denn es hatte in Deutschland zuvor gewisse Probleme gegeben. Ein mir unbekannter Mann versuchte beispielsweise, mir irgendwelche Papiere auszuhändigen. Jeden Morgen um 6.45 Uhr sollte mich ein aus vier Männern bestehendes Team am Stadioneingang erwarten und während der Übungsstunden bei mir bleiben. Doch jedesmal verspätete sich das Team um mindestens zehn Minuten. Mittwoch kamen sie erst um 7.40 Uhr.

»Tut uns leid«, sagten sie, »aber wir haben verschlafen.«

»Die Burschen werden dafür bezahlt, nichts zu tun«, murmelte ich zu meinem Vater hin.

An jenem Abend gewann ich das Match. Auf der Rückfahrt zum Hotel sagte mein Fahrer (ein deutscher Student), er glaube, wir würden verfolgt. »Legen Sie den Sicherheitsgurt an, Monica, ich werde versuchen, ihn abzuschütteln.« Während der folgenden halben Stunde fuhren wir in halsbrecherischem Tempo über die Autobahn. Die Reifen quietschten, wenn wir die Richtung änderten und durch Haarnadelkurven fuhren. Der kleine dunkle Wagen, der uns folgte, blieb uns auf den Fersen. Wir konnten den Fahrer nicht erkennen, sondern sahen nur, daß er allein war. Schließlich gab mein Fahrer das Rennen auf und setzte mich vor meinem Hotel ab. Wir konnten den dunklen Wagen noch erkennen, als mich mein Fahrer zur Hotellobby begleitete. So etwas ist mir noch nie passiert, dachte ich besorgt. Wenn der Mann ein Autogramm wollte, brauchte er mich nur zu fragen. Ich weigere mich nie, ein

Autogramm zu geben. An jenem Abend hatte ich Schwierigkeiten einzuschlafen.

Donnerstag morgen, es war der 29. April, fuhren wir wieder hinaus zu den Tennisplätzen, doch diesmal erschien nur noch ein Mitarbeiter des Teams, das für meine Sicherheit sorgen sollte. Außerdem saßen einige Leute in den Rängen über dem Spielfeld und sahen mir zu. Ich fragte mich, wie sie in den Club gekommen waren. Ich versuchte mich zu konzentrieren, doch einer von ihnen hatte ein Videogerät und machte Aufnahmen von mir. Mein Bruder ging zu ihm hinüber und bat ihn, dies zu unterlassen, und sagte, er könne von mir später gern ein Autogramm bekommen. Erst nachdem Zoltan ihn wiederholt darum gebeten hatte, hörte er auf zu filmen. Mir war die ganze Sache unheimlich, und deshalb beendeten wir unser Übungsmatch schon kurze Zeit danach.

»Ich gehe nur in den Umkleideraum«, rief ich meinem Vater zu und wandte mich dem Tunnel zu, der in den Umkleideraum führte. Auf der einen Seite des Durchgangs stand ein Mann in den Rängen. Er trug eine Arthur-Ashe-Baseballkappe. Ich freute mich festzustellen, daß Arthur auch in Deutschland eine bekannte Persönlichkeit war. Der Mann mit der Kappe beugte sich vor und blickte zu mir herunter, als ich an ihm vorüberging. Ich sah ihn an und lächelte. Der Mann erwiderte das Lächeln. Als ich den schwach erleuchteten Tunnel betrat, erinnerte ich mich, den Burschen schon einmal gesehen zu haben. Gestern war er in der Hotelhalle gewesen. Was für ein Zufall. Ich zog mich rasch um und ging wieder zu meinem Vater und Zoltan.

Ich wußte nicht, daß auch mein Vater den Mann mit der Baseballkappe wiedererkannte, auch er hatte ihn im Hotel gesehen. Er ging zu ihm hinüber, als er hinter dem Zaun stand und zu uns herüberschaute. »Schönes Wetter in Hamburg«, sagte mein Vater zu diesem älteren Mann, der ihm jedoch nicht antwortete. Mein Vater überlegte, ob er ihn nicht auffordern sollte, hereinzukommen, um mich bei meinem Übungsmatch ungehindert beobachten zu können, aber Zoltan meinte, dies würde vielleicht meine Sicherheit gefährden.

Am selben Abend wurde mein Vater krank. Wir fürchteten, er hätte sich mit dem gleichen Virus infiziert, an dem ich im vergangenen Monat erkrankt war. Um die Mittagszeit des folgenden Tages fühlte er sich so schlecht, daß er nicht zu meinem Viertelfinale gegen Magdalena Maleeva aus Bulgarien kommen konnte. Meine Mutter beschloß, bei meinem Vater im Hotel zu bleiben und ihn zu pflegen. Auch Zoltan blieb; er wollte aber zur zweiten Hälfte des Spiels kommen, um zu sehen, wie es ausging. »Keine große Angelegenheit«, sagte ich ihm, bevor ich zum Stadion fuhr. »Komm nur, wenn es dich wirklich interessiert.«

Das Match begann erst um 18 Uhr. Es war ein klarer Tag gewesen, und als die Sonne sank, wurde es kühl auf dem Spielfeld. Der erste Satz war harte Arbeit. Magdalena ist eine sehr gute Grundlinienspielerin, und ich mußte mich anstrengen, sie zu schlagen; 6:4. Meine Kräfte ließen nach. Im zweiten Satz geriet ich 0:3 in Rückstand und verlor jede Übersicht.

Was ist los mit dir? fragte ich mich. Konzentrier dich und spiel so, daß man das Match nicht wegen Dunkelheit morgen vormittag fortsetzen muß, sagte ich mir. In diesen Fall würde ich das Viertelfinale am Vormittag beenden und hätte, falls ich gewann, das Semifinale noch am gleichen Nachmittag spielen müssen. Um gut zu sein, durfte ich mich nicht völlig verausgaben. Ich kämpfte mich bis zum Gleichstand 3:3 durch. Um in Führung zu gehen, mußte ich noch ein Spiel gewinnen – 4:3. Ich ging zu meinem Stuhl und setzte mich. Die 60-Sekunden-Pause.

Es war kalt. Ich scharrte mit den Füßen auf dem Boden hin und her und wischte mir den kalten Schweiß im Nacken ab. Konzentriere dich, Monica, sagte ich mir, damit du das Spiel im zweiten Satz beenden kannst. Ich legte mir mein Handtuch über das Gesicht und beugte mich nach vorn, um mich durch nichts ablenken zu lassen. Immer noch scharrte ich mit den Füßen. Nur noch wenige Sekunden, bis es wieder weitergeht, dachte ich. Und dann spürte ich einen schrecklichen Schmerz im Rücken.

Es war ein plötzlicher, brennender Schmerz auf der linken Seite, der über den ganzen Rücken nach rechts verlief und sich von dort nach unten hin ausbreitete. Ich stieß einen tierischen Schrei aus, wobei ich meine eigene Stimme nicht wiedererkannte. Was ist passiert? Ich blickte über die linke Schulter hoch – da stand ein Mann mit einer Baseballkappe und hielt ein blutiges Messer in den Händen. Er hob beide Arme über den Kopf, um ein zweites Mal zuzustoßen. In diesem Augenblick erkannte ich ihn wieder. Das Gesicht hatte ich im Hotel und auf den Zuschauerrängen gesehen. Ein Mann aus meinem Sicherheitsteam erfaßte ihn von hinten und drückte ihm die Kehle zu. Sein Gesicht wurde immer röter, und ich wandte mich ab.

Ich weiß nicht mehr, wann ich aufgestanden und zum Netz gestolpert bin. Der Schock war so groß, daß ich nicht mehr vernünftig denken konnte. Ein Zuschauer sprang von den Rängen herunter und ergriff mich an den Schultern. Mir war schwindlig, und ich sank auf den roten Sandbelag zurück. Die Schmerzen in meinem Rücken waren schier unerträglich. Ich griff nach der Wunde im Rücken, und als ich meine Hand zurückzog, sah ich, daß sie voller Blut war.

Nun erschien auch meine Trainerin Madeleine Van Zoelen. Ich fragte sie, was geschehen sei, konnte ihre Antwort aber nicht hören, weil es so laut in meinen Ohren pochte. Alles geschah zu schnell, um es richtig zu verstehen. Dann sah ich meinen Bruder über den Platz laufen. Er ist also doch gekommen, dachte ich. Nachdem ich Zoltan erkannt hatte, brauchte ich keine Fragen mehr zu stellen. Ich wußte, er würde sich meiner annehmen. Rückblickend wundere ich mich heute darüber, daß man Zoltan auf den Tennisplatz ließ. Kein Mitglied des Sicherheitsteams und kein Veranstalter des Turniers wußte, daß er mein Bruder war. Auch kannte niemand den Zuschauer, der über den Zaun sprang, um mir zu helfen. Wäre er ein Freund des Angreifers gewesen, hätte er genügend Zeit gehabt, mich zu erledigen. Dies alles beweist nur, daß nicht ausreichend für meine Sicherheit gesorgt war und praktisch jeder auf den Tennisplatz vordringen konnte. In jenem Augenblick dachte ich allerdings an etwas anderes. Mir waren nur die Worte Zoltans wichtig, der mir die Beine massierte und rief: »Alles wird wieder gut, Monica. Bleib in Bewegung.« Er wandte sich an die Menge und forderte die Leute auf: »Irgend jemand muß ihr helfen!« Schließlich fiel mein Blick auf Magdalena Maleeva, die allein auf der anderen Seite des Tennisplatzes stand.

»Monica, du mußt jetzt die Zähne zusammenbeißen«, sagte Zoltan, als Madeleine das Verbandspäckchen auf meine Wunde drückte.

Ich rang nach Luft, mir stockte der Atem. »Gehen Sie weiter, gehen Sie weiter!« rief Zoltan den Leuten zu, die sich um uns versammelt hatten.

Ich erinnere mich noch daran, daß ich hoffte, irgend jemand würde mir Sauerstoff geben. Dem war jedoch nicht so. Schließlich wurde ich auf eine Tragbahre gehoben und vom Tennisplatz abtransportiert. Auf dem Weg zum Krankenwagen lief Zoltan neben mir her. Es hatte sehr lange gedauert, bis der Wagen endlich da war.

»Mom und Dad . . .«, flüsterte ich Zoltan zu, als die Sanitäter mich für die Fahrt im Krankenwagen auf die Seite legten.

»Sie werden im Krankenhaus sein«, versprach Zoltan, während er mir die Arme und Beine rieb, um den Blutkreislauf anzuregen.

In meinem Kopf rasten so viele Gedanken durcheinander, und immer wieder kam mir das Wort *erstochen* in den Sinn. Ich hatte dieses Wort noch nie benutzt und nie daran gedacht.

Doch ich hatte das Messer gesehen. Dieses Messer hatte in meinem Rücken gesteckt. Es war hineingestochen und herausgezogen worden. Man hatte versucht, mich zu erstechen. Atme, Monica. Atme. Die Fahrt im Krankenwagen schien unendlich lange zu dauern. Madeleine fuhr mit uns ins Krankenhaus. Sie war sehr fürsorglich, und ich war ihr aufrichtig dankbar dafür, daß sie mitgekommen war.

Meine Eltern warteten schon in der Notaufnahme auf mich. Zoltan hatte sie angerufen. Ich kann mir gar nicht vorstellen, wie hilflos sie sich fühlten. Sie weinten, als ich sie sah. Der Zustand ihres Kindes ängstigte sie so sehr, daß sie gar nicht versuchten, ihre Fassung zu bewahren.

Man brachte mich ins Untersuchungszimmer. Alles was nun geschah, versetzte mich in Angst und Schrecken und verursachte starke Schmerzen.

2

Ich war verzweifelt. Nachdem die deutschen Ärzte meine Wunde gereinigt hatten, beschlossen sie, ein MRI-Tomogramm von mir aufzunehmen, um das Ausmaß der Verletzung festzustellen. Ich wurde in einen kleinen Raum gefahren und auf eine dünne Unterlage gelegt, die in einen großen runden Zylinder geschoben werden konnte.

»Da gehe ich nicht hinein!« rief ich, als die Schwestern Anstalten machten, mich in den Apparat zu schieben.

»Es muß sein, damit wir sehen können, wie gefährlich die Stichwunde ist«, versuchte mir eine der Schwestern in gebrochenem Englisch zu erklären.

»Das ist mir gleich«, schluchzte ich. »Ich kann mich nicht so auf den Rücken legen, wie Sie es wollen – das schmerzt zu sehr.«

Sie schoben mich trotzdem hinein. Ich hatte das Gefühl, vier

Wochen in diesem Apparat zu liegen und nicht nur vierzig Minuten. Ich war gefangen und litt unter schlimmen Schmerzen. Die Schwester sagte mir immer wieder, ich dürfe mich nicht bewegen, doch es fiel mir schwer, stillzuliegen, denn ich hatte sehr starke Rückenschmerzen. Die Ärzte stellten fest, daß nur das weiche Gewebe und die Muskeln neben meinem Schulterblatt verletzt waren. Die Wunde selbst war anderthalb Zoll tief. Der Stich war nur wenige Millimeter an meinem Rückgrat vorbeigegangen.

»Sie haben Glück gehabt, Ms. Seles«, erklärte einer der Ärzte. »Wenn die Messerklinge um Haaresbreite weiter links eingedrungen wäre, hätte eine spinale Paralyse die Folge sein können.« Als ich schließlich in ein Krankenzimmer gebracht wurde, war ich völlig erschöpft, konnte aber die Augen nicht schließen.

Ich hatte schreckliche Angst, der Angreifer könnte wiederkommen. Beabsichtigte er, mich ein zweites Mal zu verletzen? Damals wußte ich noch nicht, wer »er« war und daß der Mann, der mich angegriffen hatte, in Untersuchungshaft saß. Vor meiner Tür stand eine Wache, doch ich bat meine Eltern und meinen Bruder, bei mir am Bett zu bleiben. Solange meine Familie bei mir war, fühlte ich mich sicherer. Schließlich verordnete der Arzt mir ein schmerzlinderndes Medikament, das mir auch helfen sollte, mich zu entspannen, und schließlich sank ich in einen unruhigen Schlaf.

Er dauerte nicht lange. Alle paar Minuten klopfte irgend jemand an meine Tür. Zoltan schaute nach, wer es war. Jedesmal wenn er zurückkam, stellte ich ihm die verrücktesten Fragen. In jener Nacht traute ich niemandem, und ich wollte auch mit niemandem sprechen, der nicht zur Familie gehörte. Die Presse wollte eine Erklärung, doch ich hatte nichts zu erklären. Irgendein Kerl hatte versucht, mich zu töten. Ich war nicht in der Stimmung, über das Wie und Warum zu sprechen. Leider kann man sich aber nicht weigern, der Polizei auf ihre

Fragen zu antworten. Eine Polizistin setzte sich neben mein Bett und fing an, mir Fragen zu stellen. Ich hatte meinen Schock noch nicht überwunden und konnte ihr nicht folgen. Ich fing an zu weinen.

Mein Bruder unterbrach die Polizistin. »Lassen Sie Monica in Frieden«, sagte er. »Ich glaube, heute kann man noch nicht mit ihr reden – sie leidet noch unter ihrem Schock. Bitte kommen Sie morgen wieder.« Er führte die Polizistin, die widerwillig das Zimmer verließ, zur Tür.

»Monica, der Mann, der das getan hat, ist in Haft«, sagte Zoltan, als er zurückkam. »Es kann dir nichts geschehen.« Aber ich konnte noch immer nicht begreifen, was er mir sagen wollte. Ich nickte, fürchtete aber immer noch, daß der Angreifer mein Zimmer im Krankenhaus finden könnte und daß ich sein Gesicht erblicken würde, wenn ich aufwachte. Ich begann zu weinen – wie ich in den folgenden zwei Jahren immer wieder weinte.

»Warum hat er mich angegriffen?« fragte ich Zoltan schließlich.

»Das weiß man noch nicht genau, Monica«, erwiderte er. »Man wird es erst in einiger Zeit sagen können.«

Alles erschien mir so sinnlos. Ich bebte am ganzen Körper, und meine Mutter legte sich zu mir ins Bett und hielt mich fest. Die Krankenschwester brachte auch Betten für Zoltan und meinen Vater auf mein Zimmer, der sich immer noch sehr schlecht fühlte. In der folgenden Nacht schliefen wir alle in diesem Zimmer. Wie immer wurde die ganze Familie gemeinsam mit der Situation fertig.

Samstag morgen kam meine Betreuerin Stephanie Tolleson von der International Management Group (IMG) aus den Vereinigten Staaten. Sie war schwanger, und ihre Schwangerschaft verlief nicht wie gewünscht. Deshalb hatte sie mit dem Flug nach Europa ein ziemliches Risiko auf sich genommen. Es bedeutete mir sehr viel, daß sie nach Deutschland gekommen war, um mir in dieser Situation zu helfen. Ich kannte sie schon als junge Tennisspielerin in Jugoslawien. Stephanie gehörte praktisch zur Familie.

Im Krankenhaus drängten sich die Vertreter der Medien. Früher hatte ich öffentliche Erklärungen abgegeben, um bestimmte Dinge klarzustellen. Diesmal war es mir gleichgültig, ob mir mein Schweigen schadete oder nützte. Ich versuchte einfach, selbst mit allem fertig zu werden. Die Nachrichtenagentur IMG arbeitete an einer Presseerklärung.

Das Krankenhaus hatte die Medien falsch über meine Verletzung unterrichtet. Was jetzt darüber berichtet wurde, war nicht nur unzutreffend – es wurde sogar behauptet, ich hätte nichts weiter als eine »leichte Schnittverletzung« abbekommen. Leider war es sehr viel mehr als eine Fleischwunde. Bisher hatten die Medien und meine Gegner mich immer als die zäheste und härteste Spielerin der Weltklasse bezeichnet. Doch dies war die härteste Situation, in die ich bisher geraten war.

Gestern hatte ich mich noch auf die French Open vorbereitet, überlegte ich in meinem Krankenbett. Ich war überzeugt, eine gute Chance zu haben, meinen Grand-Slam-Titel zu verteidigen und dieses Turnier vielleicht sogar als erste Tennisspielerin der Welt zum vierten Mal in Folge zu gewinnen. Gestern erst war ich die beste Tennisspielerin der Welt gewesen. Heute war alles anders. Ich war nicht mehr die starke Persönlichkeit, die ich noch vor vierundzwanzig Stunden gewesen war.

Am folgenden Morgen kam mich Steffi Graf – die Nummer zwei des Damentennis – besuchen. Als sie vor meinem Bett stand, fingen wir beide zu weinen an. Ich blickte empor zu dieser Frau, die nie irgendwelche Emotionen zeigte, und bemerkte, wie ihr die Tränen die Wangen hinunterliefen. Es war ein seltsamer Augenblick – zwei Sportlerinnen starren sich in die Augen und weinen. Steffi sagte: »Es tut mir schrecklich leid, daß dies in meinem Land geschehen ist. Bleib stark, du kannst es überwinden, Monica.« Ich wußte noch immer nicht, daß ich von einem Mann angegriffen worden war, der dafür sorgen wollte, daß Steffi wieder die Nummer eins wurde. In diesem Augenblick hätte dieses Wissen allerdings nichts geändert.

Nachdem wir fünf Minuten miteinander gesprochen hatten, sagte Steffi: »Ich muß jetzt gehen, ich habe noch das Halbfinale vor mir.« Ich starrte sie ungläubig an. Das Turnier geht weiter? Warum? Niemand darf spielen, wenn ich nicht spielen kann, dachte ich und weinte. Ich fragte mich, wie ein Turnierleiter das Turnier um den Citizen Cup fortsetzen konnte, nachdem eine Teilnehmerin einer internationalen Veranstaltung niedergestochen worden war, und so tun, als wäre nichts geschehen? Ich wünschte Steffi viel Glück. Als sie das Zimmer verließ, sagte sie: »Ich rufe dich an.«

Ich hatte einen dicken Kloß im Hals und konnte ihn nicht herunterschlucken. Wieder flossen mir die Tränen über die Wangen.

Nicht nur ich war schockiert, erfahren zu müssen, daß das Citizen-Cup-Turnier weitergehen sollte. Meine Auffassung wurde bestätigt, als ich aus dem Fenster meines Zimmers im Krankenhaus blickte und sah, daß sich auf der Straße Hunderte von Sportfans versammelt hatten, um gegen diese Entscheidung zu protestieren. Der Citizen Cup war ein internationales Turnier, und ich war als Gast der Organisatoren während eines Matches angegriffen worden. Die Fans konnten nicht begreifen, daß das Turnier weitergehen sollte, als wäre nichts geschehen.

Die Veranstalter riefen meine Mutter im Krankenhaus an und baten sie, vor den Fans, die sich am Tennisplatz versammelt hatten, eine Erklärung abzugeben. Meine Mutter war erschöpft und so besorgt um mich, daß sie sich bereit erklärte zu helfen und fuhr zu den Tennisplätzen. In dieser sehr schwierigen Situation stand meine Mutter vor der Menschenmenge, in der Plakate mit der Aufschrift »Stoppt das Turnier« in die Höhe gehalten wurden. Meine Mutter erzählte, in diesem Augenblick sei ihr schwarz vor den Augen geworden, und nur die Freundlichkeit einiger Beteiligter, die sie umarmten und ihr Blumen und Teddybären für mich überreichten, habe ihr die Kraft gegeben, zu den Leuten zu sprechen.

Die Fans beruhigten sich, doch die Entscheidung, das Turnier fortzusetzen, wurde überall auf der Welt scharf kritisiert. Viele erwarteten ebenso wie ich, daß sich auch die anderen Spieler weigern würden, ihr zu folgen. Es war enttäuschend, daß die Spieler sich wie professionelle Athleten und nicht wie menschliche Wesen verhielten. Wäre ein anderer Spieler angegriffen worden, hätte ich mich auch geweigert, an dem Turnier weiter teilzunehmen.

Eine Stunde nachdem Steffi mich verlassen hatte, klopfte es laut an die Tür meines Krankenzimmers. Meine Mutter war im Badezimmer, und mein Bruder und mein Vater waren gerade hinausgegangen. Vielleicht werden die Leute wieder fortgehen, dachte ich und schlüpfte ins Bett. Es klopfte zum zweiten Mal. Ich stieg aus dem Bett und ging langsam zur Tür, um mich dahinter zu verstecken. Mein Rücken schmerzte bei jeder Bewegung. Ich stolperte über einige Plastiksäcke an der Wand. In einem von ihnen waren meine Sweatshirts und eine Baseballkappe. Auf der Stirnseite der Kappe las ich den Namen *Arthur Ashe.* Voller Angst fragte ich mich, wie die Kappe hierher gekommen sein konnte. Ich werde diese Frage wahrscheinlich nie beantworten können. Ich hockte mich hinter der Tür auf den Boden und dachte, daß der Mann, der mich angegriffen hatte, mein Zimmer gefunden haben könnte. Mir kam nicht in den Sinn, daß vor meiner Tür eine Wache stand, und ich zitterte vor Angst.

Die Tür öffnete sich, und die Polizistin, die mich schon gestern aufgesucht hatte, kam mit einem anderen Polizisten herein. Als ich sah, wer es war, kam ich hinter der Tür hervor und ging wieder zu meinem Bett.

Als ich im Bett lag, legte die Polizistin einige große Plastikbeutel auf meinen Nachttisch. Der Polizist, den sie mitgebracht hatte, erläuterte: »Wir müssen Ihnen die Beweismittel zeigen, die wir gefunden haben. Sagen Sie uns, ob diese Dinge Ihnen gehören.«

Die Frau öffnete einen der Plastikbeutel und zog mein blutiges Tennishemd heraus. Es war zerfetzt, denn der Arzt, der mich in der Aufnahme untersuchte, hatte mir das Hemd vom Leib geschnitten. Es roch nach Blut und Schweiß, und der Geruch machte mich schwindlig.

»Holen Sie meine Eltern und meinen Bruder«, flüsterte ich.

»Ist das Ihr Hemd?« fragte der Polizist.

»Ja«, sagte ich leise.

»Und das?« fragte er, als seine Kollegin einen zweiten Beutel öffnete und etwas herauszog. »Ist dies das Messer, das der Angreifer benutzt hat?«

Ich starrte auf das neun Zoll lange gebogene Messer mit Wellenschliff. Die Klinge war mit Blut beschmiert. Mein tierischer, lauter Schrei klang mir noch in den Ohren. Immer wieder hörte ich diesen Schrei. Ich betrachtete mein blutverkrustetes Hemd und versuchte, den Geruch loszuwerden.

»Ms. Seles, ist dies das Messer?« fragte der Polizist noch einmal.

Ich muß ja gesagt haben, denn er legte die Gegenstände in die Plastiksäcke zurück, und beide verließen das Zimmer. Mir wurde übel, und ich erbrach, bis ich nichts mehr im Magen hatte und nur noch einen trockenen, bitteren Geschmack im Mund spürte. Aber noch immer konnte ich den Geruch nicht loswerden. Ich sah das Messer vor mir und erinnerte mich lebhaft an den Augenblick, in dem es mir in den Rücken gestoßen worden war. Nichts konnte die Tatsache verdrängen, daß das Turnier fortgesetzt wurde, als sei ich niemals angegriffen worden, als spielte das alles keine Rolle ... überhaupt keine Rolle.

Steffi Graf spielte im Halbfinale des Citizen Cup in Hamburg. »Ich fürchte mich nicht«, sagte sie der Presse. »Tennisspieler stehen irgendwie auf einer Bühne. Ich denke, wir sollten den Menschen näher sein, die uns zusehen. Mit der Angst kann man nicht leben.«

Ich war erstaunt über Steffis ruhige Reserviertheit und Tapferkeit.

Ihre Worte waren für mich unverständlich, und ihre Entscheidung, trotz des Angriffs auf mich im Citizen-Cup-Turnier weiterzuspielen, hat viele Menschen schockiert. Mir persönlich flößte ihre Stärke und Entschlossenheit Furcht ein.

Steffi Graf verlor das Halbfinale im Citizen Cup gegen Jana Novotna in einem harten Dreisatzspiel.

3

Landeskriminalamt (LKA) 211 Hamburg, 30. April 1993
Betrifft: Verdacht auf versuchten Mord an Monica SELES;
Hier: Aussage der verantwortlichen Person (Günther Parche)

»Ich habe die Bestimmungen über die Zeugenaussage gelesen und verstanden, daß ich gegenüber der Polizei keine Aussage über den Gegenstand der Beschuldigung machen muß. Darüber hinaus hat mir der Polizist zu Beginn meines Verhörs gesagt, daß ich nicht gezwungen bin, eine Aussage zu machen. Ich möchte jedoch den Vorfall aus meiner Sicht erläutern und beanspruche zunächst nicht die Hilfe eines Anwalts. Ich glaube nicht, daß ich einen Anwalt brauche.

Bevor ich meine Aussage beginne, möchte ich schon jetzt sagen, daß ich ein großer Fan von Steffi Graf bin. Ich habe ihre ganze berufliche Laufbahn mit lebhaftem Interesse verfolgt. So habe ich ihr zum Beispiel zu jedem Geburtstag seit Öffnung der Grenzen Geld geschickt. In den vergangenen zwei Jahren waren es jeweils DM einhundert, dieses Jahr DM dreihundert. Dazu habe ich ihrer Mutter DM fünfzig geschickt, damit sie ihr am 15. Juni mit diesem Geld einen schönen Blumenstrauß kaufen konnte. Ich habe dieses Geld immer anonym geschickt und meine Briefe als »ein Fan aus Thüringen« unterschrieben.

Dann verlor Steffi Graf 1990 die German Open in Berlin gegen Monica Seles. Damals brach eine ganze Welt für mich zusammen. Ich konnte den Gedanken nicht ertragen, daß irgend jemand Steffi Graf schlagen könnte. Obwohl sie immer noch die Nummer eins auf der Weltrangliste war, erschütterte mich dieses Ereignis so sehr, daß ich daran dachte, mir das Leben zu nehmen. Das Schlimmste für mich war die Tatsache, daß sie ihr Spiel in Berlin verloren hatte. Wäre es irgendwo anders geschehen, wäre es nicht ganz so schlimm gewesen. Sie hatte anderswo schon mehrmals Turniere verloren. Aber diesmal war es in Deutschland, und, was noch schlimmer war, in Gegenwart unseres Bundespräsidenten. Das alles war zuviel für mich.

1990 wollte ich zu den French Open nach Paris fahren. Aber meine Reise endete in Stuttgart, weil ich keinen für Frankreich gültigen Paß besaß. Ob ich 1990 schon daran gedacht habe, Monica Seles zu verletzen, kann ich nicht mit letzter Sicherheit behaupten. Jedenfalls war ich völlig außer Fassung, als Monica Seles die French Open gewann.

1991 oder spätestens 1992 war die Sache klar für mich. Ich hatte mich endgültig entschlossen, Monica Seles so zu verletzen, daß sie nicht mehr würde Tennis spielen können, zumindest eine Zeitlang. Ich möchte hier besonders darauf hinweisen, daß ich zu keiner Zeit beabsichtigte, sie zu töten. Ich wollte ihr nicht einmal eine schwere Verletzung beibringen. Mir ging es nur darum, sie so weit zu verletzen, daß sie eine gewisse Zeit nicht mehr würde spielen können. Damit hätte ich Steffi geholfen, wieder die Nummer eins zu werden.

An dieser Stelle möchte ich auch sagen, daß die USA und

Israel meine Lieblingsländer sind. Hier bin ich ein großer Fan. Aber Steffi Graf steht immer noch an erster Stelle. Für mich ist sie sehr viel mehr wert als alle anderen. Für die USA würde ich durchs Feuer gehen, aber für Steffi würde ich sehr viel mehr tun. Für mich ist Steffi die Spitzenfrau. Sie ist nicht nur eine absolute Spitzensportlerin, sondern auch eine einzigartige Frau. Ihre Augen glänzen wie Diamanten. Sie ist eine absolute Traumfrau. Das möchte ich ganz besonders betonen, und es kommt mir aus dem Herzen.

Am Dienstag verließ ich mein Zuhause und machte mich auf den Weg nach Hamburg. Ich fuhr mit der Eisenbahn. Ich ging in ein gutes Hotel, wo ich dreimal übernachtete. Ich möchte jedoch nicht sagen, welches Hotel es war. Die Menschen dort haben mich besonders freundlich behandelt, und ich möchte nicht, daß sie durch mich in Schwierigkeiten geraten. Am Rothenbaum kaufte ich jeden Tag eine Karte. Es war jedesmal eine Karte für den Centre Court. Ich fuhr nach Hamburg, um Monica Seles so weit zu verletzen, daß sie eine Zeitlang nicht mehr Tennis spielen könnte. Das war der einzige Grund, weshalb ich nach Hamburg fuhr. Hätte Monica Seles in diesen Tagen nicht in Hamburg gespielt, wäre ich zu den French Open nach Paris gefahren, um dort meinen Plan zu verwirklichen. Am ersten Tag saß ich weit oben in den Rängen des Centre Courts. Später saß ich in der Reihe neun auf dem Sitz elf. Ich überlegte mir die ganze Zeit, wie ich an Monica Seles herankommen könnte. Heute hatte ich schon das Messer in einer grünen Einkaufstasche. In der Tasche war auch ein Programm. Damit ließ sich das Messer besser verstecken. Während jener drei Tage plante und versuchte ich die verschiedensten Möglichkeiten. Ich dachte daran, vielleicht direkt auf den Centre Court hinauszulaufen, um es zu tun. Aber ich fürchtete, dabei auszurutschen, denn ich war noch nie auf einem Tennisplatz gewesen und wußte nicht, ob ich in normalen Schuhen darauf laufen konnte. Zudem standen dort zu viele Leute, die mich hätten behindern können. Heute habe ich festgestellt, daß es relativ einfach ist, vor der ersten Reihe entlangzulaufen und so hinter Monica Seles zu kommen. Ich hatte schon an die verschiedenen Möglichkeiten, mich ihr zu nähern, gedacht. Ich war jeden Tag am frühen Morgen bei ihrem Training zugegen und dachte auch an die Möglichkeit, Monica einen Blumenstrauß zu überreichen. Ich dachte auch an die Möglichkeit, etwas Derartiges zu tun, während ich sie um ein Autogramm bat.

Aber schließlich entschloß ich mich, es dort auf dem Centre Court zu tun. Wie ich schon gesagt habe, benutzte ich dazu die Pause beim 4:3 im zweiten Satz. Ich stand von meinem Platz in der neunten Reihe auf und ging nach rechts. Dann ging ich die Stufen hinunter zur ersten Reihe, wendete mich nach links und ging am Rande des Spielfeldes auf den Schiedsrichter zu. Die Pause in einem solchen Spiel dauert gewöhnlich etwa eine Minute, ich mußte mich also beeilen. Als ich direkt hinter Monica Seles stand, steckte ich die rechte Hand in die Einkaufstasche, ließ sie fallen und ergriff das Messer mit beiden Händen. Dann drehte ich mich nach rechts und stach Monica Seles etwa in Schulterhöhe in den Rücken. Während sie auf der Bank saß, konnte ich nur den oberen Teil ihres Rückens sehen. Ich stach nicht mit aller Kraft zu, weil ich sie nur verletzen wollte. Ich weiß nicht, ob ich beabsichtigte, sie an einer bestimmten Stelle ihres Körpers zu treffen. Es standen so viele Menschen herum, daß ich rasch handeln mußte. Zudem war die Minute fast vorüber, und dann wäre Monica Seles aufgestanden. In dieser Phase des Spiels war es möglich, daß sie sich nicht wieder hinsetzen würde. Unmittelbar nachdem ich ihr den Stich beigebracht hatte, wurde ich von den Leuten überwältigt …

Mit meiner Tat wollte ich sie für die vergangenen drei Jahre bestrafen. Es ärgerte mich, daß Monica Seles in der Weltrangliste höher gewertet wurde als Steffi Graf. Ich glaube, ich werde wahrscheinlich fünfzehn Jahre Gefängnis dafür bekommen. Wenn ich aus dem Gefängnis entlassen werde, wird Steffi Graf natürlich nicht mehr Tennis spielen, und ich würde eine solche Tat nicht wiederholen. Für mich ist das jetzt ein für allemal vorbei. Ich habe sie lediglich für die vergangenen drei Jahre bestraft. Ursprünglich hatte ich beabsichtigt, vorher Stephanies Mutter einen Brief zu schreiben und ihr mitzuteilen, daß ich beabsichtigte, etwas zu unternehmen. Aber ich habe es nicht getan, damit niemand sagen konnte, mir wäre eine solche Tat zuzutrauen.

Ich bin nicht sicher, aber ich kann mich nicht erinnern, geschrien zu haben, als ich zustach. Ich weiß auch nicht, ob Monica Seles geschrien hat. Alles geschah sehr schnell, und ich war sehr froh, daß ich es so weit gebracht hatte.

Auf die wiederholte Frage betone ich ausdrücklich noch einmal, daß ich Monica Seles nicht töten wollte. Meine einzige Absicht war es, sie so sehr zu verletzen, daß sie eine Zeitlang nicht mehr Tennis spielen könnte. Ich wollte Stephanie helfen. Ich betrachte das Ganze auch als eine Warnung für die Eltern von Monica Seles. Nachdem ich zugestochen hatte, riefen einige Leute, ich sei ein Schwein. Und doch habe ich es auch für die Zuschauer getan. Die Reaktion der Zuschauer hat mich ein wenig verwirrt.«

4

Weniger als eine Woche nachdem Günther Parche versucht hatte, meine Tenniskarriere und vielleicht sogar mein Leben zu beenden, stimmte die Women's Tennis Association darüber ab, welche Stelle ich in der Weltrangliste einnehmen sollte. Der Vorsitzende der WTA, Gerard Smith, bat siebzehn der fünfundzwanzig weltbesten Tennisspieler nach Rom und forderte sie auf, darüber abzustimmen, ob ich meinen Rang auf der

Weltrangliste behalten sollte, während ich mich von dem Angriff erholte, oder nicht. Das Resultat war, daß sich die Tennisspieler fast einstimmig dagegen aussprachen, mir den Rang als beste Tennisspielerin der Welt zu belassen. Man sagte mir, daß alle Spieler mit Ausnahme von Gabriela Sabatini, die sich ihrer Stimme enthalten hatte, dieser Auffassung zugestimmt hatten. Ich durfte also meinen Rang an der Spitze der Weltrangliste nicht behalten, was bedeutete, daß Steffi für den Fall, daß sie die French Open von 1993 gewinnen sollte, an die erste Stelle aufrücken würde. Ich war erschüttert.

Meine Managerin, Stephanie Tolleson, hat es auf den Punkt gebracht. »Was Monica am meisten ärgert, ist nicht so sehr der Verlust ihres Ranges, als vielmehr die Art und Weise, wie sie ihn verloren hat. Dieser Bursche hatte vor, sie zu verletzen und dafür zu sorgen, daß sie ihren Rang verlor, und nun scheint ihm die Gemeinheit, die er vorhatte, gelungen zu sein. Sicherlich wird es für Graf eine bittersüße Erfahrung sein, auf diese Art und Weise die Nummer eins zu werden.« Stephanie fügte hinzu, daß nach Auffassung der Öffentlichkeit die Weltrangliste auf dem Tennisplatz entschieden werden müsse und nicht durch einen Messerstich. Ich habe meine Gegner stets respektiert – ihr Können, ihre Strategie, ihren Kampfgeist und die harte Arbeit, die sie geleistet haben, um ihren jeweiligen Rang zu erreichen. Diese Abstimmung hat mir gezeigt, daß meine Achtung für sie nicht erwidert wurde.

Die Entscheidung der WTA überraschte mich. Ich hatte angenommen, die Spieler würden mehr an den menschlichen Aspekt als an die Einteilung in Rangstufen denken.

Ich war enttäuscht zu erfahren, daß auch Steffi Graf damit einverstanden war, mir meinen Rang abzusprechen. Steffi hatte mit mir in meinem Krankenzimmer in Hamburg geweint. Einen Augenblick lang glaubte ich, sie stünde auf meiner Seite und würde nicht an die erste Stelle in der Weltrangliste aufrükken wollen, weil ein verrückter Fan mich angegriffen hatte.

Als sie nach der Abstimmung von der Presse befragt wurde, erklärte Steffi: »Daran denke ich gar nicht. Es hat mich bedrückt zu erfahren, daß dieser Bursche einer meiner Fans war.«

Was mich am meisten gewundert hat, war die Tatsache, daß sich die Medien zu dieser Abstimmung nicht geäußert haben. Sie haben nicht berichtet, daß alle Spitzenspielerinnen mit Ausnahme einer einzigen mich abqualifizieren wollten. 1993 hatte ich jedes größere Turnier in der Welt gewonnen. Ich stand auf dem Höhepunkt meiner Laufbahn und war zuversichtlich und selbstsicher, doch auch andere Spieler hatten die Möglichkeit, ihren Platz in der Rangliste zu verbessern, besonders die ersten fünf.

All diese Spieler sahen eine Möglichkeit, in der Rangliste aufzusteigen. Sie übersahen offenbar, daß einer anderen Tennisspielerin, auf die ein Attentat verübt worden war, nicht die gleichen Chancen eingeräumt wurden. Der Platz in der Rangliste als solcher hat keine Bedeutung. Doch in Verbindung mit der Unterstützung durch Sponsoren und den entsprechenden finanziellen Vorteilen geht es um Millionen von Dollar. Meine Anwälte haben mir gesagt, daß ich in dem Jahr nach dem Angriff schätzungsweise zehn Millionen Dollar verloren habe. Darüber hinaus würden Verträge, die eigentlich mit mir abgeschlossen werden sollten, nun an andere Spieler gehen.

Große Dollarbeträge haben für jeden eine Bedeutung. Es gibt Tennisspieler, deren Einkommen nach dem Angriff in Hamburg um viele Millionen angestiegen sind. Plötzlich bedeutete die Rangstufe eine Menge. Und mit Sicherheit wäre es denjenigen, die auf diese Weise näher an die Nummer eins herangerückt sind, lieber gewesen, wenn ich an der WTA-Tour nie wieder teilgenommen hätte.

5

Schon wenige Tage nachdem ich in Hamburg niedergestochen wurde, habe ich vieles erfahren. Der Name meines Angreifers war Günther Parche. Er hatte zugestochen, weil er ein Fan von Steffi Graf war und ich verhinderte, daß sie auf den ersten Platz der Rangliste vorrückte. Zweitens wurde das Citizen-Cup-Turnier trotz des Attentats auf mich fortgesetzt. Drittens hatten die Spitzenspielerinnen bereits vier Tage nach dem Angriff fast einstimmig dafür gestimmt, meine Position an der ersten Stelle der Rangliste nach meiner Genesung nicht zu bestätigen. Ich war die beste Tennisspielerin der Welt gewesen, doch niemand hat darauf Rücksicht genommen.

Als ich in meinem Krankenhausbett lag, erkannte ich, daß Günther Parche erreicht hatte, was er wollte. In wenigen Wochen würde Steffi Graf die Nummer eins und ich aus dem Rennen sein. Ich konnte mir nicht vorstellen, daß die Polizei Parche glauben würde, wenn er behauptete, sein einziges Ziel sei gewesen, »mich so zu verletzen, daß ich eine Zeitlang nicht mehr Tennis spielen könnte«. Diese Behauptung war zu lächerlich, um glaubwürdig zu sein. Der einzige Grund, weshalb Parches Messer mich nicht gefährlich verletzte, war nach Auffassung der Ärzte, daß er das Rückgrat nur um wenige Millimeter verfehlt hatte. Der einzige Grund, weshalb das Messer nicht tiefer in meinen Rücken eindringen konnte, war, daß ich mich im Augenblick des Angriffs nach vorne gelehnt hatte, um mein Gesicht mit meinem Handtuch abzutrocknen. Der einzige Grund, weshalb er mich nicht getötet hat, war die Tatsache, daß einer meiner Bewacher ihn daran hinderte, ein zweites Mal zuzustoßen, als er beide Arme hob, um es zu tun.

»Ich möchte nur noch nach Hause«, sagte ich weinend zu meiner Familie. Ich war zwei Nächte im Hamburger Krankenhaus gewesen. Die Ärzte nahmen mehrere Blutuntersuchungen vor und behandelten meine Wunde. Zwei Tage lang bekam ich zahllose Injektionen zur Verhütung einer Infektion. »Ich will nach Hause«, sagte ich am Sonntag vormittag, als Stephanie Tolleson meine Betreuung übernahm.

Schon wenige Stunden später wurde ich mit einem Krankenwagen zu einem privaten Sanitätsflugzeug gebracht, in dem ein Arzt und eine Krankenschwester mich betreuen konnten. Das Flugzeug war so klein, daß für Stephanie und meine Eltern kein Platz mehr war. Deshalb begleitete mich nur Zoltan. Völlig erschöpft lag ich im Flugzeug auf dem kleinen Bett. Ich hatte nur den Wunsch, irgendwo hinzufliegen, wo es schön und friedlich war, wo ich den Ärzten vertraute und bei meiner Familie sein konnte.

Es war ein sehr langer Flug. Im Flugzeug gab es keine Toilette, und wir mußten zweimal zwischenlanden, um die Maschine aufzutanken und einen Waschraum aufzusuchen. Fast zwanzig Stunden später landete das Flugzeug in Denver, Colorado. »Nur noch einige Stunden«, sagte Zoltan lächelnd, als ich in einen Krankenwagen verladen wurde. Ich versuchte an Vail und die Steadman-Hawkins-Klinik zu denken. Schon einmal war ich dort gewesen, als ich mir 1991 das Schienbein verletzt hatte. Ich war damals von der Arbeit Dr. Steadmans und Dr. Hawkins' sehr eingenommen. Sie sind die besten Knie- und Schulterorthopäden der Vereinigten Staaten und großartige Persönlichkeiten, zu denen ich Vertrauen habe. Im Krankenwagen auf dem Weg nach Vail versuchte ich, die Zwangsvorstellungen loszuwerden, die mich ständig an Parche denken ließen. Ich wollte sein Gesicht nicht mehr sehen, meinen Aufschrei nicht mehr hören, das Hemd nicht mehr riechen und das blutbeschmierte Messer aus meinem Gesichtskreis verbannen. Man wird ihn einsperren und den Schlüssel fortwerfen, dachte ich. Parche selbst hatte gesagt, er rechne mit einer fünfzehnjährigen Gefängnisstrafe. Von diesen Gedanken mußte ich mich befreien, das war jetzt das Wichtigste. Damals war mir noch kaum bewußt, daß mein Glaube an unser Rechtssystem zutiefst erschüttert war.

Dr. Steadman und Dr. Hawkins waren nicht in der Klinik, als ich eintraf. Beide hatten Colorado zum Wochenende verlassen. Als Stephanie ihnen mitteilte, ich würde nach Vail kommen, änderten sie ihre Pläne und wollten am Montag wieder in Vail sein. Dort empfing mich John Atkins, ein großartiger Physiotherapeut, der schon unzählige Sportler behandelt hatte. Er stellte meinem Bruder und mir ein Appartement zur Verfügung. Damals konnte ich nicht schlafen, wenn Zoltan oder ein anderes Familienmitglied nicht im Zimmer war.

Topper Hagerman besuchte mich, um festzustellen, ob ich gut untergebracht war. Auch er ist ein großartiger Physiotherapeut an dieser Klinik. Ich kam aus dem Weinen nicht heraus. Je freundlicher die Menschen zu mir waren, desto mehr weinte ich. Mit tränenerstickter Stimme sagte ich lauter sinnloses Zeug. Ich wußte dies und konnte dennoch nicht aufhören zu plappern. Ich war verwirrt, hatte den Schock noch nicht überwunden und war emotional und körperlich am Ende.

In der ersten Nacht konnte ich nicht schlafen. Ich hatte starke Schmerzen und war nicht in der Lage, mich zu beruhigen. Immer wieder sah ich Parches Gesicht und hörte mich schreien. Immer wieder dieses Gesicht und der Schrei. Ich hatte das Gefühl, verrückt zu werden. Wenn mich die Müdigkeit zu übermannen drohte, kämpfte ich dagegen an.

»Ich kann nicht einschlafen«, sagte ich zu meinem Bruder. »Wenn ich einschlafe, wird er kommen ... Irgend jemand will mich umbringen, Zoltan. Das wirst du doch nicht zulassen?«

Ich weiß nicht, wie ich die ersten Nächte in Vail ohne meinen Bruder überstanden hätte. Ich kann mir nicht vorstellen, wie ich überlebt hätte, wenn er in Hamburg nicht im Stadion gewesen wäre. Immer wieder gelang es Zoltan, meine Gedanken von dem Attentat abzulenken ... schon in den ersten Minuten, im Krankenhaus und in Vail. In den folgenden Wochen habe ich Zoltan ständig angefleht: »Hilf mir doch.« Er hat es getan, denn er ist mein großer Bruder, und er liebt mich.

Als erster untersuchte mich Dr. Hawkins. Am Montag vormittag reinigte er meine Wunde und sah sich die Verletzungen am Gewebe und den Muskeln an. Er glaubte, ich brauchte mindestens eine Rehabilitationszeit von einem Monat, bevor man sagen konnte, wie weit sich die Verletzung auf meine Fähigkeit, Tennis zu spielen, auswirken würde. Am Nachmittag konsultierte ich Dr. Steadman. Auch er untersuchte die Wunde, und anschließend sprachen wir über die Rehabilitation. Während der nächsten Wochen sollte ich meine Schulter nicht bewegen. Mit Ausnahme einer leichten Massage und eines sanften Streckens sollte ich den Arm nicht bewegen. Danach würde man sehen, was noch zu tun sei.

Ich verbrachte einen ruhigen Abend mit meinen Eltern. Stephanie Tolleson rief an. »Du mußt eine Pressekonferenz abhalten«, sagte sie. »Wenn du es nicht tust, wird es in Vail einen großen Presserummel geben wie 1991... Spekulationen und unzutreffende Berichte.« Ich erklärte mich einverstanden. Damals hatte ich Wimbledon abgesagt, weil Knochensplitter des verletzten Schienbeins mich behinderten, aber keine Presseerklärung abgegeben. Es kam zu einem monatelangen Gezerre um Termine. Nun wollte ich nicht den gleichen Fehler begehen.

Am nächsten Morgen hielten Dr. Steadman, Dr. Hawkins, Bob Kain (der Leiter der Tennisabteilung beim IMG) und ich eine Pressekonferenz ab. Es war die zweite große Pressekonferenz in meinem Leben. Die erste fand 1991 nach Wimbledon statt, als ein übereifriger Veranstalter vor meinem nächsten Match einen großen Wirbel veranstaltete, nachdem ich Wimbledon abgesagt hatte.

Diesmal kamen Hunderte von Reportern nach Vail. Es ging sehr lebhaft zu, auch das Fernsehen war dabei. Ich erinnere mich noch, daß ich mich vor so vielen Menschen zunächst fürchtete. Doch die meisten Journalisten waren sehr freundlich. Sie fragten nicht nach Parche oder was meiner Meinung nach mit ihm geschehen würde. Ich nehme an, sie vermuteten, daß er im Gefängnis enden würde, weil zehntausend Menschen den Angriff gesehen hatten, und das wäre das Ende der Geschichte. Während der Pressekonferenz war ich nicht bei der Sache. Ich stand noch unter Schock, und während ich körperlich anwesend war, beschäftigten sich meine Gedanken mit dem Angriff. Ich erinnere mich nur noch an eine Frage. Ein Reporter bat mich, mein Hemd auszuziehen und den Medien die Stichwunde zu zeigen. Bob Kain protestierte sofort und befreite mich aus dieser peinlichen Situation. Ich war nicht die einzige, die das für eine Zumutung hielt.

Am Nachmittag konsultierte ich noch einmal Dr. Steadman. Mein Vater begleitete mich. Er fühlte sich nicht wohl, weil er in der Höhenluft von Vail Atembeschwerden hatte. Dr. Steadman sah ihn an – er war blaß und schwitzte ein wenig: »Vielleicht sollten Sie in Vail einen Internisten aufsuchen, Mr. Seles«, schlug er ihm vor. »Bei dieser Gelegenheit sollten Sie Ihren Blutdruck messen lassen.« Mein Vater versuchte über seinen Zustand zu scherzen, aber Dr. Steadman bat ihn dringend, seinen Rat zu befolgen.

Während mein Vater einen Internisten aufsuchte, unternahmen meine Mutter, Zoltan und ich einen Spaziergang. Es ist wirklich eigenartig, dachte ich; noch vor einigen Tagen dachte ich an Wimbledon und daß ich das Turnier dieses Jahr vielleicht gewinnen könnte. Es wäre ein großer Erfolg gewesen. Jetzt kann ich meinen Arm nicht mehr bewegen. Als mein Vater vom Arzt zurückkam, sah ich sofort, daß irgend etwas nicht stimmte.

»Keine große Sache«, sagte er, als wir am folgenden Morgen nach Denver fuhren, wo er einen weiteren Arzt aufsuchen wollte. »Der Internist glaubt, ich sollte noch einen zweiten Arzt konsultieren.« Während mein Vater untersucht wurde, saßen wir im Wartezimmer. Dann erschien eine Krankenschwester und bat uns in das Arbeitszimmer des Arztes.

»Mr. Seles«, sagte der Arzt, als er mich sah, »halten Sie es für richtig, daß Monica an diesem Gespräch teilnimmt? Sie steht noch unter Schock.«

»Meine Tochter hat immer gewußt, wie es um mich steht. Ich kann sie nicht belügen. Das wäre unfair. Früher oder später würde sie es doch erfahren«, sagte mein Vater mit einem schwachen Lächeln.

Mein Magen verkrampfte sich, ich mußte mich setzen.

»Mrs. Seles«, sagte der Arzt zu meiner Mutter, »es fällt mir schwer, Ihnen das zu sagen. Ihr Mann hat Prostatakrebs. Das Gute daran ist, daß wir es frühzeitig festgestellt haben. Schlimm ist nur, daß er sofort operiert werden muß.«

Krebs? An so etwas hatte ich nie gedacht. Ein schwaches Herz, ja, vielleicht auch die Nieren. Aber Krebs? Dieses Wort war wie ein Dolchstoß – es gehörte nicht zu meinem Vokabular.

»Ich kann ihn für kommenden Freitag zur Operation und Behandlung an der Mayoklinik anmelden«, sagte der Arzt.

»Warten Sie, warten Sie«, unterbrach ihn mein Vater. »Das geht mir alles zu schnell. Lassen Sie uns darüber nachdenken.«

»Mr. Seles, Prostatakrebs ist eine ernste Erkrankung und kann tödlich ausgehen. Denken Sie nicht zu lange darüber nach«, sagte der Arzt ernst.

Wir fuhren schweigend nach Vail zurück. Von unserem Zimmer aus riefen wir Mark McCormack, den Begründer der International Management Group (IMG) an und baten um seinen Rat. Er empfahl meinem Vater, den Facharzt Dr. Ian Hay an der Mayoklinik zu konsultieren und seinem Rat zu folgen, wenn auch er die Diagnose bestätigte. Mein Vater flog Montag nach Rochester, Minnesota. Zoltan begleitete ihn, denn er sprach nicht gut englisch. Meine Mutter blieb bei mir.

Krebs. Das Wort ging mir nicht mehr aus dem Kopf. Wenn

ein Arzt in meiner Heimat sagte, jemand habe Krebs, so war dieser Mensch praktisch schon tot. Ich fragte mich, was dies alles zu bedeuten hatte. Warum wurde mein Vater mit all dem belastet, wo ich ihn jetzt doch so dringend brauchte?

Am folgenden Tag rief uns mein Vater aus der Klinik an. »Ich muß mich eben operieren lassen.«

»Wir werden dasein, wenn du aus dem Operationssaal kommst«, sagte meine Mutter leise. Wir packten die Koffer und fuhren nach Rochester.

Es war schlimm, meinen Vater jetzt in einem Krankenhausbett zu sehen, nachdem ich gerade selbst krank dagelegen hatte. Von einem Vater erwartet man doch vor allem, daß er stark und gesund ist. Mit neunzehn Jahren konnte ich mir kaum vorstellen, daß mein Vater krank sein sollte. Als ich sein Zimmer betrat, fing ich an zu weinen. Er versuchte mich zu beruhigen, doch ich sagte: »Dad, du mußt das nicht sagen. Ich weiß, wie du dich fühlst.«

»Mach dir keine Sorgen, Monica«, sagte mein Vater mit einem schwachen Lächeln, »ich werde nicht sterben, denn der Krebs ist mein Freund.« Trotz aller Furcht und Schmerzen hatte er seinen Humor nicht verloren.

Die Operation verlief erfolgreich, doch die Ärzte teilten uns mit, sie könnten erst in einem Jahr feststellen, ob der Krebs wirklich geheilt war. Bis dahin verordneten sie meinem Vater eine milde Chemotherapie.

Ich blieb bei meinem Vater, bis er das Krankenhaus verlassen konnte. Dann fuhren wir mit meiner Mutter nach Vail zurück, um die Therapie fortzusetzen. Im Laufe der Zeit gewann ich immer mehr Abstand zu den Dingen. Mein Leben hatte sich ganz anders entwickelt, als ich es in meiner Kindheit erwartet hatte. Damals glaubte ich an unbegrenzte Möglichkeiten. Ungeheuer, die ich fürchten mußte, kamen nur in meinen Träumen vor, und die Zukunft war ein leuchtender goldener Stern am fernen Horizont.

6

Zoltan hatte Björn Borg im Fernsehen spielen gesehen und sagte meinem Vater, er wolle auch Tennis spielen. Eine Woche darauf besorgte ihm mein Vater einen Tennisschläger. In unserer jugoslawischen Heimatstadt gab es keine Tennisschläger zu kaufen, deshalb fuhr mein Vater zehn Stunden nach Italien und brachte Zoltan einen Schläger und das gleiche T-Shirt mit, in dem Borg sein Turnier gewonnen hatte.

Mein Vater verstand nichts von Tennis. Im College war er ein sehr guter Sportler gewesen und hatte sich besonders im Dreisprung ausgezeichnet. Zudem verstand er viel von Biomechanik, aber nichts von Tennis. In unserer Familie spielte niemand Tennis. Nun suchte mein Vater jede Buchhandlung unserer Stadt auf und fand in einem Antiquariat schließlich ein Taschenbuch über diese Sportart. Nachdem er es gelesen hatte, erteilte er Zoltan Tennisunterricht.

Und ich? Wie bin ich dazu gekommen? Zoltan war vierzehn, acht Jahre älter als ich. Er war mein großer Bruder und mein Vorbild. Angeblich soll er eines Nachmittags, bevor er mit meinem Vater auf den Tennisplatz ging, Gewichtheben trainiert haben. Ich ging zu ihm und hob eines der Gewichte auf.

Mein Vater war schockiert, sprang auf mich zu, um mir das Gewicht aus der Hand zu nehmen, und sagte: »Was soll das, Monica? Das ist viel zu schwer für dich, meine Kleine.« Doch erstaunlicherweise war es nicht zu schwer für mich. Für ein kleines Mädchen war ich sehr stark.

Das zeigte sich auch beim Öffnen von Flaschen. Die Sprudelflaschen in unserer Stadt hatten Verschlüsse, die weder meine Eltern noch mein Bruder öffnen konnten. Im Alter von fünf Jahren öffnete ich sie mit einer Hand. Damals erkannte mein Vater, daß ich ungewöhnlich starke Hände hatte. Ich erklärte: »Ich möchte auch Tennis spielen.«

»Warum nicht?« lachte mein Vater. Er wußte, daß ich stark genug war, einen Schläger zu halten. Er setzte sich in den Wagen, fuhr nach Italien und brachte mir einen kleinen Schläger mit.

»Da hast du deinen Schläger, Monica«, sagte er und gab ihn mir. Ich faßte ihn mit beiden Händen und schwang ihn hin und her, wie ich es bei meinem Bruder gesehen hatte. Ich hielt ihn jedoch immer mit beiden Händen fest, bei den Vorhandschlägen ebenso wie bei der Rückhand.

»Man hält den Schläger anders«, versuchte Zoltan mir zu erklären.

»Es sieht recht natürlich aus«, meinte mein Vater. »Wenn es dir richtig erscheint, Monica, halte den Schläger in beiden Händen.« Von diesem Augenblick an trennte ich mich nicht mehr von meinem Schläger. Ich nahm ihn sogar ins Bett mit, legte ihn auf das Kissen und schlief auf ihm. Jeden Morgen, bevor ich zur Schule ging, übte ich eine Stunde lang an der Rückwand unseres Hauses. Unsere Nachbarn beschwerten sich nicht darüber, daß ein kleines Mädchen schon um sechs Uhr morgens einen Tennisball gegen die Hauswand schlug. Sie fanden das nett. Nach der Schule ging ich wieder zur Wand und übte einige Stunden.

Es gab nur wenige Tennisplätze in unserer Stadt, und man erhielt nicht ohne weiteres die Erlaubnis, dort zu spielen. Deshalb spielten mein Vater, mein Bruder und ich auf dem Parkplatz vor unserem Mietshaus. Wir spannten ein Netz zwischen den dort stehenden Autos und schlugen den Ball über den schmalen, behelfsmäßigen Tennisplatz. Auf dem unebenen Boden sprang der Ball natürlich in ganz unerwartete Richtungen, und oft mußten wir unter den Autos nach ihm suchen. Aber trotzdem hatten wir viel Spaß an diesem Spiel.

Ich denke noch heute daran, wie ich das Tennisspielen auf einem Parkplatz gelernt, das Netz zwischen den Autos gezogen habe und auf die Kotflügel gesprungen bin, um einen Ball zu erreichen. Ich lernte Tennisspielen vor einer Hauswand und brauchte keine Ballmaschine dazu und keinen zweiten Spieler. Mein Vater war mein Coach, und er unterrichtete mich nach einem zwanzig Jahre alten Buch und einem von ihm selbst entwickelten System. Ich hörte auf ihn – er war ein großartiger Lehrer. Wenn die Leute behaupten, man müsse viel Geld haben, um ein guter Tennisspieler zu sein, irren sie sich. Wir lebten in einem sozialistischen Land und hatten nur wenig Geld. Aber ich liebte diesen Sport, und das genügte.

»Papa Seles ist verrückt. Er sollte seine kleine Tochter nicht Tennis spielen lassen, und sie sollte den Schläger nicht in beide Hände nehmen.« Das sagten viele Leute in unserer Stadt über meinen Vater im ersten Jahr, in dem ich Tennis spielte. »Mädchen sollten nicht Tennis spielen – sie wird es nie zu etwas bringen.«

Mein Vater lächelte nur, wenn die Leute so redeten. Es bedurfte großer Charakterstärke, sich nicht irritieren zu lassen, doch er hatte Erfolg, weil er an mich glaubte und ich an ihn. Jeden Tag bat ich ihn, mit mir auf unseren behelfsmäßigen Tennisplatz zu gehen und mich Tennis spielen zu lehren, und weil mein Vater so energisch war, lernte er es selbst gleich mit.

Mein Vater hat mich niemals gezwungen, zu spielen; aber viele Stunden, Tage, Monate und Jahre habe ich ihn veranlaßt, es zu tun. Ich war ein Kind, und mir war es egal, ob er nach einem langen Arbeitstag müde war oder am Samstag schlafen wollte. Ich wollte Tennis spielen.

Ich glaube, einer der Gründe, weshalb mein Vater seine Kinder in ihren Vorhaben immer unterstützte, war, daß er als Kind auf kein Verständnis bei seinen Wünschen gestoßen war. Mein Vater war ein Einzelkind. Seine Eltern waren Bauern, und sein Vater wollte, daß auch aus ihm ein Bauer würde. Doch als er die Hochschule besuchte, beschloß er, Leibeserziehung zu studieren. Seine Eltern hatten weder für dieses Studium noch für seinen Entschluß, Karikaturist zu werden, Verständnis. Sie liebten ihn, verstanden ihn aber nicht. Deshalb wollte uns mein Vater unterstützen, als er sah, mit welcher Leidenschaft wir Tennis spielten.

Die Mutter meines Vaters hat mein Tennisspiel am schärfsten kritisiert. »Sie sollte mit Puppen und mit ihren Freundinnen spielen«, sagte sie. »Das ist etwas für kleine Mädchen.«

»Aber Großmama, ich spiele so gerne Tennis«, erklärte ich. Meine Mutter stand diesbezüglich mehr auf der Seite meiner Großmutter.

»Vielleicht verbringst du etwas zuviel Zeit auf dem Tennisplatz, Monica«, sagte sie. Doch schließlich gab sie es auf, mich davon abzubringen. »Tennis spielen entspricht ihrer Persönlichkeit, und solange sie dabei lächelt und glücklich ist...«, sagte sie meiner Großmutter schließlich und zuckte mit den Schultern.

Ein Jahr nachdem er zum ersten Mal einen Tennisschläger in die Hand genommen hatte, gewann mein Bruder jedes Turnier, an dem er sich beteiligte, und gehörte bald zu den besten Juniorenspielern in Europa. Mein Vater hatte sich sehr darum bemüht, Zoltan die richtige Technik beizubringen, und das zahlte sich jetzt aus. Nun begann er sich auch um mich zu kümmern. Ein sechsjähriges Mädchen kann noch nichts von den Gesetzen der Biomechanik verstehen. Mein Vater wußte, daß ich die physikalischen Voraussetzungen dafür, warum und wie man einen Ball treffen muß, nicht begreifen konnte, und deshalb entwickelte er eine Methode, um mein Verständnis zu schärfen. Mein Vater ist Karikaturist und Künstler. Er zeichnete Cartoons für ein Kinderprogramm, das jedes Wochenende im Fernsehen lief. Die Kinder werden in diesen Sendungen angewiesen, zu malen und zu basteln. Außerdem verkaufte er seine Karikaturen an Zeitungen in der ganzen Welt. Und für mich zeichnete er, um mir beim Tennisspielen zu helfen.

Er erfand den »kleinen Mo«. Der kleine Mo war die Karikatur eines Kaninchens, das mein Vater auf die Seiten eines dicken kleinen Buches zeichnete. Wenn ich die Seiten des Buches über die Finger gleiten ließ, wurde Mo lebendig. Mein Vater demonstrierte mit diesen Karikaturen zum Beispiel die Technik des Aufschlags. Lehnte ich mich zu weit zurück oder streckte ich das Gesäß nach hinten hinaus, zeichnete er Mo in dieser Position, aber daneben in der richtigen Haltung, damit ich den Unterschied erkennen konnte. Auf diese Weise konnte ich fortwährend meine Technik verbessern.

Mein Vater verstand nicht nur etwas von Biomechanik. Er bemerkte auch, wenn ich jemand anderen imitierte, statt von meiner natürlichen Veranlagung auszugehen. Am Anfang glich mein Aufschlag dem John McEnroes in dessen Glanzzeit. Er hatte eine sehr übertriebene Art aufzuschlagen und drehte sich, wenn er an der Grundlinie stand, ganz zur Seite, was sehr ungewöhnlich ist. John war der einzige Spieler, der so aufschlug, doch mir gefiel das, und deshalb imitierte ich ihn. Im Laufe der Zeit belastete diese Bewegung mein Kniegelenk. Deshalb korrigierte mich mein Vater so lange, bis die Bewegung schmerzlos und flüssig wurde. Er fand eine Technik für mich, die keine Imitation war, sondern mir entsprach.

Als Tennislehrer ist mein Vater ein Naturtalent. Er kann sich vorstellen, wie ein Schlag zu führen ist, und er kann es mir verständlich darstellen. Dazu hat er nicht nur seine Karikaturen eingesetzt, sondern die verschiedensten Übungen erfunden, die mir nicht nur halfen, besser zu spielen, sondern auch bewirkten, daß mich das Tennisspiel nie langweilte. Da ich gern auf kurze Entfernungen spielte, stellten wir uns an der T-Linie auf und übten von dort aus ganze Sätze. Dabei lernte ich, den Ball unter Kontrolle zu halten und richtig zu plazieren.

Mein erstes Turnier spielte ich mit sechseinhalb Jahren. Ich wurde Dritte und gewann einen Pokal. Damals wußte ich noch nicht, wie gezählt wird und mußte deshalb warten, bis der Schiedsrichter das Match für beendet erklärte. Als ich später Berufstennisspielerin wurde, tat es mir leid, daß ich nicht mehr so schöne silberne und goldene Pokale bekam, wie ich sie bei den Juniorenturnieren gewonnen hatte. Die Schecks mit den hohen Preisgeldern und die Kristallpokale waren nicht das gleiche. Auch mein Spiel nicht.

Meine Lieblingskarikaturen waren Tom und Jerry. Mein Vater zeichnete zum Beispiel die Maus auf meine Tennisbälle und malte dann mit einem dicken schwarzen Stift den Kater auf mein T-Shirt. Ich lief den Bällen nach, als wäre ich Tom und als verkörperten die Bälle Maus Jerry. Wenn ich Jerry oft genug erwischte, bekam ich einen Preis. Mein Vater wettete auch mit mir: Nach zehn guten Aufschlägen bekam er ein Bier und ich eine Portion Eiscreme. Ich bekam meine Eiscreme auch dann, wenn es mir nicht gelang, zehn gute Aufschläge hinzulegen.

Im Alter von acht Jahren war ich die beste Spielerin der jugoslawischen Juniorenklasse. Einige Jahre darauf war ich die beste Juniorenspielerin der Welt, reiste in viele Länder und genoß jede Minute meines Lebens.

7

Als ich anfing Tennis zu spielen, war meine Heimatstadt Novi Sad der geeignete Ort für dieses Spiel. Ich verfügte über die Außenwand unseres Mietshauses und einen behelfsmäßigen Tennisplatz zwischen den Autos auf dem Parkplatz. Als sich meine Leistungen steigerten, wurde meinem Vater klar, daß ich unter so beengten Verhältnissen nicht weiterkommen konnte. Ich mußte jeden Tag auf einem richtigen Tennisplatz spielen, und zwar auf den verschiedensten Böden.

Als ich ein Kind war, gab es in unserer Stadt nur vier Tennisplätze. In Novi Sad wurde nicht viel Tennis gespielt, und dennoch standen die Plätze einem Jugendlichen nicht oft genug zur Verfügung. Außerdem waren es Sandplätze, was ein großer Nachteil für mich war, wenn ich ein Turnier auf einem harten

Lehmboden spielen mußte. Damit verbunden war ein weiteres Problem: Es gab keine Tennisplätze in geschlossenen Räumen, und im Winter herrschte draußen strenger Frost. Wenn es schneit oder regnet, kann man nicht spielen. Das ist weder gut für den Körper, noch für die Bälle. Während der langen Winter übte ich an den Wänden geschlossener Räume oder auf Volleyballplätzen.

Zu meinem Glück hatte ich eine ganze Reihe von Juniorenturnieren gewonnen und reiste mehrmals im Jahr mit meinem Vater in die Vereinigten Staaten, zum Beispiel zum Sport-Goofy-Turnier in der Disney World, Florida. Während eines Orange-Bowl-Spiels lernte ich Nick Bollettieri kennen.

»Wollen Sie nicht für ein paar Wochen an meiner Tennisakademie trainieren?« fragte Nick. Ich wußte nicht recht, was ich sagen sollte. Ich hatte schon von seiner Akademie in Bradenton, Florida, gehört, doch meine Eltern hatten nicht das nötige Geld. »Sehen Sie sich einmal die Akademie an«, sagte Nick. »Wenn sie Ihnen gefällt, könnten Sie vielleicht bei mir trainieren.«

»Warum nicht, Monica?« fragte mein Vater lächelnd. Dort hätte ich zwei Wochen lang im warmen und sonnigen Florida Tennis spielen können.

Das Überraschendste an dieser Akademie war die Tatsache, daß es dort jede Art von Tennisplätzen gab. Man konnte einige Spiele auf einem »Supreme Court«, dann auf einem Grasplatz oder einem Platz mit harter Oberfläche spielen. Mein Vater und ich trainierten hier zwei Wochen in der Sonnenhitze, und ich weiß nicht, wann ich mich von der Akademie und Florida getrennt hätte, wenn nicht meine Großmutter gestorben wäre.

Erst ein Jahr später wandte sich Nick, anläßlich eines Turniers in Miami, wieder an unsere Familie. Damals war ich die weltbeste Spielerin in der Juniorenklasse und hatte mehrfach das Weltchampionat gewonnen. Ich stand kurz davor, den Orange Bowl – vergleichbar mit den US Open bei den Profis –

zu gewinnen. »Wir möchten Monica ein Stipendium anbieten«, sagte Nick.

»Klingt ja großartig!« sagte mein Vater und lächelte. »Lassen Sie uns das noch einmal überlegen. Sie werden von uns hören.«

»Würdest du in Florida trainieren und zur Schule gehen wollen?« fragte mein Vater, als wir allein waren.

»Das würde meinem Tennis sicher guttun«, sagte ich begeistert. »Aber würdest du und würde Mama mitkommen können?«

»Nein, Monica«, sagte mein Vater. »Dein Bruder würde dich begleiten müssen. Mama und ich können uns das nicht leisten – wir müssen arbeiten und Geld verdienen.«

»Für mein Tennis wäre es wirklich großartig«, sagte ich mit der Begeisterung, die nur ein dreizehnjähriges junges Mädchen aufbringen kann. »Eine solche Gelegenheit müssen wir wahrnehmen.«

Zoltan zog mit mir in ein Appartement, das uns die Akademie zur Verfügung stellte, und wir mußten uns an den starren Stundenplan einer Tennisschule gewöhnen. Mein Bruder trainierte mit Agassi, Courier und Wheaton, und ich arbeitete mit Zoltan, Nick und den Coaches der Akademie. Zunächst machte es mir großen Spaß. Hier war ich mit vielen jungen Menschen aus allen Teilen der Vereinigten Staaten und anderer Länder zusammen. Es gab neue Coaches, neue Tennistechniken und Schulklassen, ich würde mich nie langweilen. Doch nachdem ich mich an den Zeitplan gewöhnt hatte, fing ich an, meine Eltern zu vermissen. Außerdem verschlechterte sich meine Spieltechnik.

Darüber hinaus verlangten die Coaches der Akademie von mir, den Schläger bei den Vorhandschlägen nicht mehr mit zwei, sondern nur noch mit einer Hand zu führen. Auch der Aufschlag, den mein Vater mir mühsam beigebracht hatte, gelang mir nicht mehr so gut. Ich verlor sogar einige Spiele, zum Beispiel eines gegen Carrie Cunningham. Carrie war ein

Jahr älter als ich, und bisher hatte ich sie immer geschlagen. 1987 schlug sie mich 6:0 und 6:1. Nach dem Match fragte ich mich enttäuscht: »Was ist nur mit mir los?« Ich hatte das Gefühl, daß mein Spiel immer schlechter wurde, aber bis zu diesem Match war mir nicht bewußt geworden, wie sehr meine Leistungen nachgelassen hatten.

Meinen Eltern sagte ich nichts davon. Jeden Samstag riefen sie an, und ich erzählte ihnen, daß alles in Ordnung sei, daß es mir gut ginge, daß ich das Spiel beherrschte und in der Schule vorankam. Den anderen möchte ich immer mehr Freude bereiten als mir selbst. Wenn mir das nicht gelingt, sage ich nicht, was in mir vorgeht und möchte nicht, daß sich jemand meinetwegen Sorgen macht.

Ich wußte, daß mein Vater seine Arbeit nicht aufgeben konnte. Er zeichnete für das Kinderfernsehen, und seine Karikaturen erschienen in Tageszeitungen überall auf der Welt. Seine Eltern waren auf dieses Geld angewiesen und auf das, was meine Mutter in ihrem Computerjob verdiente, um für die Familie zu sorgen. Ich wußte, daß mein Vater glaubte, sie würden mich zu sehr unter Erfolgsdruck setzen, wenn er und meine Mutter nicht mehr arbeiteten. Er wollte unter allen Umständen vermeiden, mich finanziell zu belasten – besonders da ich erst dreizehn Jahre alt war.

Damals ging es mir gar nicht gut. Mein Tennisspiel hatte nachgelassen, und in der Schule war es noch schlimmer. Ich hatte keine Ahnung davon, was mir im Unterricht geboten wurde. In den Fächern Literatur und amerikanische Geschichte kam ich nicht weiter, weil ich Schwierigkeiten mit der englischen Sprache hatte. Wie sollte ich also meine Lehrer verstehen? Zu Hause in Jugoslawien lernten wir, ein sehr korrektes britisches Englisch zu sprechen und zu schreiben. In den Vereinigten Staaten benutzte man jedoch die verschiedensten Slangausdrücke, und es gab viele verschiedene Akzente.

Mein Bruder sprach besser englisch als ich und versuchte mir zu helfen. Er kaufte ein Notizbuch und trug darin jeden Tag fünf neue Wörter ein. »Monica«, sagte er dann, »das sind deine Hausaufgaben. Lerne jeden Tag diese Wörter, morgen bekommst du fünf neue dazu.« Das einzige Fach in der Schule, in dem ich gute Noten bekam, war Mathematik.

In meiner Verzweiflung rief ich die Eltern an und sagte: »Ihr müßt herkommen, oder ich komme nach Hause.« Ich war fünf Monate in der Akademie gewesen und konnte es dort nicht mehr aushalten. Ich hatte Sehnsucht nach meinen Eltern, weil ich noch ein Kind war, und mußte in einem Land leben, dessen Sprache ich nicht verstand. In die Akademie war ich nur gekommen, um mein Tennisspiel zu verbessern, aber ich spielte von Tag zu Tag schlechter.

»Ihr müßt kommen, oder ich gehe«, sagte ich traurig. Dabei bedachte ich nicht, daß ich von meinen Eltern verlangte, ihre Arbeit aufzugeben und auf ihren Verdienst zu verzichten. Ich begriff nicht, daß sie deswegen ihre Heimat, ihre Eltern, ihre Familie und ihre Freunde verlassen mußten. Ich war unglücklich und brauchte sie.

»Monica, das wird dich zu sehr belasten«, versuchte meine Mutter zu erklären.

»Monica, wir müssen uns das überlegen«, sagte mein Vater. »Es würde bedeuten, daß wir alles verlassen müssen, wofür wir unser Leben lang gearbeitet haben. Alles.«

Nach einer Bedenkzeit von einer Woche riefen sie mich in der Akademie an. »Wir werden einen sechsmonatigen Urlaub nehmen«, erklärte mein Vater. »Ich werde versuchen, in Florida mit meinen Karikaturen etwas zu verdienen, und das wird hoffentlich reichen, um unsere Spesen zu decken.« Einige Wochen später kamen meine Eltern nach Florida und zogen in ein Appartement, das ihnen von der Akademie zur Verfügung gestellt wurde.

»Monica, was ist geschehen?« fragte mein Vater am ersten Tag, als er mich trainieren sah. »Zoltan!« rief er über den Platz meinem Bruder zu, »wie konntest du so etwas zulassen?« Mein Stil, die Art, wie ich den Schläger hielt, meine beidhändige Vorhand und Rückhand, alles hatte sich verändert. »Du solltest so spielen, wie es deinem Naturell entspricht«, sagte mein Vater wutschäumend. Damals hatte ich den Schläger mit beiden Händen gehalten, und deshalb glaubte er, daß ich es auch weiterhin tun sollte. »Von nun an bin ich wieder ihr Coach«, sagte er den Coaches der Akademie. »Ich werde mit meiner Tochter arbeiten.«

Wir stellten einen eigenen Zeitplan auf. Anstatt jeden Tag zu spielen wie alle anderen Schüler, nahm ich mir zwei Tage in der Woche frei. Mein Vater und ich glaubten, es würde mir körperlich und geistig helfen. Von nun an war ich während der Übungsstunden viel frischer und hatte mehr Freude am Spiel. Wenn ich morgens nach dem Aufwachen noch müde war, trainierten wir nicht. »Es hat keinen Sinn, wenn du nicht in der richtigen Stimmung bist«, sagte mein Vater. Wir nahmen beide das Training nicht allzu ernst und ließen uns dabei von unserem gesunden Menschenverstand leiten. Morgens und am späten Nachmittag trainierten wir, und von 11.00 Uhr bis 15.00 Uhr ging ich zur Schule. Obwohl mir das Lernen immer noch schwerfiel, besserten sich meine Leistungen, denn ich fühlte mich wohler.

Bei uns zu Hause herrschte immer ein gutes Gleichgewicht zwischen Arbeit und Freizeit. Auf dem Tennisplatz ist mein Vater mein Coach, aber wenn wir ihn verlassen, ist er mein Dad. Und meine Mutter? Als Schulmädchen hatte sie eine Abneigung gegen jede Art von Sport. Ihre sportlichen Leistungen waren ungenügend, und deshalb versuchte sie, sich von der Teilnahme am Sportunterricht zu drücken. Auch für das Tennisspiel zeigte sie kein großes Interesse. Statt dessen gingen wir gemeinsam zum Einkaufen, unternahmen lange Spaziergänge, entwarfen Kleider und unterhielten uns. Das meine ich mit der Ausgewogenheit, die bei uns herrschte. Meine Eltern waren nicht die Eltern einer Tennisspielerin, auch wenn mein Vater die Aufgaben eines Coachs für mich übernommen hatte. Egal ob ich gewann oder verlor, in meiner Familie war ich ganz einfach Monica.

Und mein Bruder? Zoltan blieb bis 1986 als Tennisspieler an der Akademie. Ehrlich gesagt, hatte er doppelt soviel Talent zum Tennisspielen wie ich, und deswegen glaubte er, nichts dafür tun zu müssen und gab es im Laufe der Zeit auf. Ich weiß nicht, weshalb sich einer von uns mehr darauf konzentrierte als der andere. Ich konnte mich dafür begeistern, und diese Begeisterung schien bei mir angeboren zu sein. So war es eben.

Nicht alle Eltern der Spieler an der Akademie verhielten sich so. Einige von ihnen schrien ihre Kinder beim Training an. Wenn es ein Match verlor, machten sie dem Kind Vorwürfe und sagten: »Trainiere jeden Tag noch drei Stunden mehr! Wie konntest du nur so schlecht spielen?«

Ich habe diese Eltern nie verstanden. Während der Jahre an der Akademie erlebte ich junge Leute, deren Talent zu großen Hoffnungen berechtigte, die sich aber nie zu erstklassigen Tennisspielern entwickelten. An der Akademie gab es zwei Kategorien von Eltern – diejenigen, denen mehr als ihren Kindern daran lag, daß die letzteren gewannen, und die anderen, die ihre Kinder unterstützten, unabhängig davon, ob sie gewannen oder verloren.

Ich gehörte zu den Glücklichen. Meine Familie schenkte mir ihre Liebe und erzeugte eine Atmosphäre, in der ich mich wohl fühlte. Ende 1987 war ich wieder auf dem richtigen Weg, und zwar beim Tennis ebenso wie in der Schule, und was das wichtigste war, im Leben. Die Zukunft bot mir unendlich viele Möglichkeiten – ich war bereit, als Amateur zu beginnen und konnte schließlich mein erstes professionelles Match spielen.

8

Da waren sie also, die Stars. Wenn ich an mein erstes professionelles Tennismatch von 1988 zurückdenke, erinnere ich mich vor allem an sie. Ich war erst vierzehn Jahre alt und spielte als Amateur. Es war ein Virginia Slims Match in Boca Raton, Florida, und ich spielte in der ersten Runde gegen Helen Kelesi. Die Gewinnerin sollte anschließend gegen Chris Evert antreten. Damals war Chris die Nummer drei der Weltrangliste.

Die beiden einzigen Tennisspielerinnen, die ich als Kind spielen gesehen hatte, waren Martina und Chris. In meiner Heimat gab es nicht viele Fernsehsender, und wenn Damentennis übertragen wurde, waren es meist die Endspiele. Jahrelang glaubte ich, die beiden seien die einzigen Frauen im internationalen Tennis.

Das Match gegen Kelesi war nicht leicht zu gewinnen. Ich war nervös, weil wir auf einem *stadium court* spielten, außerdem war Helen eine gute Spielerin, und ich mußte mich sehr anstrengen, den ersten Satz mit 7:6 zu gewinnen, vor allem aber kam Chris Evert während des zweiten Satzes ins Stadion und setzte sich in den Zuschauerrängen direkt mir gegenüber. Im zweiten Satz stand das Spiel 4:4, und ich hatte das Gefühl, als ob Chris Evert nicht gekommen war, um sich das Match anzusehen, sondern um mich zu beobachten.

Ich versuchte, mich zu konzentrieren. In diesem Augenblick sah ich, wie sich Steffi Graf auf einen Platz in der vordersten Zuschauerreihe setzte. Ich hatte sie schon seit Jahren nicht mehr gesehen. Als Kinder spielten wir beide im Jugendchampionat. Steffi war älter als ich, deshalb mußte ich nicht gegen sie antreten. Ich erinnere mich jedoch an sie auf dem Tennisplatz – ein hochgewachsenes, schlankes Mädchen, das später zur Spitzenspielerin wurde. Nun saß die Nummer eins mir gegenüber und sah mich spielen! Wenige Minuten später erschien auch

Gabriela Sabatini, um sich das Match anzusehen. Von nun an hatte ich nur noch Augen für Chris, Steffi und Gaby. Ich selbst war nichts weiter als ein junges Mädchen, dessen Talent zu großen Hoffnungen berechtigte. Nur einmal in meinem Leben bin ich so sehr von meinem Spiel abgelenkt worden: an einem sonnigen Nachmittag, als ich zum ersten Mal in Wimbledon spielte und die ganze Zeit zu Prinzessin Diana hinübersehen mußte. Nachdem ich das Match in zwei Sätzen gewonnen hatte, lief ich zu Helen und schüttelte ihr die Hand. Morgen muß ich gegen Chris Evert spielen, dachte ich, und konnte es kaum fassen.

»Zweite Runde: Chris Evert gegen Monica Seles.« Es war ganz toll, diese Ankündigung im Programm zu lesen. Ich erinnere mich noch, wie ich vom Umkleideraum auf den Platz hinausging. Es war Abend, und die elektrische Beleuchtung tauchte die ganze Szene in ein surreales Licht. Ich sagte mir: Das ist kein Traum. Ich gehe wirklich mit Chris Evert zusammen auf den Platz, um das nächste Match gegen sie zu spielen. In den meisten Spielen kam es bis zum Einstand, aber gewöhnlich war Chris doch überlegen. Ich spielte gut, hatte aber fast während des ganzen Spiels weiche Knie. Chris schlug mich in zwei Sätzen, 6:2, 6:1, aber ich war mit meinem Spiel zufrieden. Am lebhaftesten erinnere ich mich noch daran, daß ein großes braunes Insekt, das wahrscheinlich von der starken elektrischen Beleuchtung angelockt wurde, vor meinen Füßen auf dem Boden landete. Ich hob es auf und brachte es an den Rand des Tennisplatzes, damit es nicht zertreten wurde. Das Krabbeln des großen Insekts in meiner geschlossenen Hand ließ mir bewußt werden, daß dieses Match kein Traum war.

Fünf Tage danach nahm ich an einem Turnier in Key Biscayne teil. Mein erstes Match konnte ich verhältnismäßig leicht gegen ein australisches Mädchen namens Louise Field gewinnen.

Nach dem Match kam Andre Agassi, sagte, ich hätte gut

gespielt, und gratulierte mir. Ich hatte Andre in der Akademie kennengelernt; er war immer besonders nett zu mir.

Nach meinem Match mit Louise ging ich in den Umkleideraum. Ich glaubte, wenn die Presse mit mir sprechen wollte, würde mich irgend jemand nach dem Spiel zur Pressekonferenz abholen. Doch das ist bei solchen Gelegenheiten nicht üblich. Nach jedem Match erwartet man, daß die Spieler zu einer Pressekonferenz gehen. Die Organisatorin des Turniers sah, wie ich mich umzog und sagte: »Sie sollten jetzt bei der Presse sein.« Diesmal wurde ich nicht mit einer Geldstrafe belegt, weil ich keine Berufsspielerin war. Die Veranstalterin setzte sich zu mir und erklärte, was die Women's Tennis Association von ihren Spielerinnen verlangte.

Am folgenden Abend spielte ich gegen Gabriela Sabatini. Es war überwältigend genug, daß Gaby die Nummer vier auf der Weltrangliste war. Außerdem standen die meisten Zuschauer auf ihrer Seite. Es war mein erstes Match, bei dem die positive Energie der Zuschauer auf meine Gegnerin gerichtet war. Die meisten gehörten dem spanischsprachigen Bevölkerungsanteil des amerikanischen Südens an, und Gaby ist dort sehr beliebt. Als ich auf den Platz ging, versuchte ich, mich zu beherrschen und nicht nervös zu sein wie beim Spiel gegen Chris.

Während der ersten fünf Games spielte ich wie eine Wahnsinnige. Es stand bereits 4:1 für mich, und beim Gedanken, daß ich tatsächlich den ersten Satz gwinnen könnte, wurde mir schwindelig. Dann wurde ich so nervös, daß ich mich in den nächsten Games nicht mehr durchsetzen konnte. Als ich mich beruhigte, hatte Gaby den ersten Satz mit 7:6 gewonnen. So weit zu kommen und dann, wie es eben so passiert, in Sekundenschnelle den Satz zu verlieren, steckt man sehr schlecht weg. Noch schlimmer ist es, daß man nun die nächsten beiden Sätze gewinnen muß, um das Match für sich zu entscheiden. Das ist kein Vergnügen.

Wenn ich den ersten Satz abgeben muß, ärgert mich das sehr.

Mein Spiel wird hemmungslos, und ich versuche mit allen Mitteln meine Furcht loszuwerden und alles zu geben, was in mir steckt – so wie ich es auch beim Training gewohnt bin.

Bei Matches habe ich nie so gut gespielt wie im Training. Im Training gibt es keine Hemmungen, keine Nervenschwäche, keine Leute, die unzufrieden mit einem sind, und keine Zurufe, die einen aus dem Konzept bringen. Manchmal versuche ich bei einem Spiel, die gleiche Haltung einzunehmen wie im Training. Manchmal gelingt es, doch in dem Match gegen Gaby gelang es mir nicht. Ich verlor in zwei Sätzen, und in der zweiten Runde war das Turnier für mich beendet.

Es machte mir allerdings nicht viel aus. Ich war Amateur und machte mir keine besonders großen Hoffnungen. 1987 dachte ich nicht im entferntesten daran, gegen eine der zehn Spitzenspielerinnen gewinnen zu können. Mir genügte es, an großen Spielen teilzunehmen. Der Gedanke, daß ich gegen Stars wie Gaby oder Chris einen Satz gewinnen könnte, war befriedigend genug.

»Wann wirst du Tennis zu deinem Beruf machen?« Diese Frage stellte ich mir zum ersten Mal, als ich mich in den Spielen gegen Chris und Gaby bewährt hatte. Ich hatte keine Eile, weil ich noch sehr jung war. Wenn man vierzehn Jahre alt ist, kann einem niemand garantieren, daß man als professionelle Tennisspielerin irgendwann Erfolg haben wird. Im übrigen kann einem das auch mit einundzwanzig niemand garantieren. Ich wußte aber auch, daß es für mich die Möglichkeit gab, ein Stipendium für das College zu bekommen, wenn ich meine sportliche Karriere als Amateur beendete. Als professionelle Tennisspielerin konnte ich mit keinem Stipendium rechnen.

Amateur zu bleiben hatte allerdings auch gewisse Nachteile. Amateure bekommen kein Preisgeld. Wenn sie ein Turnier gewinnen, bekommen sie einen kleinen Prozentsatz dessen, was sie für ihre Hotels, ihr Flugticket und ihr Essen bezahlen müssen. Alles ist streng reglementiert, und man muß für alle Ausgaben Belege vorweisen. Das College hielt mich immerhin davon ab, mich um etwas zu bemühen, das mir keinen goldenen, doch zumindest einen Messingring einbringen würde.

Im folgenden Jahr sagte ich mir immer wieder: Vergiß nicht das Wichtigste. Meine Prioritäten waren meine Familie, unsere Gesundheit und unser Wohlergehen. An diesen Werten änderte sich nichts, als ich im Februar 1989 beschloß, Tennis zu meinem Beruf zu machen. Danach wurde Tennis zum großen Geschäft, es war nun mehr als ein Spiel.

9

»Ich bin fünfzehn Jahre alt, aber so leid es mir tut: Mit einem verletzten Fußgelenk werde ich nicht spielen.« Das sagte ich den Organisatoren des Virginia-Slims-Turniers in Washington, D.C., im Februar 1989. »Ich würde gerne spielen, aber ich kann nicht – es tut mir leid. Es lohnt sich nicht.«

Natürlich hätte ich gern gespielt. Es war mein erstes Turnier als professionelle Tennisspielerin, und ich hatte gerade Manuela Maleeva im Viertelfinale geschlagen. Manuela war die Nummer neun der Weltrangliste, und ich stand auf dieser Liste an achtundachtzigster Stelle. Es war ein schweres Match gewesen, und ich hatte mir im zweiten Satz das Fußgelenk verstaucht – meine erste Verstauchung (seither bin ich Expertin in verstauchten Fußgelenken) – und obwohl ich erhebliche Schmerzen hatte, beschloß ich, das Match zu Ende zu spielen. Ich sagte mir: Es schmerzt zwar, aber ich kann es aushalten. Ich habe nur noch zwei Spiele, und ich werde durchhalten.

Ich verfüge von Natur aus über einen starken Willen, aber wenn Manuela energisch gekämpft und den zweiten Satz gewonnen hätte, wäre mir nichts anderes übriggeblieben als aufzugeben. Manuela war eine ungeheuer ausdauernde Grundlinienspielerin. Mit dem verstauchten Fußgelenk hätte ich einen dritten Satz nicht durchhalten können. Zum Glück gewann ich die nächsten beiden Spiele und das Match.

Eine Spitzenspielerin hatte gegen mich verloren. Wenn eine der zehn besten Spielerinnen der Weltrangliste von einer Gegnerin geschlagen wird, die an achtundachtzigster Stelle steht, erregt das großes Aufsehen. Das Komische daran war, daß ich auf diesen Rang (nach nur drei Turnieren!) so stolz war. Ich war die einzige Spielerin, die damals nach so wenigen Spielen einen ähnlichen Rang einnahm. Ich war bereit, im Halbfinale gegen Zina Garrison anzutreten. Zina war die sechste in der Weltrangliste, und ich freute mich auf das Spiel. Doch mein Fußgelenk hätte dieses Match nicht ausgehalten.

Ich mußte aufgeben. Die Turnierleiter waren ziemlich verärgert. Aufgrund meines Ausscheidens mußte man auf ein Abendmatch verzichten und statt dessen Schautennis veranstalten. Das bedeutet einen finanziellen Verlust und vielleicht auch den Verlust von Sponsoren. Tennis ist ein großes Geschäft, und die Turnierleitung wurde von den verschiedensten Leuten unter Druck gesetzt. Aber der Grund war meine Verletzung. Wenn ich mit dieser Verletzung gespielt hätte, wäre ich schlecht gewesen, und niemand hätte sich das ganze Match angesehen. Ich war enttäuscht, denn ich hatte mich sehr darauf gefreut.

Es ist sehr hart, in einem Turnier ausscheiden zu müssen, besonders wenn man ein guter Spieler ist. Jeder Sportler, der sich an einem Wettbewerb beteiligt, will auf seinem Gebiet etwas leisten und der Welt und sich selbst beweisen, daß er zu besonderen Leistungen fähig ist. Aber mit fünfzehn Jahren war ich nicht bereit, eine Verletzung zu riskieren, mit der ich meine Zukunft als Tennisspielerin aufs Spiel setzte. Ich verließ Washington enttäuscht mit einem eisgekühlten Verband um das Fußgelenk. Ich war entschlossen, das Gelenk auszukurieren und danach meine Tenniskarriere fortzusetzen.

Alte Wunden heilen nicht sehr gut – und eine solche Wunde war für mich Carrie Cunningham. Im April 1989 fuhr ich nach Houston, um im Virginia-Slims-Turnier zu spielen. Die ersten Runden überstand ich ohne größere Schwierigkeiten, doch im Halbfinale sollte ich gegen Carrie Cunningham antreten. Wie gesagt, die Beziehungen zwischen Carrie und mir hatten eine Vorgeschichte.

Lange bevor ich in die Vereinigten Staaten ging, hatte ich im Disney-Sport-Goofy-Turnier gegen Carrie gespielt und sie ohne große Schwierigkeiten geschlagen. Ich wußte schon immer, daß sie eine gute Spielerin ist, war aber überzeugt, besser zu sein als sie. Nachdem ich einige Monate in Nick Bollettieris Tennisakademie trainiert hatte, spielte ich wieder gegen Carrie. Diesmal schlug sie mich 6:1, 6:0. Ich war am Boden zerstört. Die Niederlage kam zu einer Zeit, als ich daran zweifelte, ob meine Entscheidung, mich an der Akademie ausbilden zu lassen, richtig gewesen war. Ich vermißte meine Eltern und fragte mich, ob ich ohne die Hilfe meines Vaters eine Spitzenspielerin werden konnte. Und jetzt – zwei Jahre waren unterdessen vergangen – sollte ich wieder gegen Carrie spielen.

Bis zum heutigen Tag versuche ich, nie an die Spielweise meiner Gegner zu denken. Ich gehe ganz einfach auf den Tennisplatz und spiele so gut ich kann. Ich konzentriere mich nicht auf die schwache Rückhand meiner Gegnerin, auf ihre starken Volleys oder ihre sonstigen Stärken, sondern nur auf meine eigenen Stärken und Schwächen. Ich sehe mir auch keine Videos irgendwelcher Spiele an. Meine Haare sträuben sich vor Entsetzen, wenn mir jemand ein Video aufdrängen will! Diesmal schlug ich Carrie Cunningham 6:0, 6:1. Ich war erleichtert, und mein Selbstvertrauen wuchs. Ich hatte es nötig, da ich im Finale gegen Chris spielen mußte.

1989 sponserte mich noch niemand. Niemand schickte mir neue Tennishemden oder hübsche Turnschuhe. Bei dem Match mit Chris wollte ich aber gut aussehen und fragte deshalb den

Besitzer eines Bekleidungsgeschäfts, ob ich bei ihm etwas Entsprechendes bekommen könnte. »Natürlich«, sagte er, »kommen Sie nach Geschäftsschluß in meinen Laden. Dann können wir etwas aussuchen.«

Am folgenden Tag erschien ich auf dem Tennisplatz in einem neuen Hemd. Es hatte keinerlei Aufschriften oder Abzeichen. Als ich vor dem Match am Netz stand, bat mich ein Fotograf: »Darf ich eine Aufnahme von Ihnen machen?« Großartig, dachte ich. Das Match gegen Chris wird die Öffentlichkeit interessieren. Mir kam es nur darauf an, gut zu spielen. Ich schaute zu Chris hinüber, die kühl und beherrscht dastand, und fühlte, wie sich mein Magen vor Aufregung verkrampfte. Auf ging's.

Den ersten Satz verlor ich mit 6:3. Mein einziger Gedanke war, daß ich einen Punkt mehr gewonnen hatte als bei unserem letzten Match. Ich nahm mir vor, den zweiten Satz richtig zu genießen, meine Hemmungen loszuwerden, zu vergessen, gegen wen ich spielte und genauso zu spielen, wie ich es im Training tat. Ich gewann den zweiten Satz 6:1.

Du hast Chris Evert einen Satz abgenommen, dachte ich, als wir den dritten Satz begannen. Sehr bald stand es 5:3 zu meinen Gunsten. Chris spielte mir einen verhältnismäßig leichten Ball zu, und ich weiß noch, wie ich dachte: Mein Gott, ich werde dieses Match gewinnen und Chris schlagen. Tausend Gedanken rasten mir durch den Kopf, als der Ball auf mich zuflog – ich sah Chris, sah den Ball, hörte den Beifall der Menge, versuchte mich zu konzentrieren und gewann den letzten Satz mit 6:4 und entschied das Match somit für mich.

Viele Spieler behaupten, sie würden alles im Zeitlupentempo erleben, wenn sie gewonnen haben. Bei mir ist es genau umgekehrt. Es ist, als wäre irgendwo ein Stöpsel herausgezogen worden, alles läuft mit einer so großen Geschwindigkeit ab, daß es sich kaum begreifen läßt. Als wir uns zum Schluß die Hände reichten, sagte Chris: »Ein großartiges Match.« Mein

Vater beglückwünschte mich, und wir umarmten uns (meine Mutter hatte nicht kommen können, weil mein Großvater erkrankt war). Die Turnierleitung überreichte mir einen riesigen Scheck über eine Summe, die größer war, als ich glaubte, jemals verdienen zu können. Ich dankte meiner Familie und meinen Freunden. Dann stand ich allein im Umkleideraum.

»Wo ist der Pokal?« fragte ich schüchtern einen Mann, der für das Turnier arbeitete.

»Es gibt keine Pokale, Monica. Dafür haben Sie den Scheck bekommen, Monica«, erwiderte der Mann.

»Oh«, sagte ich traurig, denn ich hatte mich schon auf den Pokal gefreut. Dann fragte ich den Mann: »Darf ich diesen großen Scheck behalten?« Er lächelte und nickte.

Noch am gleichen Abend fuhr ich mit meinem Vater zurück nach Florida. Ich nahm den riesigen grünen Scheck aus Pappe mit ins Flugzeug. Die anderen Passagiere fragten, was das für ein Scheck sei, und ich sagte ihnen, ich hätte gerade mein erstes Turnier als professionelle Tennisspielerin gewonnen. Ich erinnere mich noch genau an das stolze Gefühl, einen großen Erfolg errungen zu haben. Daß ich diesen Scheck in der Hand hielt, war eine gute Sache. Doch jetzt mußte ich mich auf mein nächstes Turnier vorbereiten.

Eine Woche nach dem Match in Houston brachte mir die Post den Pokal. Der Turnierleiter hatte ihn extra für mich anfertigen lassen. Es war eine besonders freundliche Geste. Das Training ging weiter, und weder mein Vater noch ich dachten an das gewonnene Match. Er hatte sich mächtig über meinen Sieg gefreut, aber das Turnier war vorüber. Für unsere Familie hat ein gewonnenes Match keine besondere Bedeutung. Auch das Geld spielt bei uns keine große Rolle. Obwohl wir nie über viel Geld verfügten, legen wir keinen großen Wert darauf. Mir war stets bewußt, daß sich die wichtigen Dinge im Leben nicht mit Geld kaufen lassen.

10

Als ich sieben Jahre alt war, wünschte ich mir nichts sehnlicher als diese wunderschöne rot, gelb und cremefarben gestreifte dicke, weiche, baumwollene Steppdecke und das dazugehörige Kissen. Beides hatte ich in einem Schaufenster entdeckt. Jeder dieser Gegenstände kostete mehr, als meine Mutter im ganzen Monat verdiente, aber trotzdem gingen wir immer wieder in das Kaufhaus in Novi Sad, um uns diese Kombination anzusehen.

»Du siehst, Monica«, sagte meine Mutter ganz ruhig, »diese Dinge sind sehr teuer.«

»Vielleicht werde ich eines Tages genügend Geld verdienen, um sie zu kaufen«, sagte ich. Das würde vielleicht noch drei oder vier Jahre dauern, aber es würde sich lohnen.

»Dein Geburtstag und Weihnachten stehen vor der Tür«, sagte meine Mutter schließlich. »Wenn du wirklich beides haben möchtest, dann werden wir ein großes Geburtstags- und Weihnachtsgeschenk daraus machen.« Da ich mir die Steppdecke und das Kissen so sehr wünschte, hätte ich beinahe ja gesagt. Aber ich weiß noch, wie mich das Gefühl beschlich, dies sei nicht richtig. »Die Steppdecke allein wäre doch auch schon sehr schön«, sagte ich in einem Ton, der, wie ich hoffte, nicht erkennen ließ, was ich eigentlich wollte. Meine Mutter lächelte. Schon als Kind hatte ich gelernt, auf die Preisschilder in den Schaufenstern zu achten.

Schon im Alter von sieben Jahren wußte ich, was es mit Geld auf sich hatte. Ich wußte, was es bedeutete, über Geld zu verfügen. Und wenn man etwas Geld hatte, hieß das noch lange nicht, genug zu haben. Geld war bei uns immer ein Problem. Wir brauchten es, um die Reisen zu meinen Tennisturnieren zu bezahlen. Wenn wir Jugoslawien verlassen mußten, kamen wir mit unserem Geld wegen der ungünstigen Wechselkurse nicht weit. Ich erinnere mich, wie ich die Flugtickets bestellen mußte, weil ich besser englisch sprach als meine Eltern. Im Alter von acht, neun und zehn Jahren versuchte ich immer herauszufinden, bei welchen Fluglinien es die günstigsten Angebote gab und wo die Hotelzimmer am wenigsten kosteten. Ich tat es nicht, weil ich besonders bescheiden war, sondern weil ich sonst nicht hätte spielen können.

Als ich anfing, selbst Geld zu verdienen, änderte sich das kaum. Wenn man es gewohnt ist, sparsam zu sein und dann plötzlich über viel Geld verfügt, gibt es zwei Möglichkeiten: Manche Leute kaufen für sich und ihre Freunde teure Sportwagen, unternehmen kostspielige Reisen, oder legen ihr Geld in teurem Schmuck an. So etwas habe ich niemals getan – wahrscheinlich deswegen, weil das Geld als solches keinen Wert für mich besaß. Mir kam es allein darauf an, gut Tennis zu spielen.

Ich behaupte nicht, ich hätte meine Preisgelder nicht gut gebrauchen können. Als professioneller Tennisspieler ist man für ein kleines Geschäftsunternehmen verantwortlich. Es gibt zahlreiche Ausgaben – für Reisen, Trainingspartner, Physiotherapeuten, Coaches und Hotels.

Anders als beim Mannschaftssport sind die Spesen sehr hoch und müssen vom jeweiligen Sportler selbst bezahlt werden. Meine Familie hatte Geld nicht nur nötig, um mich bei meiner Tenniskarriere zu unterstützen, sondern auch um ein schönes Heim zu haben und ihre Freiheit zu genießen. Das Geld ist immer nur Mittel zum Zweck gewesen. Ich habe meiner Familie finanziell geholfen. Sie unterstützte mich, ohne die Garantie zu haben, daß es sich eines Tages lohnen würde. Meine Eltern verließen ihre Heimat, ihre Verwandten und Freunde und verzichteten auf ihre eigenen Verdienstmöglichkeiten, um mir das Tennisspielen zu ermöglichen. Als ich dreizehn Jahre alt war, konnte niemand sagen, ob ich mit dem Tennis Geld verdienen würde. Ich ging also an die Bollettieri-Akademie, um mich ausbilden zu lassen.

Man kann nur selbst etwas dafür, wenn Geld das eigene Leben verändert: so dachten meine Eltern. Als ich anfing, Preisgelder in Höhe von $ 200 000 zu verdienen, änderte sich an meiner Lebensführung kaum etwas. Ich kaufte mir keinen Ferrari. Der erste schöne Wagen, den ich mir kaufte, war ein Ford Explorer, und das war erst 1995. Es ist richtig, daß ich in den Jahren 1991 und 1992 sehr viel Geld verdiente und einige lukrative Verträge unterzeichnete. Doch die ganze Zeit über vergaß ich nie, was mir meine Eltern einmal gesagt hatten: »Monica, denke immer daran, daß das Geld kommt und geht. Behalte immer deine Persönlichkeit, egal ob du Geld hast oder nicht. Steh fest mit beiden Beinen auf dem Boden, so wie es sich gehört.«

Nach dem Attentat im Jahr 1993 habe ich zwei Jahre lang kein Geld verdient. Die Gerüchte, wonach ich hochversichert gewesen sein sollte, waren unzutreffend. Die Versicherungen haben mir keinen Pfennig bezahlt. Einige Sponsoren hielten mir die Treue. Andere ließen mich fallen, und einer verklagte mich sogar auf Schadenersatz, weil ich eine Zeitlang nicht spielen konnte. In diesem Jahr wurde mir deutlicher denn je bewußt, daß meine Eltern recht hatten, wenn sie sagten, es gebe keine Garantie dafür, daß ich auch weiterhin mit Tennis Geld verdienen würde. Meine Persönlichkeit, meine Familie und meine Freunde waren das einzige, was wirklich mir gehörte.

Die Steppdecke, die ich mir als siebenjähriges Kind wünschte, habe ich heute noch. Nun ist sie alt – die Farben sind verblaßt, und die Nähte sind zum Teil aufgegangen. Aber wenn mein Blick auf sie fällt, sehe ich nicht die Sprudelflecken oder ausgefaserten Ränder. Für mich bleibt sie die schöne Steppdecke, die ich mir als siebenjähriges Kind so sehr gewünscht hatte. Ich erinnere mich an die Zeit, als ich noch nicht über soviel Geld verfügte und mich damit zufriedengeben mußte, zum Geburtstag und zu Weihnachten ein einziges Geschenk zu bekommen. Heute lächle ich darüber. Was die wichtigen Dinge im Leben angeht, so hat sich nichts geändert.

11

Auch 1989 hatte sich, was die wichtigen Dinge im Leben betraf, nichts geändert. Ich war älter geworden. Was bedeutete, daß ich gelegentlich versuchte, gegen die Wünsche meiner Mutter zu rebellieren.

»Bitte, Zoltan ... bitte«, bat ich ihn.

»Mom hat gesagt, nicht bevor du achtzehn Jahre alt bist«, erwiderte mein Bruder.

»Nun komm schon ... bitte«, versuchte ich ihn zu überreden. Meine Mutter hatte mir verboten, vor den French Open von 1989 die Haare blond zu färben. Es war mein erstes Grand-Slam-Turnier, und ich wollte besonders gut aussehen.

»Du bist erst fünfzehn Jahre alt, Monica«, erklärte meine Mutter. »Wenn du achtzehn bist, kannst du tun, was du willst.«

»Aber ich möchte doch blond sein«, versuchte ich ihr zu erklären.

»Darauf wirst du noch etwas warten müssen«, erwiderte sie, bevor sie nach Jugoslawien flog, um ihren Vater zu besuchen.

Meine Mutter hätte nie nachgegeben, aber Zoltan tat es, und so erschien ich bei den French Open mit strohblondem Haar und dem auffallendsten Tenniskostüm, das jemals bei einem Grand Slam getragen worden ist.

Als Kind machte es mir besondere Freude, Kleider für meine Barbiepuppen und Teddybären zu entwerfen. Ich hatte eine Kommode, in der ich die verschiedensten Kostüme aufbewahrte. Es war nur natürlich, daß ich auch meine Tenniskleidung entwerfen wollte. Zum Glück hatte ich diesbezüglich keine Verpflichtungen und konnte für die Turniere meine Tenniskleidung nach eigenem Wunsch zusammenstellen.

Wenige Wochen vor Beginn der French Open schaute ich mich in den Tennisläden meiner Heimatstadt um und suchte eine Kombination aus, die man nicht unbedingt als Tennisröcke und -blusen bezeichnen kann. Unter anderem war da ein grüner Rock mit schwarzen Punkten darauf und mit einer rosaviolett gestreiften Taille aus dehnbarem Lycra-Stoff. Ein zweiter Rock hatte Rüschen. In dieser Kleidung zu einem Turnier zu gehen bedeutete mehr, als sich für einen gewöhnlichen Anlaß Kleider in einem Geschäft auszusuchen.

Die French Open im Roland-Garros-Stadion und Wimbledon waren die einzigen Grand-Slam-Turniere, die ich mir zu Hause regelmäßig im Fernsehen ansah. Diese Stadien beeindruckten mich schon als Kind. Noch am gleichen Tag, als ich in Paris ankam, ging ich zum Stadion. Es war leer, ich kletterte hinauf in eine der obersten Reihen und setzte mich. Ich muß mindestens eine Stunde dort gesessen haben. Dabei versuchte ich, ein Gefühl für diesen Ort zu entwickeln, und überlegte mir, wie es sein würde, hier zu spielen. Ich hoffte, es bis zum Viertel- oder Halbfinale zu schaffen und erinnere mich, daß im Stadion eine fast feierliche Stille herrschte. Man hörte kein Stimmengewirr einer erregten Zuschauermenge, sondern spürte eine friedliche Atmosphäre. »Vielleicht werde ich eines Tages dieses Turnier gewinnen«, flüsterte ich in die Stille hinein.

Die ersten beiden Runden gingen ganz glatt vorüber. Dann kam die dritte gegen Zina Garrison. Ich habe nichts zu verlieren, sagte ich mir im Umkleideraum vor dem Match. Ich spiele in den French Open gegen eine der zehn besten Tennisspielerinnen der Welt. Ich werde mein Bestes geben und mich daran freuen, in diesem Stadion spielen zu dürfen.

»Auf geht's, es ist Zeit für das Match«, rief einer der Turnierleiter. Ich atmete tief durch und ging den Korridor hinunter, der zum Centre Court führte. Auf dem Weg dorthin überreichten mir zwei kleine Mädchen, die mit meinen Eltern befreundet waren, einen Strauß roter Rosen. Ich betrat das Stadion mit den roten Rosen im Arm und hörte die Beifallsrufe der Zuschauer. Ich hatte Herzklopfen in Erwartung eines entscheidenden Spiels. Dann wandte ich mich um und warf die Rosen einigen Fans zu – ich konnte sie nicht auf den Platz mitnehmen und dachte, dies sei eine freundliche Geste.

Ich hatte einige Mühe, dieses Match zu gewinnen. Zina ist eine Volleyspielerin. Am besten ist sie auf einem Supreme Court oder Rasen. Auf Sand neigt sie dazu, von der Grundlinie aus zu spielen, ist aber auf jedem Belag eine gute Spielerin. Ich spiele am liebsten auf rotem Sand und bot hier gutes Tennis. Ich gewann das Match in zwei Sätzen, 6:3 und 6:2.

Ich hatte es verdient, bei der Pressekonferenz nach dem Match hervorgehoben zu werden. Meine nächste Gegnerin war Jo-Anne Faull. Wenn ich dieses Match gewann, würde ich im Viertelfinale auf Manuela Maleeva treffen. Ich rechnete damit, in den Interviews zu diesen Begegnungen befragt zu werden. »Monica, warum haben Sie die Rosen fortgeworfen?« wollte ein Reporter wissen. »Hatte das eine besondere Bedeutung?« rief ein zweiter. »Warum rote Rosen?« meldete sich ein dritter. »Warum nicht weiße oder gelbe?« Was hat das zu bedeuten, dachte ich verwundert. Was wollen diese Leute von mir wissen?

Daß ich meinen Fans ein paar Rosen zugeworfen hatte, erschien den Leuten offenbar wichtiger, als ich angenommen hatte. Das war von mir nicht beabsichtigt gewesen. Ich hatte nur einige Blumen in die Zuschauerränge geworfen, um meinen Fans meine Dankbarkeit zu zeigen – und um sie abzulenken. Auf der Pressekonferenz erlebte ich zum ersten Mal, daß jede meiner Bewegungen registriert wurde, sofern ich sportlichen Erfolg hatte.

Jetzt hört mir mal zu, Jungs, dachte ich während dieser Pressekonferenz, nach der nächsten Runde werde ich im Viertelfinale gegen Maleeva spielen. Und wenn ich gewinne, wird meine Gegnerin im Halbfinale vielleicht Steffi Graf sein – die schon seit zwei Jahren an der Spitze der Weltrangliste steht. Ich bin eine völlig unbekannte fünfzehnjährige Spielerin und werde vielleicht gegen die Nummer eins der Weltrangliste spielen, eine Frau, die jedes Match in vierzig Minuten gewinnt und von jeder Gegnerin gefürchtet wird. Aber nein, die Reporter wollten über meine Rosen sprechen. Sie bemerkten nicht, daß ich jetzt blondes Haar trug, weil sich vor meinem Erfolg bei den French Open kaum jemand für mich interessiert hatte.

Völlig verrückt, dachte ich nach der Pressekonferenz. Doch jetzt war keine Zeit, sich um die Presse und ihre Kommentare zu kümmern. Ich gewann das Match gegen Jo-Anne Faull in zwei Sätzen und war nun bereit für das Viertelfinale gegen Manuela Maleeva, die Nummer sechs in der Weltrangliste. Sie hatte 1984 die italienischen offenen Meisterschaften und bei den Olympischen Spielen 1988 die Bronzemedaille gewonnen.

Spiel wie immer, dachte ich, als ich den Tennis-Court betrat und der erste Satz begann. Mit dieser Einstellung besiegte ich Maleeva in zwei Sätzen, 6:3 und 7:5. Jetzt werde ich im Halbfinale eines Grand-Slam-Turniers spielen, dachte ich, und konnte es kaum glauben. Ich werde bei den French Open gegen Steffi Graf spielen.

Gib dein Bestes, Monica, hatte mein Vater vor dem Halbfinale lächelnd gesagt. Ich nickte und lachte kurz auf. Ich war zu nervös, um über das bevorstehende Spiel gegen Steffi, die schnellste und stärkste Tennisspielerin der Welt, etwas zu sagen.

Den ersten Satz verlor ich 6:3. Ist ja großartig, dachte ich, denn ich hatte nicht 6:1 oder 6:0 verloren. Die Sache ließ sich recht gut an! Nun spielte ich nicht nur gut, sondern hervorragend und gewann den zweiten Satz mit 6:3.

Ich kann nicht sagen, weshalb ich diesen zweiten Satz gewonnen habe, nur, daß ich wirklich gut spielte. Die meisten Leute stellen sich vor, daß ein Spieler wegen irgendeiner Besonderheit gewinnt – wegen eines guten Aufschlags oder großartiger Volleys. Um einen Satz zu gewinnen, muß man jedoch einfach besser sein als der Gegner, und zwar in jeder Beziehung. Während dieses zweiten Satzes bei den French Open war ich besser als Steffi Graf.

»O mein Gott, vielleicht kann ich Steffi schlagen!« dachte ich zu Beginn des dritten Satzes. Ich stellte fest, wie überrascht die Zuschauer im Stadion darüber waren, daß mich Steffi nicht in weniger als einer Stunde geschlagen hatte. Es war eine neue Erfahrung für mich – die Zuschauer zu überraschen und zu spüren, wie ihre Erregung immer größer wurde. Es lag in der Arena so viel Elektrizität in der Luft, daß ich spürte, wie sich meine Nackenhaare sträubten. Wir begannen zu spielen und kämpften bis zum Tie-Break. Es stand nun 3:3. Jetzt kommt die große Chance für mich, sagte ich aufgeregt. Dann machte es *ping*!

Während des Matches gegen Steffi rissen bei mir einige Saiten. Zunächst, als ich die Möglichkeit hatte, Steffis Aufschlag abzuwehren. Wenn eine Saite reißt, braucht man einen neuen Schläger. In so einer Situation habe ich immer Schwierigkeiten, mich an den neuen Schläger zu gewöhnen. Die Saiten und der Griff sind neu und fühlen sich seltsam an. Als ich im Halbfinale mit einem neuen Schläger weiterspielen mußte, verlor ich meinen Rhythmus. Ich konnte ihn nicht wiederfinden und unterlag im dritten Satz mit 6:3. Abgesehen von den gerissenen Schlägersaiten: Steffi hatte besser gespielt und das Match gewonnen.

Ich hatte mir nichts vorzuwerfen, denn ich stand noch am Beginn meiner Tenniskarriere und mußte weder etwas beweisen, noch bisherige Erfolge verteidigen. Viel wichtiger war, daß ich in den French Open 1989 drei Dinge gelernt hatte: Erstens, daß mein spontanes Verhalten von der Presse kritisch beobachtet wurde und daß sich diese Aufmerksamkeit mit jedem Erfolg verstärken würde. Zweitens, daß es an der Zeit war, mit Schlägern zu spielen, die nicht mit Saiten aus Schafsdarm, sondern mit Kunststoff bespannt waren, und drittens – dies vor allem –, daß ich Gegnerinnen wie Steffi gewachsen war. Diesmal hatte ich sie noch nicht geschlagen, doch in meinem Herzen glaubte ich, es eines Tages zu schaffen.

Bei meinem ersten Wimbledon-Turnier war die Zeit noch nicht reif.

Nur zwei Wochen liegen zwischen den French Open und dem Wimbledon-Turnier – zwei Wochen, um zu trainieren und sich daran zu gewöhnen, nicht mehr auf rotem Sand, sondern auf Rasen zu spielen. Wimbledon ist zauberhaft und verführerisch. Das liegt zum Teil an der schönen Landschaft, dem Tee und den Erdbeeren und der Gegenwart der königlichen Familie. Wimbledon ist außerdem das einzige Turnier, das auf Rasen gespielt wird. Im Grunde ist eine Vorbereitung gar nicht möglich, weil sich der Boden jeden Tag verändern kann. Spiele auf Rasen sind sehr schnell, doch das Wetter wirkt sich auf die Geschwindigkeit aus. Wenn es geregnet hat, wird der Boden schlüpfrig, und wenn die Sonne scheint, trocknet er aus. Der Boden kann sich im Laufe eines Tages oder eines Matches drastisch verändern.

Mein Vater und ich begannen sofort mit dem Training. Eines Nachmittags arbeitete Pete Sampras auf dem Platz neben uns. »Sieh ihn dir an, Monica. Du siehst dort einen Mann, der eines Tages die Nummer eins in der Welt sein wird«, prophezeite mein Vater.

»Bestimmt nicht, Dad«, erwiderte ich.

»Welch zweifelhaftes Glück bei meinem ersten Spiel in Wimbledon ...« murmelte ich, als ich den Platz Nummer zwei betrat, bereit, das erste Match zu beginnen. »Ich spiele auf Rasen, was ich noch nie getan habe, und noch dazu gegen die stärkste Aufschlagspielerin der Welt!« Meine Gegnerin war die gefürchtete Brenda Schultz: Sie war über 1,80 m groß, und bei ihrem Aufschlag flog der Ball mit 200 km über das Netz. Ich will nicht schon in der ersten Runde geschlagen werden, sagte ich mir.

Den ersten Satz gewann ich mit 7:6. Ich war begeistert, denn wenn Brenda ihren Aufschlag richtig plazierte, war es unmöglich, den Ball zu retournieren. Ins Aus, ins Aus, ins Aus, summte es in meinem Kopf vor jedem ihrer Aufschläge. Im ersten Satz wurde ich erhört, im zweiten nicht. Wenn ich 0:40 führte, schlug Brenda drei Asse und gewann das Game. Sie holte sich den zweiten Satz mit 6:1.

Jetzt geht's ums Ganze, dachte ich zu Beginn des dritten Satzes. Ich kann nicht gewinnen, wenn sie so aufschlägt wie bisher. Beim Stand von 4:4 wurde mein Gebet erhört. Brenda schlug den Ball ins Aus, und es stand 5:4 für mich. Du mußt deinen Aufschlag gewinnen, sagte ich mir – das Match dauerte nun schon zweieinhalb Stunden – laß es nicht zum 5:5 kommen. Beende die Partie. Es gelang mir, und ich gewann den Satz mit 6:4. Ich war erschöpft, glücklich und freute mich auf mein nächstes Match.

Wenn man anfängt, professionelles Tennis zu spielen, müssen gewisse Schwierigkeiten überwunden werden. Eine davon bestand für mich zunächst darin, für die French Open aufgestellt zu werden. Als nächstes mußte es mir gelingen, zu den sechzehn besten Spielerinnen in Wimbledon zu gehören. Jetzt war es soweit, und ich glaubte, eine hervorragende Tennisspielerin zu sein. Was kam danach? Steffi Graf.

Centre Court, Rasen, Graf. Es hätte nicht besser kommen können, dachte ich, als ich auf den Platz ging. Unter den Zuschauern war auch Prinzessin Diana. Ich konnte sie in den Rängen erkennen und schaute während des Spiels, das nicht lange dauerte, immer wieder zu ihr hinüber. Ich hatte das Gefühl, nur eine Viertelstunde gespielt zu haben. Steffi schlug mich mit 6:0 und 6:1. Sie schlug jeden Ball, den ich ihr zuspielte, so zurück, daß ich ihn nicht erreichen konnte. Sie überrumpelte mich in jeder Situation, und ich hatte keine Chance. Ich durfte mich nicht darüber ärgern. Es hatte nicht lange genug gedauert, um sich jetzt noch Gedanken darüber zu machen. Doch es gab einen positiven Aspekt: Ich hatte die Prinzessin gesehen, und sie mich.

Mein nächstes großes Turnier waren die US Open im September 1989. Ich nahm zum ersten Mal an diesem Turnier teil, und für Chris Evert war es das letzte Mal. Sie hatte beschlossen, in diesem Jahr mit dem Tennisspielen aufzuhören. Deshalb machte ich mir Sorgen, als ich die Aufstellung für dieses Turnier las.

Wenn ich mir die Aufstellung vor einem Turnier ansehe, überlege ich mir, gegen wen ich spielen werde, wenn ich gewinne. Wenn ich in der dritten Runde gewonnen hatte, mußte ich jedesmal gegen Chris spielen. Diesmal wollte ich nicht verlieren, denn ich nahm zum ersten Mal an den US Open teil und wollte zumindest bis zum Viertelfinale oder zum Halbfinale durchhalten. Es bedrückte mich jedoch, daß es im Falle meines Sieges später heißen würde, ich sei diejenige gewesen, die Chris die Chance verwehrt hätte, ihre Karriere mit einem Sieg bei den US Open zu beenden. Ich war noch ein halbes Kind, und das Problem bedrückte mich. Dennoch gewann ich meine dritte Runde.

Mit weichen Knien betrat ich mit Chris den Centre Court. Die Zuschauerränge waren voll besetzt, man spürte die gespannte Atmosphäre. Chris erzählte mir einige Jahre später, daß auch sie damals völlig verkrampft gewesen sei. Sie wollte ihre Karriere nicht mit einer Niederlage gegen ein fünfzehnjähriges Mädchen beenden, machte jedoch einen ausgeglichenen und reservierten Eindruck. Man sah ihr nicht an, daß sie nervös war.

Im Gegenteil, ich war die Aufgeregte. Die vielen Zuschauer, die Geräusche und das Gefühl, auf dem Centre Court zu spielen, waren überwältigend. Chris Evert war erfahren genug, all diese Dinge auszuschalten und zu ihrem Spiel zu finden. Sie ist eine hervorragende Grundlinienspielerin, setzt ihre Rückhand stets richtig ein und plaziert jeden Ball dicht an die Linien. An jenem Tag schlug mich Chris mit 6:0 und 6:2. Als ich den Platz verließ, dachte ich, daß ich eines Tages in der Lage sein würde, alles außer dem Spiel selbst zu vergessen.

Ich war traurig, verloren zu haben, doch auch erleichtert. Chris verlor in der nächsten Runde gegen Zina Garrison, aber sie würde für alle Zeiten eine Legende bleiben. Das konnte ihr niemand nehmen.

1989 spielte ich gegen alle großen Vorbilder: Steffi Graf, Chris Evert und schließlich, zum ersten Mal, gegen Martina Navratilova. Nach den US Open fuhr ich nach Dallas, Texas, zum Virginia-Slims-Turnier.

Fast hätte ich die Gelegenheit verpaßt, gegen Martina zu spielen. In der ersten Runde des Turniers spielte ich gegen Bettina Bunge. Im ersten Satz stand es schon 5:1, doch dann holte Bettina bis zum 5:5 auf. Hier erlebte ich zum ersten Mal in meiner Tennislaufbahn, daß eine Spielerin zu einem Comeback fähig ist. So etwas kommt vor. Spielerinnen, die weit zurückgefallen sind, verlieren ihre Hemmungen, was manchmal dazu führt, daß sie hervorragendes Tennis spielen. Ich sagte mir damals, ich würde es nicht zulassen, daß irgend jemand mir so etwas antut. Es war zu nervenaufreibend. In dieser Runde wurde mir eine wichtige Lektion erteilt: Der Satz ist nie beendet, das Match nie vorüber, bevor du deiner Gegnerin am Netz die Hand gereicht hast. Schließlich gewann ich das Match doch noch und erhielt die Chance, im Finale gegen Martina zu spielen.

Die Supreme Courts sind blau und schnell. Nach Rasen schätzt Martina Navratilova diesen Belag am meisten. Doch daran dachte ich nicht, als ich auf den Platz ging, um gegen mein großes Vorbild zu spielen. Ich dachte auch nicht daran, wie stark Martina spielte und wie sie jeden Gegner fertig machte. Ich freute mich auf dieses Spiel. Der erste Satz war ein harter Kampf, den ich verlor. Den zweiten gewann ich, und im dritten siegte Martina. Es war ein gutes Match und ein hartes, und ich war stolz auf meine Leistung. Noch wichtiger war, daß ich mir mit diesem Spiel das Recht verdient hatte, gegen die besten Tennisspielerinnen anzutreten.

Ich hatte mich für die Virginia Slims Championships im November 1989 qualifiziert. Am Ende einer jeden Tennissaison fand ein Virginia-Slims-Turnier im Madison Square Garden in New York City statt, an dem die sechzehn besten Spielerinnen der Welt teilnahmen. Nach meiner ersten Saison als Berufsspielerin hatte ich mir meinen Platz unter diesen Frauen verdient.

Ich verlor gegen Martina in einer der ersten Runden der Championships, doch nicht ohne harten Kampf. In einem Satz lag ich bereits mit 1:4 im Rückstand, aber schließlich entschied ich ihn doch noch für mich. Ich glaube, von nun an wurde ich als ausdauernde Spielerin anerkannt. Die Medien begannen über mich zu schreiben. Ich sei mental sehr stark und dürfe 1990 mit großen Erfolgen rechnen. Es war seltsam, so etwas zu lesen und nicht unter Druck zu geraten. Für mich lag ein unglaubliches Jahr hinter mir: mein erstes Jahr als Berufsspielerin – und ich stand auf der Weltrangliste schon an sechster Stelle. Die Medien prophezeiten, ich würde im nächsten Jahr zu den drei Besten zählen. Als ich das gelesen hatte, versuchte ich keine Zeitungen mehr zu lesen.

Schon im Alter von fünfzehn Jahren war es mein Ziel als Tennisspielerin, auf den Platz zu gehen und gut zu spielen, nicht aber, um ein Match zu gewinnen. Nun erwartete man von mir, daß ich eine der drei Besten wurde. Das brachte die Gefahr mit sich, daß ich mich auf das Gewinnen konzentrierte, was ich gar nicht wollte. Ich habe es nie gewollt.

12

Ich enttäuschte sie schon jetzt. An nichts anderes konnte ich denken, als ich im Februar 1990 in der ersten Runde des Virginia-Slims-Turniers in Chicago von Ros Fairbank ausgeschaltet wurde. Nach meinen Erfolgen von 1989 hatte die Presse sehr viel von mir erwartet. Vielleicht hatten die Journalisten sich in mir getäuscht, dachte ich, als ich meine Sachen zusammenpackte und das Stadion verließ. Ich fuhr zurück ins Hotel und kühlte meine schmerzende Schulter mit einer Eispackung. 1989 hatte ich so viel gespielt, daß mein Schultergelenk und die Rotatorenmanschette durch die Überbeanspruchung entzündet waren. Ich war deprimiert und beschloß, mir einige Wochen Zeit zu nehmen, um die Schulter auszuheilen und dann mein nächstes Match zu gewinnen.

Es kam jedoch ganz anders. Ich fuhr zu den Virginia Slims von Boca Raton. Die Medien interessierten sich besonders für dieses Turnier, weil ein junges Talent namens Jennifer Capriati dort ihr erstes professionelles Match absolvieren sollte. Jennifer war damals dreizehn Jahre alt, und ihre Sponsoren hatten schon Millionen in sie investiert, bevor sie den Tennisplatz für ein öffentliches Spiel betrat. Die Presse hoffte, wir würden im Finale gegeneinander spielen – zwei junge, aggressive Spielerinnen, die sich ein hartes Spiel lieferten.

»Was ist los mit mir?« fragte ich mich enttäuscht, nachdem ich mein Match in der dritten Runde verloren hatte. Ich ging in den Umkleideraum und setzte mich. »Warum spiele ich so schlecht?« Frustration und Enttäuschung überwältigten mich.

»Monica, darf ich Ihnen einen Rat geben?«« fragte mich Leslie Allen, eine ehemalige Spielerin und Mitglied der WTA im Umkleideraum. Ich nickte. »Es gibt schlechte Tage, daran läßt sich nichts ändern. Es kommt nur darauf an, bei der Stange zu bleiben. Versuchen Sie, nicht so hart mit sich umzugehen.«

Es war das erste Mal, daß sich eine Kollegin die Zeit für ein freundliches Wort genommen hatte, um mir einen Rat zu geben. Es bedeutete mir sehr viel. Ich war eine Berufsspielerin, deren ganzes Leben sich um das Tennisspiel drehte, doch außerdem war ich ein sechzehnjähriges junges Mädchen. Es gibt so viele Emotionen und Fragen, mit denen ein Teenager fertig werden muß – Freunde, die Schule, junge Männer und alle möglichen Ungewißheiten. Ich war nicht anders als meine Altersgenossinnen. Da ich die meiste Zeit auf dem Tennisplatz zubrachte, wurden mir diese Fragen im Umkleideraum, beim Training und, ob ich es wollte oder nicht, auch während des Matches bewußt.

Jennifer schaffte es bis zum Finale und verlor dann in einem guten Match gegen Gabriela Sabatini. Für ihr erstes professionelles Turnier war das eine hervorragende Leistung, und die Medien konzentrierten sich nicht mehr so sehr auf mich, weshalb ich auch nicht mehr so stark unter Druck stand. Ich brauchte eine Ruhepause. Die Medien waren von Jennifer begeistert. Sie war jetzt der jüngste Star am Tennishimmel, was bedeutete, daß ich eine Zeitlang nicht mehr den Erwartungen der Öffentlichkeit genügen mußte.

Ich konzentrierte mich darauf, meine Schulter auszuheilen, und trainierte mit meinem Vater in der Akademie. Eigentlich änderte sich nichts. Ich versuchte nur, nicht mehr daran zu denken, welchen Rang ich einnahm, daß ich ständig gewinnen mußte und was ich nach Auffassung anderer im Jahr 1990 tun sollte. Das tat mir gut.

Mitte März ging ich nach Key Biscayne in Florida, um mich an den Lipton Championships zu beteiligen. Lipton ist das fünftgrößte Tennisturnier der Welt. Konzentrier dich nur auf das Match, das du gerade spielst, sagte ich mir. Kümmere dich um nichts anderes, und konzentriere dich auf die Spielerin, gegen die du gerade antreten mußt. Das tat ich auch ... bis zur vierten Runde.

Ros Fairbank, die mich in der ersten Runde des Virginia-Slims-Turniers in Chicago geschlagen hatte, war in der vierten Runde des Lipton-Turniers meine Gegnerin. »Fabelhaft«, dachte ich, »jetzt spiele ich wieder besser und kann mich gegen sie bewähren.« Wenn ich nervös bin, führe ich Selbstgespräche. Dann sitze ich im Umkleideraum und halte mir einen Vortrag. »Nimm diese Chance wahr, Monica«, sagte ich. »Du hast dich ein paar Wochen ausruhen können, du bist eine gute Tennisspielerin, spiel einfach dein Spiel, vielleicht wird das Ergebnis diesmal besser sein.«

Ich muß dieses Match gewinnen, dachte ich, als ich den Tenniscourt betrat. Die Stärken von Ros sind ihr Aufschlag und ihr Volley. Wenn man sie schlagen wollte, mußte man versuchen, mit weiten Schlägen an ihr vorbeizukommen. An diesem Tag verlor ich zu keiner Zeit die Kontrolle über das Spiel. Ich fühlte mich stark, ohne Furcht und spielte wie im Training. Ich besiegte Ros 6:3 und 6:4 in zwei recht leichten Sätzen.

Nun war ich spürbar erleichtert! Der Sieg über Ros gab mir jenes Selbstvertrauen, das ich vor meinem nächsten Match brauchte. Ich wußte, daß ich gegen Jennifer Capriati spielen mußte, wenn sie ihr Match in der vierten Runde gewann. Dies würde unsere erste Begegnung sein, doch schließlich kam sie beim Lipton-Turnier wieder nicht zustande.

Jennifer wurde von Nathalie Tauziat besiegt, die ich im Halbfinale 6:3 und 6:1 geschlagen hatte. Im Finale besiegte ich Judith Wiesner 6:1 und 6:2 in einem leichten Match. Damit hatte ich das Lipton-Turnier gewonnen! Es war großartig, daß es in dieser Saison noch einmal aufwärts ging. Ich hatte in den ersten drei Monaten schwach gespielt und benötigte nun einen großen Sieg, um mein Selbstvertrauen zurückzugewinnen. Anschließend fuhren mein Vater und ich zu einem Turnier nach San Antonio. Ich gewann erneut. Nach dem Match flogen wir zurück nach Florida. Wir freuten uns beide über die gewonnenen Spiele und konzentrierten uns auf die Vorbereitungen für das nächste große Match im Frühjahr, die Italian Open.

Am Morgen nach meiner Rückkehr zur Akademie fragte ich den Organisationschef: »Auf welchem Platz darf ich trainieren?« Der Mann antwortete mir nicht. »Ist dort ein Korb mit Bällen, die ich benutzen kann?«

»Wir haben keinen Platz für Sie«, erwiderte er schließlich.

»Okay«, sagte ich. Ich war enttäuscht, denn ich mußte jeden Morgen trainieren. »Wann wird mir ein Platz zur Verfügung stehen?«

»Sie werden auch später keinen Platz bekommen«, erklärte er.

»Warum?« fragte mein Vater. Wir waren beide verwirrt und wußten nicht, was das zu bedeuten hatte.

»Die Coaches der Akademie sind darüber unterrichtet worden, daß Ihnen hier kein Platz mehr zur Verfügung steht«, sagte er uns.

»Wie bitte?« erwiderten mein Vater und ich. Wir versuchten, den Grund für diese Entscheidung herauszufinden, doch vergeblich. Niemand wollte uns eine klare Antwort geben. Wir konnten also nichts weiter tun, verließen die Plätze der Akademie und sahen uns nach einem öffentlichen Tennisplatz um.

Nick Bollettieri pflegte sich zu solchen Dingen stets schriftlich zu äußern. Einige Tage darauf bekamen wir einen Brief von Nick, in dem er uns mitteilte, »es tut mir leid, daß unsere Beziehungen auf diese Weise enden müssen, aber ich sah keine Veranlassung weiterzumachen ...«.

Keine Veranlassung weiterzumachen? Bis heute weiß ich nicht, weshalb Nick mich nicht mehr in der Akademie haben wollte. Die Art, wie er mich behandelte, war nicht ungewöhnlich. Es gibt viele Tennisspieler, die ähnliche Erfahrungen mit ihm machten. Auch Andres Beziehungen zu Nick endeten mit solchen Briefen. Trotzdem glaube ich, daß Nick ein anständiger Mensch ist. Er hat vielen jungen Leuten, die gerne Tennis spielten, Stipendien gegeben.

Meine Beziehungen zu ihm waren komplizierter, als ich es im Alter von vierzehn, fünfzehn oder sechzehn Jahren verstehen konnte. Nick hat sich mir gegenüber zwar nicht so verhalten, wie ich es erhofft hatte, aber ich werde ihm stets dankbar dafür sein, an der Akademie ein Stipendium bekommen zu haben. Auch Nicks Mitarbeiter Dr. Apu Kutton bin ich dankbar für seine Freundlichkeit.

Wir hatten keine Zeit, uns länger mit dieser Situation auseinanderzusetzen. Bis zum Beginn der italienischen offenen Meisterschaften war es nur noch ein Monat, und wir hatten keinen Tennisplatz, auf dem wir trainieren konnten. Wir lebten in einem Gebäude in Bradenton in der Nähe der Akademie. Jetzt mußten wir eine neue Unterkunft finden, in deren Nähe sich ein privater Tennisplatz befand. In der Woche vor meinem nächsten Turnier trainierte ich auf öffentlichen Plätzen in Sarasota. Gewöhnlich waren alle Plätze besetzt, und ich mußte immer wieder warten, bis einer frei wurde, auf dem ich stundenweise spielen konnte. Es waren Hartplätze, und mein nächstes Turnier waren die Eckerd Open auf einem Sandplatz. Immerhin gewann ich es. Somit hatte ich dreimal gesiegt. Zum ersten Mal ging es wieder bergauf.

»So geht es nicht weiter, Monica«, sagte mein Vater betrübt, als wir nach unserer Rückkehr aus Tampa auf einen Platz zum Trainieren warteten. Einige Tage später entdeckten meine Eltern ein kleines Haus in einer Siedlung in Sarasota. Dort gab es private Tennisplätze, und mein Vater und ich freuten uns darauf, wieder regelmäßig trainieren zu können. Die Leute in unserer Nachbarschaft spielten jedoch so gerne Tennis, daß erst nachmittags ein Platz für mich frei wurde. Wieder mußten wir mit dem vorliebnehmen, was gerade zur Verfügung stand, und konzentrierten uns auf die Italian Open.

Bis zum Mai 1990 war ich der Meinung, Steffi, Chris, Gaby oder Martina nicht schlagen zu können, wenn ich nicht unglaubliches Glück hatte. Diese Spielerinnen waren für mich fast unerreichbare Vorbilder. Die italienischen offenen Meisterschaften waren ein Wendepunkt in meiner Karriere. Ich war sehr gespannt darauf, was das Turnier in Italien mir bringen würde. Ich hoffte es bis zum Finale zu schaffen, und ich hoffte auf die Chance, gegen eine der fünf weltbesten Spielerinnen antreten zu können. Steffi beteiligte sich nicht, aber Martina war dort, und ich hätte gern wieder gegen sie gespielt. Meine Wünsche gingen in Erfüllung, als ich Maleeva im Viertelfinale und Kelesi im Halbfinale schlug.

Gegen Martina zu spielen ist immer eine harte Arbeit. Sie kann ihr Spiel gut variieren und ist ebenso wie ich eine Linkshänderin. Für eine Linkshänderin ist es immer schwierig, den Aufschlag einer anderen Linkshänderin zu erwidern, weil der Ball in einem ungünstigen Winkel herüberkommt. Zudem ist man nicht gewohnt, gegen eine Linkshänderin zu spielen (die meisten sind Rechtshänder), weil sich damit alles verändert und man eine Zeitlang braucht, um sich an diese Umstellung zu gewöhnen. Bis mir das gelang, war das Match gewöhnlich zu Ende.

Das Finale der Italian Open war das schnellste Match, das ich je gespielt habe. Ich hatte das gleiche Gefühl wie 1989, als Steffi mich in Wimbledon auf Rasen besiegte. Nur war diesmal ich diejenige, die das Spiel beherrschte. Jeder Aufschlag gelang mir, ich hatte keine Hemmungen und verausgabte mich völlig. Ich gewann die italienischen offenen Meisterschaften mit 6:1 und 6:1 – ich hatte Martina geschlagen.

Auf der Pressekonferenz nach dem Match erklärte Martina den Medien, sie habe »das Gefühl gehabt, von einem Lastwagen überrollt zu werden«. Als ich vor den Kameras und Mikrophonen saß, wurde mir klar, daß ich besser war, als ich geglaubt hatte. Ich dachte noch an das Match bei den Championships im Madison Garden 1989, als ich Martina einen Satz abgenommen hatte, was ich damals für reines Glück hielt. Jetzt dachte ich, daß es doch mehr als Glück gewesen sein konnte.

Vielleicht war es ein Segen, daß ich 1990 noch nicht begriff, welche Belastung der zunehmende Erfolg für mich bedeutete. Tennis war für mich noch immer ein Zahlenspiel, bei dem es um die Anzahl der Aufschläge, Volleys, Overheads und Winners ging. Wenn ich gewußt hätte, daß Günther Parche schon zu dieser Zeit begonnen hatte, meiner Karriere zu folgen, daß seine Gedanken immer schwärzer wurden, bis sie zu einer Besessenheit ausarteten, deren Ziel ich war, kann ich nicht sagen, wie sich das auf mein Spiel ausgewirkt hätte. So dauerte es bis zum April 1993, als ich endlich begriff, daß Tennis nicht nur ein schönes Spiel ist, sondern daß es dabei auch um Tod oder Leben gehen kann.

13

An die Staatsanwaltschaft des Bezirksgerichts Hamburg.
Betrifft: Günther Parche, geboren am 4. Juli 1954 in Hengen.

Psychiatrisches Gutachten über Herrn Parche, in dem die Frage der strafrechtlichen Verantwortlichkeit untersucht werden soll

Nach einem kurzen Einführungsgespräch und nachdem der Beschuldigte über seine Rechte aufgeklärt worden war, erkannten die beiden ihn vernehmenden Beamten sehr bald, daß er geistig behindert war. Er hatte ein sehr primitives Vokabular, und alle seine Gedanken drehten sich um Steffi Graf. Wir hatten den Eindruck, daß sie für ihn die wichtigste Persönlich-

keit war. Er vergötterte sie. Der Beschuldigte erklärte wiederholt, daß er alles für sie tun würde. (...)

Frau Pickart, Parches Tante, erklärte das Folgende: Parche war ein stiller junger Mann. Er war seit 1991 arbeitslos gewesen. Auf die Frage nach seinem geistigen Zustand sagte Frau Pickart, er sei völlig normal. Wie Frau Pickart sagte, nahm er jede Niederlage von Fräulein Graf sehr ernst, so daß er in Schweigen verfiel und sogar Wutanfälle bekam. (...)

In Beantwortung einer Frage sagte Herr Parche, er habe in seiner Kindheit keine traumatischen Erfahrungen gemacht. Er hatte nie unter Angstvorstellungen gelitten, konnte aber nicht sagen, ob er längere Zeit ein Bettnässer gewesen sei oder sich die Fingernägel abgebissen habe.

Seine Freizeit verbrachte er meist zu Hause, ging nur selten ins Dorf oder in ein Lokal. Er gehörte keinem Verein an. (...) In den letzten Jahren hatte er keine Beziehungen zum weiblichen Geschlecht, weil er schüchtern war. Die Sexualität war ein Thema, zu dem er sich kaum äußerte, denn es war ihm peinlich, und er vermied Fragen zu diesem Thema oder beantwortete sie nicht. (...)

Im Mai 1990 beschloß er, das Dorf, in dem er wohnte, zu verlassen und nach Westdeutschland zu gehen (das hatte etwas mit Stephanie Graf zu tun). Im Mai 1990 verlor sie in Berlin ein Turnier gegen Seles, worüber sich die Leute im Dorf und seine Arbeitskollegen in der Fabrik unterhielten und womit sie ihn neckten, als er ihnen gesagt hatte, er sei ein Fan von Steffi Graf. Die Niederlage von Steffi Graf und die Reaktion seiner Nachbarn darauf hatten ihn gequält, und er hatte an Selbstmord gedacht (»ich wußte allerdings nicht wie«). (...)

Zum Teil um die Neckereien seiner Kollegen nicht mehr hören zu müssen und zum Teil wegen der allgemeinen Wirtschaftslage gab er nach seiner Rückkehr die Arbeit auf. (...) In den folgenden Jahren war er arbeitslos und arbeitete des-

halb zu Hause in Hof und Garten und lebte von den Ersparnissen seiner Tante.

Er interessierte sich für Sport, obwohl er selbst nie Sport getrieben hat. Er sah sich die Sportsendungen im Fernsehen an, und Fußball war sein Lieblingssport. Das änderte sich, als Stephanie Graf zur weltbesten Tennisspielerin wurde. Während ihn die Erfolge von Boris Becker nicht beeindruckten, sah er sich die Spiele von Steffi Graf mit zunehmender Bewunderung an und war in den Jahren 1985/86 ein begeisterter Graf-Fan. Er las viel über die Regeln des Tennisspiels, wußte, was ein Volley oder ein Slice war, beschäftigte sich mit der Biographie von Stephanie Graf, wußte aber auch eine Menge über ihre Gegnerinnen.

Die Vernehmung zeigte, daß er sich für Graf in erster Linie als Persönlichkeit interessierte, nicht aber für die Sportart, die sie betrieb. Er hätte sich auch für sie interessiert, wenn sie Leichtathletik getrieben hätte oder Florettfechterin gewesen wäre.

Mit glänzenden Augen beschrieb er »ihre phantastische Figur«, ihre »strahlenden Augen« und wies darauf hin, daß sie »die hübschesten Beine aller Tennisspielerinnen« hatte. Begeistert fuhr er fort: »Stephanie Graf ist ein Traum, nicht nur als Sportlerin, sondern auch als menschliches Wesen; sie ist ein Vorbild für uns alle und hat ein großes Herz.«

Obwohl er in der DDR sehr bescheiden gelebt und auch etwas gespart hatte, beschloß er 1988, DM 10 000 in ostdeutscher Währung für einen Videorecorder auszugeben, um ihre Spiele aufzeichnen und später noch einmal sehen zu können. (»Ich hätte 20 000 ausgegeben, nur um sie noch einmal zu sehen. Für irgendeine andere Tennisspielerin hätte ich nicht einmal DM 1000 ausgegeben.«) (...)

Parche hatte bereits versucht, in der DDR Magazine zu bekommen, um Fotos von Stephanie Graf anschauen zu können. Dann fotografierte er diese Bilder, vergrößerte sie und hängte sie in seinem Zimmer auf. Er schrieb ihr auch mehrmals, schickte ihr Blumen und sogar Geld zum Geburtstag, scheute sich aber, seinen Namen als Absender zu nennen. (...) In seinen Briefen ermahnte er sie, nichts zu riskieren, und bat sie, beim Autofahren vorsichtig zu sein, um nicht in einen Unfall verwickelt zu werden.

Im Lauf der Jahre idealisierte er Stephanie Graf immer mehr (»sie ist für mich fast ebenso wichtig wie Gott«). Er glaubte, sie sei ebenso wichtig wie der Papst oder der Präsident der Vereinigten Staaten von Amerika. (...) Er... hat nie versucht, direkt mit Stephanie Graf in Verbindung zu treten, und konnte sich nicht vorstellen, ihr persönlich zu begegnen. Er hatte das Gefühl, er würde erstarren, wenn er ihr gegenüberstünde, und sein Herz würde aufhören zu schlagen. (...)

Parche beschäftigte sich praktisch jeden Tag mit Stephanie Graf und sah sich natürlich jedes ihrer Turniere an. Schon Tage vor einem Finale oder dem Halbfinale war er sehr erregt, konnte kaum etwas essen, schlief schlecht und hatte das Gefühl, als läge ein schwerer Stein auf seinem Magen. Wenn das Spiel glatt und ohne Probleme verlief, wenn sie gewann, war er der glücklichste Mann der Welt und weinte manchmal zehn Minuten lang. Wenn sie verlor, geriet er tagelang in schwere Depressionen und dachte gelegentlich bei wichtigen Turnieren sogar an Selbstmord.

Als Seles 1990 im Finale in Berlin Graf besiegte, war er verzweifelt. Als Seles (»sie ist nicht hübsch, Frauen sollten nicht knochendürr sein«) an die Spitze der Weltrangliste aufrückte, fühlte er sich unter Druck gesetzt. Ständig hoffte er und betete dafür, daß sie sich einen Arm oder ein Bein brechen oder sonst eine Verletzung zuziehen sollte, damit sie sich eine Zeitlang nicht mehr an diesem Wettbewerb beteiligen konnte.

Nachdem Monica Seles die Nummer eins im Damentennis

geworden war, hatte Herr Parche daran gedacht, konkret etwas für Stephanie Graf zu unternehmen. Er wollte »Monica Seles eine Lektion erteilen«.

Er beschloß, (Seles) im Spiel gegen Maleeva mit einem Messerstich zu verletzen. Er wollte sie nicht in den Kopf stechen, konnte aber ihren Arm nicht erreichen. Deshalb stach er sie in den Rücken. (...)

Während er in Untersuchungshaft saß, dachte er auch daran, sich das Leben zu nehmen, wagte es aber nicht, das zu tun (»irgend jemand hätte denken können, Stephanie Graf habe mich zu diesem Angriff veranlaßt«). (...)

Schlußfolgerung

(...) Aufgrund der genauen Untersuchungen und Beobachtungen wird von diesem Sachverständigen angenommen, daß in Herrn Parche eine Entwicklung im Hinblick auf seine Beziehungen zu Stephanie Graf begonnen hatte, die keine psychotischen Züge annahm. (...) Doch war Parche deutlich pathologisch entartet. Sein Verhalten zeigte eine irreale Idealisierung mit wahrscheinlich unbewußten sexuellen Elementen und einem Fanatismus, der bis zur Selbstaufopferung ging. Bedenkt man seine charakterliche Grundstruktur, dann ist es die Auffassung dieses Fachmannes, daß diese geistige Störung einer schweren mentalen Anomalität entspricht, die zur Zeit des Verbrechens seinen Kontrollmechanismus wesentlich behindert hat, so daß eine beträchtliche Verringerung seiner Fähigkeit, sich zu beherrschen, zumindest nicht ausgeschlossen werden kann.

14

Im Verlauf des Mai 1993 wurde ich in meinem Verhalten immer zurückhaltender. Ich unternahm ohne besonderes Ziel lange Fahrten durch das Gebirge. Gelegentlich kam auch meine Mutter mit; manchmal verließ ich unser Hotel in Vail und kam erst viele Stunden später zurück. Ich fühlte mich in meinem Wagen ganz sicher. Die Türen waren geschlossen, und es war ganz still. Am meisten gefiel mir dabei, daß niemand wußte, wohin ich fuhr... nicht einmal ich selbst.

Auch im Juni war ich viele Stunden unterwegs. Die Presse kümmerte sich die meiste Zeit nicht mehr um mich, doch in Vail warteten noch immer einige Reporter auf ein Exklusivinterview. Sie konnten jedoch mit mir weder sprechen, noch fanden sie meinen Aufenthaltsort heraus. Während der Monate in Vail bekam ich viele nette Briefe von meinen Fans. Außerdem schickten mir Michael J. Fox, Barbara Walters, Michael Bolton und viele andere bekannte Persönlichkeiten Blumen. Das bedeutete mir sehr viel.

Keine der anderen Spitzensportlerinnen schrieb mir oder schickte mir Blumen. Das empfand ich als besonders schmerzhaft. Auch Steffi hat mich bis zum Dezember nicht besucht, um zu fragen, wie es mir ging. Sie sagte der Presse, sie hätte versucht, mich nach dem Attentat anzurufen, fand aber meine Telefonnummer nicht heraus. Steffi wußte, daß ich von IMG vertreten wurde, sie hätte nur dort anrufen müssen, und mein Manager hätte die Verbindung zu mir hergestellt. Die Tennisturniere gingen unterdessen ohne mich weiter, ich fühlte mich einsam und verlassen.

Der Tennisplatz war mein Zuhause gewesen. Dort war ich unbesiegbar, niemand konnte mir etwas anhaben. Parches Messerstich nahm mir alles und bewies mir, daß ich niemandem glauben durfte, der behauptete, mir könne nichts passieren.

Ich wurde in den Rücken gestochen – das war das Schlimmste –, und ich konnte diesen Gedanken nicht wieder loswerden. Es war schwierig, die physiotherapeutischen Verordnungen von Dr. Steadman zu befolgen. Ich versuchte es mit leichter Gymnastik, gutem Essen und viel Schlaf, doch es schien nichts zu nützen. Manchmal brach ich plötzlich in Tränen aus, und es fiel mir schwer, morgens aus dem Bett zu kommen.

Dr. Steadman und Dr. Hawkins versuchten mir zu helfen. Sie sagten, mein Verhalten sei untypisch, obwohl sie es noch nie mit einer Spitzensportlerin zu tun gehabt hatten, der eine Stichwunde zugefügt worden war. Gewöhnlich setzten Sportler ihr Training fort, weil ihnen viel daran liegt, auch weiter ihren Sport zu betreiben. Dr. Steadman hatte viel mit dem amerikanischen Skiteam zusammengearbeitet und schlug mir vor, den Psychologen des Teams, Dr. Jerry May, zu konsultieren. »Er wird Ihnen vielleicht helfen können, mit Ihren Emotionen fertig zu werden«, meinte er.

»Ich muß mich körperlich ganz erholen«, erwiderte ich. »Wenn mir meine Schulter keine solchen Beschwerden mehr macht, vielleicht ...«

Fast einen Monat lang unternahm ich nichts. Ich fürchtete mich, mit Fremden zusammenzusein und traute niemandem, den ich nicht kannte. Immer noch weinte ich jeden Tag und hatte unsinnige Gedanken und Alpträume.

Im Juli war ich so verzweifelt, daß ich nach Lake Tahoe in Kalifornien flog, um mich zehn Tage von Dr. May behandeln zu lassen. Ich hatte noch nie einen Psychologen konsultiert. Als ich ihn in seinem Büro aufsuchte, wußte ich nicht, was mich erwartete. Ich bin eine starke Persönlichkeit, und als ich mich setzte, sagte ich mir: Er wird mich nicht zum Weinen bringen.

Bei diesem ersten Zusammentreffen konnte ich nicht offen mit Dr. May sprechen. Ich konnte nicht zugeben, daß ich ein Problem hatte. Ich beschrieb nur meine Physiotherapie und sagte, daß es Augenblicke gebe, in denen ich mich nicht wohl fühlte, daß ich diese Gefühle aber unter Kontrolle halten könnte. Ich weiß nicht, ob Dr. May mir glaubte oder nicht. Am Ende der Konsultation sagte er mir: »Monica, ich glaube, es ist wirklich wichtig, daß Sie Ihre Therapie fortführen. Wenn wieder einige Monate vergehen, wird es Ihnen vielleicht noch schwerer fallen, damit fertig zu werden. Möglicherweise muß Ihnen dabei geholfen werden. Wenn Sie mich brauchen, bin ich für Sie da.«

In der folgenden Woche begannen wir, ganz allgemein über das Attentat zu sprechen. Ich sagte Dr. May, ich wünschte, ich wäre nie nach Hamburg gefahren und der Angriff wäre nie geschehen. Daß ich in diesem Augenblick lieber in Wimbledon säße statt in seinem Büro. Ich gab nicht zu, daß ich jede Nacht den Angriff von neuem erlebte. Es war mir unangenehm, mit einem Mann über diese Dinge zu sprechen, den ich erst vor kurzem kennengelernt hatte. Ich mußte jedoch sehr oft weinen. Wenn ich angefangen hatte zu weinen, konnte ich nicht mehr aufhören. Oft mußten wir die Sitzung beenden, weil Dr. May nicht verstand, was ich sagte. Es war mir unmöglich, in einem Satz zu sagen: »Günther Parche hat mir in den Rücken gestochen, und ich habe Alpträume, in denen ich dieses Messer sehe.« Ich konnte nicht sagen, daß ich mir nicht mehr vorstellen konnte, wieder auf einen Tennisplatz zu gehen und mich dort mit dem Rücken zu den Zuschauern hinzusetzen; daß ich fürchtete, meine Karriere als Tennisspielerin sei beendet. Es war mir einfach unmöglich, diese Worte auszusprechen.

Bevor ich aus Lake Tahoe abreiste, sagte ich Dr. May, ich würde ihn anrufen, um eine zweite zehntägige Behandlung zu vereinbaren. Rückblickend erkenne ich heute, daß ich nicht bereit war, mich meinen Erinnerungen zu stellen. Ich mußte zuviel Zeit dafür aufwenden, meinen Dämonen davonzulaufen und sie durch Bewegung an der frischen Luft und gutes Essen zu vertreiben, bevor ich ihn wieder um Hilfe bitten konnte.

Dennoch war ich bereit, mich der Öffentlichkeit zu stellen.

Im August 1993 erklärte ich mich einverstanden, ein Interview zu geben, um ein für allemal den Spekulationen und Gerüchten entgegenzutreten, die über meinen Zustand nach dem Angriff kursierten. Zunächst lehnte ich jedes Interview ab, weil ich glaubte, ich hätte nichts zu sagen. Doch dann wurde ich von Barbara Walters, Connie Chung, Jane Pauley, Charles Gibson, Bryant Gumbel, Katie Couric und all den anderen wichtigen Fernsehinterviewern angerufen, und es wurde mir klar, daß es an der Zeit war, ihre Fragen zu beantworten.

Ich glaube, daß jeder dieser hervorragenden Journalisten, die mich anriefen, seine Sache gut gemacht hätte, doch ich entschied mich für Diane Sawyer, nachdem ich ihr jüngstes Fernsehinterview über Magersucht gesehen hatte.

Das Interview wurde in einem Kurort nicht weit von meinem Haus in Florida in einem winzigen Fernsehstudio der ABC in einem Zimmer, von dem aus man das Meer sehen konnte, aufgezeichnet. An jenem Tag war ich sehr nervös, beschloß jedoch, Dianes Fragen offen und ehrlich zu beantworten. Ich wollte den Gedanken an die Messerstecherei endlich loswerden und glaubte, das Interview sei ein wichtiger Schritt dazu.

Die Fragen kamen hart und schnell. Wie war es, in den Rücken gestochen zu werden? Wann werden Sie zum Tennis zurückkehren? Was meinen Sie dazu, daß die anderen Spieler gegen Sie gestimmt haben, als es um die Frage ging, ob Sie Ihren Rang behalten sollten oder nicht? Wie werden Ihre Eltern damit fertig? Wie verbringen Sie Ihre Zeit? Trainieren Sie? Wie geht es Ihnen körperlich? Und wie geht es Ihnen emotional? Haben Sie die Bandaufzeichnung von dem Angriff gesehen? Welches Gefühl haben Sie, wenn Sie Turniere sehen, in denen Sie selbst mitspielen sollten?

Das Interview bot für jedermann etwas Neues. Kein führender Sportler war während eines sportlichen Ereignisses durch eine Stichwunde verletzt worden, und ABC bemühte sich, möglichst vernünftige Fragen zu stellen. Doch bislang hatte ich ständig im Kreis meiner Familie gelebt, die mir völlig andere Fragen stellte. Es war ein schwieriger Tag für mich.

Einige Male konnte ich nicht weitersprechen, doch bestand ich darauf, das Interview fortzusetzen. Diane war freundlich und geduldig, und in den Pausen gingen wir am Strand und in den Anlagen des Kurorts spazieren. Einige Tage später wurde das Interview im Fernsehen gesendet. Die Öffentlichkeit reagierte positiv, und etwa einen Monat lang hörte man keine Gerüchte mehr über mich.

15

Es gibt viele Möglichkeiten, sich von Depressionen zu befreien. Eine davon besteht darin, immer in Bewegung zu bleiben. Nach der zehntägigen Behandlung bei Dr. May und meinem Interview mit Diane Sawyer flogen meine Mutter und ich nach Los Angeles. Wir beabsichtigten von dort aus nach Vail zurückzukehren, wo ich mich erholen und mein Trainingsprogramm fortsetzen konnte. Unser Flugzeug nach Vail startete am folgenden Morgen. Deshalb nahmen wir für die Nacht ein Hotelzimmer. Als ich den Aufzug betrat, sah ich Betsy Nagelsen vor mir stehen. Wir waren beide überrascht.

Betsy kannte mich schon, bevor ich sie kannte. Zum ersten Mal sah sie mich Tennis spielen, als ich dreizehn Jahre alt war. Nick Bollettieri hatte mich als eine seiner begabtesten Schülerinnen nach Orlando, Florida, zu einer Vorführung im Vorort Isleworth gebracht. Bei dieser Vorführung spielte Zoltan mir Bälle zu, die ich so zurückschlug, daß sie innerhalb eines von Tennisbällen umrahmten Vierecks in der gegenüberliegenden Ecke des Tennisplatzes landeten. Obwohl Zoltan mich mit harten Schlägen bedrängte, traf ich fast jedesmal mein Ziel.

Betsy und ihre Freundin Susie Mascarin waren Profispielerinnen und saßen auf den Rängen. Jahre später erzählte mir

Betsy, daß Susie mich beobachtete, wie ich jeden meiner Bälle präzise und hart traf, und sich nach einer Viertelstunde zu Betsy hinüberlehnte und sagte: »Es wird Zeit, Kinder zu kriegen.« Sie hat es getan und ist heute glücklich verheiratet und hat eine große Familie.

Nun sprach ich mit Betsy über jenen Tag. Ich frage sie, ob sie schon damals wußte, daß aus mir eine erstklassige Tennisspielerin würde. Betsy sagte, es sei ihr klar gewesen, daß ich »es« habe. Ob »es« nun die instinktive Überzeugung ist, jeden Gegner besiegen zu können, oder ein spezifisches Talent, eine besondere Konzentrationsfähigkeit, ein starkes Verlangen oder die Weigerung, ein Match zu verlieren, wußte sie nicht. Doch sie behauptete, sie hätte die Begabung erkennen können, ebenso wie sie sagen konnte, daß ich im Umgang mit anderen Menschen höflich und nachsichtig war. Sie nannte es »eine dienende Persönlichkeit«.

Vielleicht hat mich Betsy deshalb 1991 angerufen und gebeten, mich als ihr Partner im Doppel am Slims-Turnier zu beteiligen. Obwohl ich im allgemeinen keine Doppelmatches spiele, sagte ich zu. Ich war schon 1990 ihre Partnerin gewesen. Ich hatte keine Freunde unter den anderen Spielerinnen, und Betsy gefiel mir. Sie war lebendiger als alle anderen, voller Energie und Begeisterung. Daran wollte ich teilhaben.

Wir haben später noch weitere Doppel miteinander gespielt. In den beiden folgenden Jahren entwickelte sich eine freundschaftliche Beziehung zwischen uns. Wir gingen gemeinsam zum Einkaufen, Pfannkuchen essen und hatten viel Spaß miteinander. Ich habe mit Betsy immer gerne Tennis gespielt, und nach jedem Match haben wir uns glänzend amüsiert. Es war die erste Freundschaft, die ich als Tennisspielerin hatte – die einzige wahre Freundschaft, die sich je zwischen mir und einer Profitennisspielerin entwickelt hat. Sie war aus verschiedenen Gründen möglich: Erstens hatte Betsy bereits eine beeindrukkende Karriere im Tennis hinter sich, war bereits weltbeste

Spielerin der Juniorenklasse und hatte starke Gegnerinnen wie Chris Evert besiegt. Als unsere Freundschaft begann, gehörte Betsy noch nicht zu den zehn besten Spielerinnen, was bedeutete, daß wir nicht miteinander konkurrierten. Zweitens war Betsy älter als ich und spielte deshalb schon länger professionelles Tennis.

Nachdem ich durch den Messerstich verletzt worden war, blieben Betsy und ihr Mann, Mark McCormack, mit Stephanie Tolleson in Verbindung und ließen sich von mir berichten, wie weit ich mich erholt hatte. Betsy wollte mich nicht selbst anrufen, weil sie glaubte, daß ich Ruhe benötigte. Ich sollte aber wissen, daß sie und Mark an mich dachten. Sie hat mich dann erst im Juni angerufen. Sie verstand, daß mein Leben durcheinandergeraten war und ich nicht recht wußte, wie alles wieder in Ordnung kommen sollte. Betsy ließ mich wissen, daß sie mir jederzeit zur Verfügung stand, wenn ich sie brauchte. Damals wußte ich nicht, daß sie bei meiner Genesung eine Schlüsselrolle spielen würde.

Ich hatte Betsy vor dem Juli 1993, als ich ihr im Aufzug des Hotels in Los Angeles begegnete, nicht mehr wiedergesehen und war so überrascht, daß ich zunächst kein Wort herausbrachte. Betsy ging auf ihr Zimmer, rief mich aber nach wenigen Minuten an und sagte: »Mark und ich fahren nach Palm Desert. Ich würde mich sehr freuen, wenn du und deine Mutter mitkommen.«

Warum nicht? Meine Mutter und ich folgten Betsy und Mark in einem Leihwagen nach Palm Desert. Als wir dort angekommen waren, hatte ich zu gar nichts Lust. Doch Betsy muß ständig etwas unternehmen, deshalb schlug sie uns vor, einen offenen Geländewagen zu mieten, und sagte, sie würde mir beibringen, einen normalen Schalthebel zu bedienen. In Palm Desert herrschte eine Temperatur von mehr als fünfzig Grad Celsius, doch Betsy kann sehr überzeugend sein. Eine Stunde später saß ich am Lenkrad eines roten Miata.

»Zieh den Hebel nach oben und leg ihn nach vorne um«, lachte Betsy, als ich eifrig versuchte, vom zweiten auf den dritten Gang zu schalten. »Es ist ein Leihwagen, Monica«, erinnerte sie mich und forderte mich auf, schneller zu fahren.

Ich bin im Grunde ein vorsichtiger Mensch und wollte langsam lernen, diesen Wagen zu fahren. Betsys Begeisterung griff jedoch auf mich über. Es dauerte zwar einen ganzen Tag, aber schließlich konnte ich die Gangschaltung bedienen. Seit Monaten hatte ich mich nicht mehr so gut amüsiert.

»Und jetzt holen wir Mark und deine Mutter und zeigen ihnen, was du gelernt hast«, schlug Betsy vor. Wir ließen sie einsteigen und fuhren los. An diesem Tag haben wir sehr viel gelacht. Mir kam es seltsam vor, aber es ist mir gut bekommen.

Während unseres Aufenthalts in Palm Desert konnte Betsy selbst miterleben, wie ich mit den Folgen des Angriffs fertig wurde. Es gab Augenblicke wie jenen im Auto, als ich spürte, daß sich meine Depressionen verflüchtigten. Dann kamen wieder Zeiten, in denen nicht einmal Betsy mich dazu bringen konnte, mein Zimmer zu verlassen. Nach einer Woche versuchten sie und ihr Mann mich zu überreden, sie in ihrem Haus in Orlando zu besuchen oder zum Skifahren nach Vail mitzukommen. Die Besuche bei ihr ließen mich jedesmal meine Depressionen vergessen. Im Verlauf der folgenden zwei Jahre entwickelte sich unsere Freundschaft zu einer engen persönlichen Beziehung.

Meine Mutter und ich bedauerten es sehr, Palm Desert verlassen zu müssen, doch es war Zeit, nach Vail zurückzukehren und meine ärztliche Behandlung fortzusetzen. Als unser Flugzeug über die Startbahn rollte, spürte ich, wie sich die Depressionen wie eine schwere Last auf meine Schultern legten.

Meine Rekonvaleszenz verlief nicht so glatt, wie die Ärzte gehofft hatten. Noch konnte ich nicht wieder Tennis spielen. Ich folgte den therapeutischen Verordnungen meiner Ärzte, war aber offensichtlich noch nicht in der Lage, mein Herz-

Kreislauf-Training zu beginnen. Statt dessen setzte ich mich ins Auto und versuchte, die schlechten Gefühle abzuschütteln, die an mir hingen wie abgestorbene Blätter an den Zweigen eines herbstlichen Baumes. Gebückt ging ich durch das Gestrüpp im Wald, setzte mich irgendwo mit gekreuzten Beinen auf den Boden und ließ Kindheitserinnerungen in mir aufkeimen. Doch dann kam mir Parche in den Sinn, und ich dachte an das Messer, das er mir in den Rücken gestoßen hatte. Ende Juli und Anfang August gingen vorüber, ohne daß sich der Nebel, der mein Bewußtsein verschleierte, aufgelöst hätte.

Es war Arthur Ashe, der mir half, ins Leben zurückzufinden. 1991 hatte ich wegen einer Verletzung nicht in Wimbledon spielen können, aber mein Verhalten der Presse gegenüber nicht begründet. Deshalb kam es in den folgenden Monaten zu den verschiedensten Gerüchten, und die Medien beschäftigten sich sehr intensiv mit mir. Während dieser schwierigen Zeit hat mich Arthur tatkräftig unterstützt. 1993 bekam ich die Gelegenheit, mich zu revanchieren.

Im August 1992, unmittelbar vor den US Open, fand der erste Arthur-Ashe-Tag zur Unterstützung der Aids-Bekämpfung statt. Ich war stolz, mich an dieser Veranstaltung zu beteiligen. Arthur starb am 6. Februar 1993 an dieser Krankheit, und der Arthur-Ashe-Tag von 1993 war der erste, an dem Arthur Ashe selbst nicht teilnahm. Ich durfte die Gelegenheit nicht versäumen, diesem großartigen Mann meine Hochachtung zu bezeugen. Außerdem wollte ich seine Familie unterstützen und sie daran erinnern, wie sehr Arthur noch immer geliebt wurde.

Es ist mir sehr schwergefallen, zu diesem Anlaß nach New York zu reisen. Es sollte mein erster öffentlicher Auftritt nach vier Monaten sein. Bis dahin hatte ich es vermieden, mich der Presse zu stellen, nicht um sie zu verärgern, sondern weil ich nichts zu sagen hatte. Immer noch fiel es mir schwer, mit der Tatsache fertig zu werden, daß man mir ein Messer in den

Rücken gestoßen hatte, und ich wollte auf keinen Fall über die Möglichkeit sprechen, den Tennissport wiederaufzunehmen. Zu jener Zeit fiel es mir noch schwer, meinen Arm zu heben, ich hatte seit langem keinen Tennisschläger mehr in der Hand gehalten.

In den folgenden Monaten begann mein Schweigen die Medien zu enttäuschen, und in der Absicht, mich zum Reden zu bringen, veröffentlichten einige Reporter Berichte, in denen behauptet wurde, ich hätte mich verpflichtet, sehr bald an den verschiedensten Turnieren teilzunehmen. Meine Managerin, Stephanie Tolleson, versuchte die Veröffentlichung solcher Berichte zu verhindern und erklärte, daß ich keine derartigen Absichten hätte. Doch der Schaden ließ sich nicht wiedergutmachen.

Wir unterrichteten die Presse über meine Entscheidung, am Arthur-Ashe-Tag teilzunehmen. Dies war die einzige Möglichkeit, um zu erreichen, daß bei meiner Ankunft in New York für meine Sicherheit gesorgt wurde. Ich fühlte mich in der Öffentlichkeit unwohl und meinte, es wäre sicherer, wenn meine Pläne nicht bekannt würden.

Es fiel mir schwer, das Stadion von Flushing Meadows zu betreten, da ich wußte, daß ich in diesem Jahr nicht an den US Open teilnehmen würde. Auf dieses Turnier verzichten zu müssen, schmerzte mich. Als ich mich in den Zuschauerrängen neben Jeanne Ashe und ihre Tochter setzte, schwenkten die Kameras in meine Richtung, und die Zuschauer erkannten mich. Sie standen auf, begrüßten mich mit lautem Beifall und klatschten in die Hände. Ich lachte, wobei mir die Tränen die Wangen hinunterliefen. Diesmal waren es Tränen der Freude und der Dankbarkeit.

Als die Turnierteilnehmer auf den Platz kamen, winkten mir einige von ihnen zu, und ich winkte zurück. Arantxa Sanchez-Vicario war die einzige Spielerin, die zu mir heraufkam, sich neben mich setzte und mit mir sprach. Ich war ihr wirklich dankbar dafür. Auch Michael Stich, der Wimbledon-Gewinner, unterhielt sich mit mir, und die Unterstützung von Bürgermeister Dinkins, der ein großer Tennisfan und persönlicher Freund war und während der ganzen Zeit meiner Rekonvaleszenz die Verbindung zu mir aufrechterhielt, bedeutete mir sehr viel. Doch keiner der anderen Spitzenspieler kam zu mir herauf.

»Monica, man möchte Sie für eine Pressekonferenz gewinnen«, sagte Bob Cane, offizieller Sprecher des IMG am gleichen Nachmittag zu mir.

»Ich bin nur gekommen, um die Familie Ashe zu unterstützen«, erwiderte ich.

»Ich denke, Sie sollten es tun«, sagte Bob. »Wir haben Tausende von Interview-Wünschen, und dies wäre eine gute Gelegenheit, den Medien zu geben, was sie wollen. Wenn Sie es nicht tun, werden sie behaupten, Sie hielten sich für zu bedeutend, um eine Pressekonferenz abzuhalten.«

»Und wenn ich es tue, werden sie behaupten, ich versuche nur, ihnen die Schlagzeilen zu stehlen«, sagte ich.

Es war eine Situation, in der man es niemandem recht machen konnte. Darin stimmten wir beide überein, doch Bob war noch immer der Meinung, ich sollte einer Pressekonferenz zustimmen.

Am Montag hielt ich die Pressekonferenz ab. Es war der erste Tag der US Open, und ich wollte niemandem auf die Zehen treten. Ich wußte, daß alle Spitzenspieler ihre Matches einigermaßen leicht gewinnen würden, und deshalb war dies der Tag, der sich am besten für eine Pressekonferenz eignete. Ich war nervös, doch alles ging gut, bis die letzte Frage kam.

»Monica, hat Steffi versucht, sich mit Ihnen nach dem Angriff in Verbindung zu setzen? Haben Sie seit ihrem Besuch im Hamburger Krankenhaus mit ihr gesprochen?«

Ich wußte nicht, was ich sagen sollte. Es war nicht leicht, eine Ausrede zu finden, ohne zu lügen, und lügen wollte ich nicht.

Deshalb sagte ich die Wahrheit. »Nein, seit Hamburg habe ich nichts von Steffi gehört.« Ich überlegte mir meine Antwort sehr genau. »In meinem Krankenzimmer war es ein sehr gefühlvolles Wiedersehen, und Steffi sagte, sie würde mich anrufen. Ich hätte mich gefreut, wenn sie es getan hätte, aber sie hat es nicht getan.« Nach der Konferenz hatte ich ein recht gutes Gefühl und glaubte, alle Fragen angemessen beantwortet zu haben. Am folgenden Morgen hingen die Titelseiten zweier New Yorker Boulevardzeitungen an der Tür meines Hotelzimmers. Die Schlagzeile der ersten unterstützte Seles und monierte, wie unmöglich sich Steffi nach dem Angriff auf mich verhalten habe. Die zweite verteidigte Graf. Es hieß, ich hätte auf der Pressekonferenz behauptet, sie wäre mir gegenüber unhöflich geworden, nachdem ich sie für den Angriff auf mich verantwortlich machte, weil Parche ihr Fan sei. Ich habe niemals etwas Derartiges behauptet. Diese Zeitungen beschäftigten sich mit zwei Details, die sie zu einem Krieg zwischen Steffi und mir aufbauschten. Sie wollten damit erreichen, daß wir uns haßten, um auf diese Weise ihre Auflage zu steigern.

Völlig verwirrt reiste ich aus New York ab. Was als schwierige Reise begonnen hatte, die ich nur zur Unterstützung und zum Andenken an Arthur Ashe unternahm, hatte zu einer neuen unangenehmen Siuation geführt. Ich hatte schon zu viele unangenehme Situationen erlebt. Nun gewann ich den Eindruck, es niemandem recht machen zu können. Nach der Pressekonferenz war mein einziger Wunsch, irgendwohin zu gehen, wo ich nicht an die US Open denken mußte. Ich wollte nicht dabeisein und mir auch nicht vorstellen, wer gegen wen spielen würde... wenn es möglich wäre. Es war wieder Zeit, mich in Bewegung zu setzen.

Ich hatte mir schon immer gewünscht, ein Formel-1-Autorennen zu sehen. Was mich an diesem Sport fasziniert, ist die Geschwindigkeit. Solche Rennen sind wirklich sehr aufregend.

Die Fahrer fahren nicht nur im Kreis herum, sondern die Strecke geht durch viele verschiedene Kurven. Bisher hatte ich während der Rennsaison immer Tennis gespielt und deshalb nicht die Gelegenheit gehabt, ein solches Rennen live zu sehen.

Meine Mutter und ich flogen nach Italien zu den Rennen, wo ich Ayrton Senna, meinen Lieblingsfahrer, und Mario Andretti kennenlernte, der versuchte, von der Formel 500 zur Formel 1 überzuwechseln. Es war sehr interessant, sich mit den Fahrern zu unterhalten. Sie hatten von dem Angriff gegen mich gehört und brachten viel Verständnis für mich auf: Sie erzählten von den Gefahren, denen sie bei jedem Rennen ausgesetzt waren, und wie sie mit ihrer Furcht fertig wurden. Ayrton erläuterte mir seine Lebensphilosophie: »Man weiß nie, wann es zu Ende geht«, sagte er, »deshalb genieße ich das Leben jeden Tag.«

Es war großartig, wieder in Italien zu sein, die US Open zu vergessen und zu sehen, wie die Wagen über die Rennstrecke rasten. Mir war damals nicht bewußt, daß ich versuchte, mich an einen Lebensrhythmus zu gewöhnen, der es mir erlaubte, nicht mehr an das Attentat zu denken. Erst später, als ich nicht reisen und mich körperlich nicht so verausgaben konnte, daß ich abends erschöpft ins Bett fiel, mußte ich mich mit den Problemen und Erinnerungen, die mich fast ein Jahr verfolgt hatten, wieder auseinandersetzen.

Ich flog nach Vail zurück, um mich weiter von John Atkin behandeln zu lassen, bis ich soweit war, im Keller der Klinik von Dr. Steadman und Dr. Hawkins meinen Tennisschläger in die Hand zu nehmen und den Arm wie bei einem Ballwechsel zu bewegen. Zunächst schmerzte mich die Schulter jedesmal wenn ich ausholte, doch allmählich ließ der Schmerz nach. Nach ein paar Wochen flog ich nach Florida zu meiner Familie und dem Haus mit dem Tennisplatz, den niemand benutzte.

Meine Anwälte in Deutschland bereiteten sich inzwischen auf das Gerichtsverfahren gegen Parche vor. Sie sammelten

Aussagen von Zeugen, Psychiatern und Familienmitgliedern. All diese Aussagen fielen später kaum ins Gewicht. Doch als ich damals nach Hause zurückkehrte, war ich mir noch sicher, Günther Parche würde schuldig gesprochen werden und die Verantwortung für sein Verbrechen übernehmen müssen.

16

Landeskriminalamt (LKA) 211, 1993
Betrifft: Schwere Körperverletzung an Monica Seles

Zeugenaussage

Ich bin Sportstudent und für zwei Jahre im Zusammenhang mit dem Damen-Tennisturnier angestellt worden, insbesondere für die in dieser Woche stattfindenden Spiele.

Bei dem Match zwischen Monica Seles und Magdalena Maleeva war es meine Aufgabe, hinter der Bank von Monika Seles zu sitzen und dafür zu sorgen, daß sie ihren Mantel nicht über die Anzeigentafel hängte. Ich konnte sehen, wie der Mann sich umwandte. Ich glaubte, er hielte eine Einkaufstasche aus Plastik in der Hand. Dann sah ich, wie er beide Hände über den Kopf hob und dann mit ihnen nach vorne zuschlug. Es sah aus, als wolle er sie schlagen. In diesem Augenblick hatte ich noch nicht ein Messer in der Hand des Mannes gesehen. Mir sah es so aus, als habe er nur einmal zugeschlagen.

Als er die Hände hob, um ein zweites Mal zuzuschlagen, wurde er von der Sicherheitswache bereits zurückgezogen. Sodann überwältigten wir den Mann zusammen mit anderen Zuschauern. Während wir ihn festhielten, konnte ich das Messer in seiner rechten Hand sehen. Seine Faust umspannte den Griff, und die Klinge zeigte nach unten.

In Beantwortung Ihrer Frage kann ich sagen, daß sich Monica Seles leicht nach vorn geneigt hatte, wahrscheinlich um sich das Gesicht mit dem Handtuch abzuwischen, und zwar in dem Augenblick, als der Mann sie »traf«. Sein »Treffen« und ihr Nachvornelehnen geschahen praktisch parallel zur gleichen Zeit.

Bericht des Polizeireviers Westerstede
26. Mai 1993

Zeugenaussage

Im April 1993 fuhr ich nach Hamburg Rothenbaum und sah das Tennismatch mit Monica Seles. Ich saß in der dritten Reihe. Es muß etwa zehn Minuten vor sieben gewesen sein, als Monica Seles an die Seite des Tennisplatzes kam, um irgend etwas zu holen. Sie setzte sich auf die Bank und beugte sich nach vorn. Im gleichen Augenblick sah ich den rechten Arm eines Mannes mit einem Messer in der Hand. Mit dem Griff war das Messer etwa zwanzig Zentimeter lang. Der Mann stieß Monica Seles das Messer in den Rücken. Er stach mit seinem Messer aber nicht sehr schnell zu, so daß ich den Eindruck hatte, der Mann könnte betrunken sein. Im gleichen Augenblick wurde er schon von einem anderen Mann überwältigt und fortgebracht. Ich kann den Mann selbst nicht im einzelnen beschreiben. Aber ich weiß, daß es der Mann mit dem Messer gewesen ist, der dann überwältigt und von den anderen fortgebracht wurde. Mehr kann ich über diese Sache nicht sagen.

Zeugenaussage

Am Freitag, dem 30. April 1993, sah ich mir zusammen mit einem Freund das Damen-Tennisturnier in Hamburg Rothenbaum an. Ich saß in der dritten Reihe hinter der Bank, auf der

Monica Seles saß. Bis zu ihr waren es etwa ein oder zwei Meter.

Am Ende eines Breaks ging ein Mann an mir vorbei. Er trug eine Arthur-Ashe-Kappe und eine Einkaufstasche und hatte eine Jacke in der Hand. Es war klar, daß er die Treppe auf der rechten Seite heruntergekommen war. Der Mann fiel mir besonders auf, weil er kein Tennisfan sein konnte. Besonders stellte ich fest, daß er keine Kamera dabeihatte. Als der Mann unmittelbar hinter Monica Seles angekommen war, sah ich, wie er beide Hände hob und sie auf Monica Seles zubewegte. Monica hatte sich nach vorn gebeugt, wahrscheinlich, um etwas abzulegen. Der Schiedsrichter hatte schon gerufen: »Es ist Zeit«.

In Beantwortung einer Frage erkläre ich, daß ich zunächst keine Waffe in der Hand des Mannes gesehen habe. Er muß das Messer unter seiner Jacke oder in der Einkaufstasche versteckt haben. Unmittelbar nach seinem Angriff gegen Monica wurde er von einem ihrer Leibwächter überwältigt. Als das geschah, fiel ihm das Messer aus der Hand. Es landete direkt vor meinen Füßen. Das Messer hatte einen türkisfarbenen Griff, und die Klinge war etwa zehn bis fünfzehn Zentimeter lang. Ich sah kein Blut an dem Messer ... Später sah ich auch, daß Monica aus dem Rücken blutete.

17

Anfang Oktober 1993 fing ich wieder an, mit meinem Vater zu trainieren. Es begann ganz zufällig – wir hatten es nicht geplant. Einige Wochen war ich hin und wieder auf den Tennisplatz gegangen. Dabei ging ich um den Platz herum und überlegte mir, wie es sein würde, wenn ich wieder spielen würde. Danach drehte ich mich jedoch um und ging fort. Schließlich hielt ich es nicht mehr aus, inaktiv zu bleiben. Ich war ja nicht

Anfänge – 1978. Monica
ägt ihrem Bruder Zoltan
en Ball zu.

nica, gezeichnet von
m Vater, einem
ikaturisten, der ihr mit
er lustigen Zeichnung
en wollte, daß
nisspielen Spaß macht.

NASTASE
JUNIOR

en: Der erste Schultag.

en rechts: Monica kann sich nun auf
em richtigen Tennisplatz bewähren.

hts: Ist dieser Schläger groß genug?

ke Seite: Monica 1981.

Vater und Tochter beobachten Zoltan beim Tennisspiel.

1981 – Monica lernt, den Ball richtig zu treffen.

nica übt in der Halle.

FILA
DONNAY
ALLWOOD

:n: Monica siegt zum ersten Mal bei den
ɔpean Nationals von 1982.

:n rechts: Die achtjährige Monica bereitet
in der französischen Stadt Blois auf die
ɔpean Championship von 1982 vor.

:hts: Monica mit Zoltan.

:e Seite: Welcher Größenunterschied!
ıica mit ihrer Gegnerin Martinello bei der
ɔpean Championship von 1982.

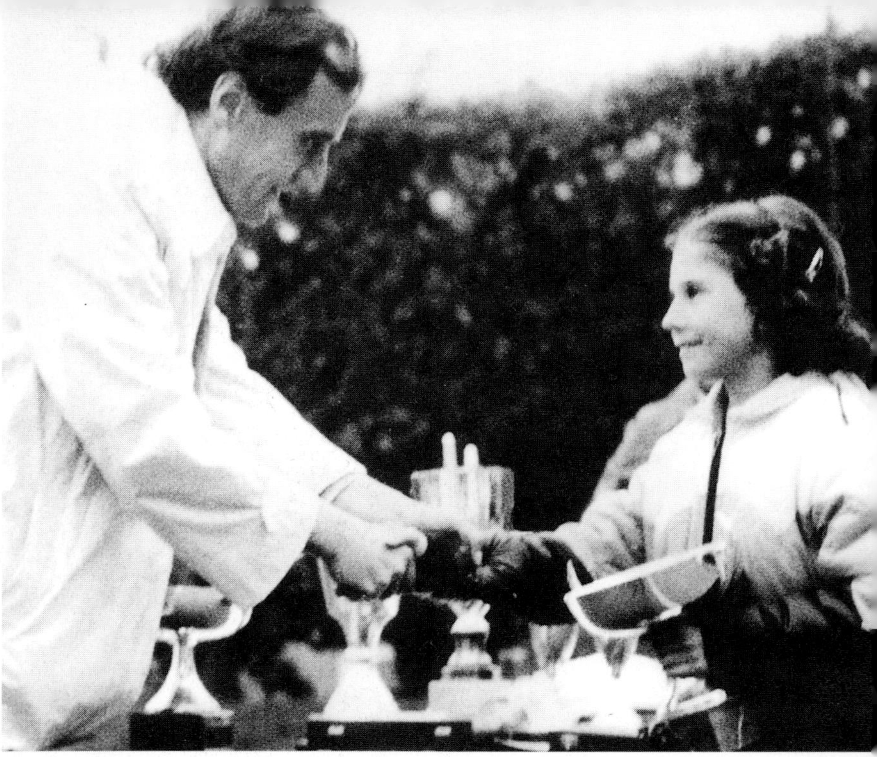

Monica nimmt 1983 nach einem internationalen Turnier in Italien Pokal entgegen.

Der Coach und seine Schülerin – Monica mit ihrem Vater 1984 auf dem Disney Sport Goofy Turnier.

in Palm Desert, Italien oder Vail. Es gab keine Rennwagen und ich konnte auch keine Spaziergänge in den Bergen unternehmen, um mich abzulenken. Irgend etwas mußte ich tun, um die Stimmen in meinem Kopf zum Schweigen zu bringen, die mir sagten, Parche würde mich wieder verletzen – diese Stimmen, die mich nachts nicht mehr schlafen ließen.

Mein Vater stand in meiner Spielhälfte und warf mir – ganz vorsichtig – Bälle zu, und ich versuchte sie zu treffen. Es gelang mir jedoch nicht, sie richtig zu plazieren. Meine Aufschläge waren wild und unkontrolliert. Zuerst waren es nur kleine Aufschläge auf kurze Entfernung. Ich befürchtete, mir dabei die Schulter zu verletzen. Es war ein eigenartiges Gefühl, wieder auf dem Tennisplatz zu stehen. Noch eigenartiger war allerdings die Tatsache, daß ich mein Ballgefühl verloren hatte. Wenn ich mich wirklich konzentrierte, dachte ich nicht mehr daran, wie Parche mich angegriffen hatte. Am schwierigsten war zunächst das Betreten des Platzes. Allmählich beruhigte ich mich. Es zeigte sich ganz deutlich, daß mir jede körperliche Anstrengung weiterhalf.

Im September hatte ich angefangen, mit Bob Kersee, dem Ehemann und Coach der Olympiasiegerin Jackie Joyner Kersee, zu trainieren. Anschließend gingen wir in den Trainingsraum zum Gewichtheben, und nachmittags arbeitete ich mit meinem Vater. Mein Vater glaubte, es würde mir Freude bereiten und mich von den negativen Gedanken ablenken. Jeden Morgen unternahmen Bob und ich einen Langlauf über mehrere Kilometer. Manchmal kam Jackie zu unserem Langlauf am Vormittag mit. Ich schaute zu ihr hinüber und dachte: Das ist eine richtige Sportlerin. Sie war durchtrainiert und muskulös und ansonsten ein in jeder Beziehung reizender Mensch. »Bleiben Sie positiv, Monica«, pflegte sie zu sagen, wenn ich einen schweren Tag hinter mir hatte. »Es hat viele Tage gegeben, an denen ich nicht hart arbeiten wollte, aber schließlich hat es sich bezahlt gemacht.«

Jeden Abend fiel ich todmüde ins Bett. Meine üblichen Träume beunruhigten mich noch immer, aber nur noch selten. Ich war zu müde, um zu träumen. Zehn Wochen lang – von Ende September bis Ende Oktober und von Anfang November bis kurz vor Weihnachten – trainierte ich sechs Tage in der Woche mit Bob und Jackie. Ich konnte beobachten, wie sich mein körperlicher Zustand veränderte. So fit war ich in meinem ganzen Leben nicht gewesen. Ich hatte keine Zeit zum Nachdenken. Wenn ich in einem Vakuum gelebt hätte, hätte es wahrscheinlich immer so weitergehen können.

Am 10. Oktober rief mich mein deutscher Anwalt Gerhard Strate an. Ich hatte einen privaten Anwalt beauftragt, mit dem Staatsanwalt im Fall Parche zusammenzuarbeiten. Strate sollte dafür sorgen, daß alles korrekt über die Bühne ging und meine Interessen wahrgenommen wurden. Strate benachrichtigte mich telefonisch, daß das Verfahren gegen Günther Parche – wegen »Körperverletzung« – in drei Tagen beginnen würde.

Körperverletzung? Der Kerl hatte versucht mich umzubringen. Warum wurde er nicht wegen versuchten Mordes vor Gericht gestellt? Mein Anwalt sagte mir, der Grund seien die widersprüchlichen Zeugenaussagen – elf von zwölf Zeugen hatten ausgesagt, Parche habe versucht, mir das Messer zweimal in den Rücken zu stoßen, und nur einer habe erklärt, er habe nur einmal zugestoßen und keinen zweiten Versuch gemacht. Das deutsche Gericht hatte nach den geltenden Gesetzen keine andere Wahl, als dem Zeugen zu glauben, der die für den Angeklagten günstigste Aussage gemacht hatte. Parches Behauptung, er habe mich nur verletzen, nicht töten wollen, und die Zeugenaussage, wonach er nicht ein zweites Mal versucht habe, zuzustoßen, genügten dem Gericht, ihn nicht wegen versuchten Mordes anzuklagen. Ich konnte nicht verstehen, warum das Gericht alles glaubte, was Parche sagte, und weshalb ich dabei in die Defensive gedrängt wurde.

Bis dahin schien es noch sicher zu sein, daß man Parche zu

einer Gefängnisstrafe verurteilen würde. Er würde entweder in ein Gefängnis oder in eine Heilanstalt eingewiesen werden.

»Monica, ich glaube, du irrst dich«, sagte mir Zoltan während der Verhandlung. »Ich glaube, der Bursche wird freikommen. Stelle dich darauf ein.«

»Das ist doch ausgeschlossen, Zoltan«, widersprach ich. Man hatte mir gesagt, Parches ursprünglicher Plan sei gewesen, mir in der Hotelhalle einen Blumenstrauß zu überreichen und mir dabei die Hände abzuschneiden. Einen solchen Verbrecher würde man doch nicht freilassen.

Tausende von Zeugen hatten gesehen, wie er mich angriff. Das war gut, weil ich auf keinen Fall nach Hamburg fahren und dort vor Gericht aussagen wollte. Ich hätte am Tisch des Staatsanwalts mit dem Rücken zu Parche sitzen müssen. Das konnte ich nicht. Deshalb blieb ich in Sarasota, trainierte hart und versuchte, nicht an das Urteil zu denken.

Am 13. Oktober waren meine Mutter und ich in Florida beim Einkaufen, als Zoltan auf uns zugerannt kam.

»Er ist frei«, sagte Zoltan.

Mein Bruder mußte nicht sagen, um wen es sich handelte. »Er ist frei« genügte. »Rede doch keinen Unsinn«, sagte ich und starrte Zoltan an.

»Er wird die Nacht im Gefängnis verbringen, weil sich das Gericht um seine Sicherheit Sorgen macht. Aber morgen wird er das Gefängnis verlassen und kann als freier Mann gehen, wohin er will.«

Ich setzte mich an den Straßenrand und überlegte, was Zoltan eben gesagt hatte. Dann fing ich an zu lachen. Es war schwarzer Humor. »Wie ist so etwas möglich?« fragte ich, als ich mich wieder beruhigt hatte.

»Wir erwarten, daß der Beschuldigte künftig keine strafbare Handlung mehr begehen wird«, sagte die Richterin, als sie ihr Urteil gegen Parche begründete. Parche wurde wegen versuchter Körperverletzung zu zwei Jahren Gefängnis auf Bewährung und nicht zur Höchststrafe von fünf Jahren verurteilt. Sein Verteidiger hatte vor Gericht erklärt, eine zusätzliche Gefängnisstrafe würde den Angeklagten »vernichten«. Und das Gefängnis, in dem ich lebe? dachte ich schockiert, als Zoltan mir das Urteil erläuterte. Er wird freikommen, und ich muß weiter in Angst leben.

Die Richterin erklärte, der »Starkult« und die Medien seien schuld daran, daß Parche ein so fanatischer Graf-Fan geworden war, sagte Zoltan. Sie erklärte, Steffi Graf sei nur durch das Radio und das Fernsehen in die kleine Welt Parches eingedrungen. Bevor er sich für Steffi begeisterte, habe Parche ein ganz normales, glückliches Leben geführt. Doch was hatte das mit seinem Mordversuch zu tun?

»Würde jeder Mörder, der behauptet, er habe vor jener Zwangshandlung an seiner ehemaligen Frau, seinem Bruder oder seinem Chef ein glückliches Leben geführt, mit zwei Jahren auf Bewährung davonkommen?« fragte ich Zoltan und meine Mutter. Sie konnten diese Frage nicht beantworten. »Erzähle mir den Rest«, sagte ich resigniert.

Zoltan sagte, die Richterin habe ihre Entscheidung damit begründet, daß »sein Geständnis absolut glaubhaft war« und daß Parche von Anfang an gesagt habe, was seine Motive gewesen seien. Die Richterin erklärte, die »monströsen Presseberichte« seien Strafe genug für den Beschuldigten gewesen. Die Entscheidung, Parche wegen Körperverletzung und nicht wegen Mordversuchs vor Gericht zu stellen, wurde mit widersprüchlichen Zeugenaussagen und damit begründet, daß ich meine Ärzte nicht von ihrer Schweigepflicht entbunden hatte. Doch wie stand es mit den Aussagen der Zeugen, die gesehen hatten, daß Parche auf mich einstach? Sie durften zwar ihre Aussagen machen, doch keiner von ihnen wurde als Zeuge vor Gericht geladen. »Es sieht so aus, als habe die Richterin schon vor Beginn des Gerichtsverfahrens alles gewußt, was sie wissen mußte«, fügte Zoltan hinzu.

»Ist die Stellungnahme des Psychiaters nicht berücksichtigt worden, der erklärt hat, daß Parche ›an einer ernsten Persönlichkeitsstörung‹ litt?« fragte ich.

Zoltan sagte mir, bei der Verhandlung habe der Psychiater seine ursprüngliche Diagnose abgeschwächt. »Er wollte Steffi Graf helfen«, behauptete der Psychiater nun. »Er wollte Monica Seles nur einen Denkzettel verpassen und ihr klarmachen, daß sie Steffi Graf die Nummer eins in der Weltrangliste streitig machte.«

Nun sollte ich die nächsten beiden Jahre in der Gefängniszelle zubringen, in die eigentlich er gehörte. Ich mußte mich zwei Jahre lang versteckt halten, mußte aus Furcht vor neuen Angriffen auf das Profitennis verzichten und konnte nicht einmal furchtlos einen Tennisplatz betreten. Der Mann mit einer »ernsten Persönlichkeitsstörung« würde jedoch auf Bewährung freigelassen werden, ohne daß ein Gericht von ihm verlangt hätte, sich bei einem Psychiater in Behandlung zu begeben.

Wir konnten jetzt nur noch in die Berufung gehen. Alle brachten Verständnis für meine Empörung auf.

Die WTA Tour Player Association veröffentlichte folgende Erklärung:

> Die heute von dem deutschen Gericht im Fall des Angriffs gegen Monica Seles getroffene Entscheidung ist bedauerlich und schockierend. Nach unserer Auffassung ist es empörend, daß jemand einen anderen Menschen vorsätzlich angreift, ihm körperlichen Schaden zufügt und praktisch straffrei davonkommt. Dieser Mann hat Monica in hinterhältiger Weise und in lebensbedrohlicher Art angegriffen, ohne dafür bestraft zu werden. Die Tennisspieler und alle an diesem Sport Beteiligten sind entsetzt angesichts der heute bekanntgegebenen gerichtlichen Ent-

scheidung. Wir erwarten, daß die Staatsanwaltschaft gegen die Entscheidung des Gerichts Berufung einlegen wird, soweit dies nach deutschem Recht zulässig ist.

Zeitungen in der ganzen Welt veröffentlichten Stellungnahmen wie die folgenden:

> ... Deutschland liegt, was die Aufklärung von Verbrechen aus Leidenschaft, Sexualverbrechen, Überfällen und ähnliches betrifft, hinter den Vereinigten Staaten zurück, doch bei der Zahl der Straftaten ist der Abstand nicht so groß. Günther Parche hat, wie berichtet, die erste Nacht nach Verkündung seiner Bewährungsstrafe zu seiner eigenen Sicherheit und auf eigenen Wunsch in einer Gefängniszelle verbracht. Er versteht besser als sein Richter, was er getan hat.

> ... Parche ist erwiesenermaßen geistig behindert (man kann nur hoffen, daß jemand aus seiner Familie oder seinem Freundeskreis ihn veranlassen wird, sich bei einem Psychiater in Behandlung zu begeben). Die Art, wie sich das Gericht in seinem Fall verhalten hat, beleuchtet – wieder einmal – die eigentümliche und nachlässige Reaktion des deutschen Rechtssystems auf die jüngste nationalistische oder terroristische Gewalt. Daß eine Richterin den Vorsitz im Falle Parche führte, beweist nichts anderes, als daß Frauen ebenso töricht wie Männer sein können.

Günther Parche hat sein Ziel erreicht. Steffi Graf steht wieder an der Spitze der Weltrangliste. Die einzige beunruhigende Frage, die man sich stellen kann, ist folgende: Wie wird Parche reagieren, wenn seine »Göttin« von ihrem Postament gestoßen wird?

Der Psychotherapeut Stefan Lermer meint dazu: »Bei dieser Entscheidung zeigt sich ein Widerspruch. Man hält diesen Mann geistig für so gestört, daß man seine Strafe zur Bewährung aussetzt, doch offensichtlich nicht gestört genug, um ihm eine Therapie zu verordnen.«

Auch einige Tennisspieler zeigten sich betroffen. Anke Huber sagte: »Diese Entscheidung überrascht mich sehr. Sie ist unfair und skandalös. Man kann sich jetzt auf dem Tennisplatz einfach nicht mehr sicher fühlen.«

Martina Navratilova: »Leute, ihr habt bei euren Gesetzen in Deutschland dringend fachliche Beratung nötig!«

Chris Evert äußerte sich folgendermaßen: »Es sah so aus, als sei das Ganze endlich erledigt, doch nun kommt es wieder ans Licht der Öffentlichkeit. Es ist fürchterlich für Monicas innere Verfassung, vor allem, weil sie sich auf eine Rückkehr zum Tennissport vorbereitet.«

Ich stand auf und bat Zoltan: »Kann ich die Wagenschlüssel haben?« Er gab sie mir, und ich verabschiedete mich von meiner Familie. Ich fuhr den ganzen Tag ohne anzuhalten ziellos durch die Gegend. »Warum?« schrie ich laut in meinem Wagen. »Warum – warum – warum!« Ich weinte, bis meine Augen so geschwollen waren, daß ich kaum noch die Straße erkennen konnte, und schrie, so laut und so lange, bis ich nur mehr krächzen konnte. Als ich gegen Mitternacht nach Hause kam, wartete meine Familie in der Küche auf mich.

»Das darfst du nie wieder tun«, sagte meine Mutter, als ich ins Haus kam. »Wir haben uns Sorgen um dich gemacht!«

»Es tut mir leid«, sagte ich leise. »Ich mußte noch einmal über alles nachdenken.« Dann ging ich auf mein Zimmer und versuchte, mich an eine Zeit zu erinnern, als meine größte Furcht darin bestand, auf dem Tennisplatz gegen eine starke Gegnerin spielen zu müssen.

18

Ich war sehr nervös. Nach den Italian Open wußte ich, daß ich sehr gut sein konnte. Im Mai 1990 sollte ich im Finale des Lufthansa Cup gegen Steffi Graf spielen. Zuletzt hatte mir Steffi Graf in Wimbledon eine schmähliche Niederlage beigebracht.

Nun spielten wir in Deutschland, Steffis Heimat. Die Zuschauer der deutschen offenen Meisterschaften von 1990 waren unendlich stolz auf ihre Landsmännin; Deutschland war wiedervereinigt. Ich erinnere mich, daß auch führende Politiker aus dem Ost- und Westteil das Finale besuchten. Damals nutzte ich die Gelegenheit zu einer Fahrt zur Berliner Mauer – ein Stück der Mauer habe ich mir nach Hause mitgenommen. Die Ost- und Westdeutschen spendeten der Vertreterin ihres Landes begeisterten Beifall. Die Fans waren jedoch sehr fair, ihr Beifall galt beiden Seiten.

Ich dachte nicht mehr an meine Sorgen, konzentrierte mich auf das Spiel und gewann den ersten Satz mit 6:4. Ich freute mich, daß ich Steffi einen Satz abgenommen hatte und dachte, daß sie mich diesmal vielleicht nicht innerhalb von vierzig Minuten erledigen würde. Als ich auch den zweiten Satz mit 6:3 gewann, war ich ebenso erstaunt wie die übrige Tenniswelt. Niemand hatte geglaubt, ich könnte Steffi schlagen – sie galt als unschlagbar. Ich ging ans Netz und schüttelte ihr die Hand. »Ein gutes Match«, sagte ich.

Mein Vater hat mir stets sportliches Verhalten abverlangt; auch dann, wenn ich verlor. In dieser Beziehung war er mein Vorbild. Wenn eine Seite einen schwierigen Satz gewinnt, klatscht er Beifall. Dabei kommt es ihm nicht darauf an, wer gewonnen hat. Natürlich freut er sich, wenn es seine Tochter ist, aber für ihn ist am wichtigsten, daß gutes Tennis gespielt wird, und er erkennt aufrichtig die Leistung des Siegers an.

»Tennis ist ein Spiel«, hat er mir oft gesagt. »Es ist nur ein kleiner Teil des Lebens, Monica. Liebe, Ehe, Familie, Freunde, darauf kommt es vor allem an.«

Die Siegerehrung nach den German Open hatte etwas Surreales an sich. Die Zuschauermenge klatschte mir Beifall, doch sie stand noch immer unter dem Schock der Niederlage Steffi Grafs. Journalisten, die geglaubt hatten, Steffi würde gewinnen, mußten umdenken. Als ich nach der Schlußzeremonie im Umkleideraum saß, machte ich mir noch einmal klar, was es bedeutete, Steffi Graf geschlagen zu haben. Mein Gedankenstrom wurde unterbrochen, als Steffi hereinkam. Sie nahm ihren Schläger und schleuderte ihn mit solcher Gewalt gegen die Wand, daß ein großes Loch entstand.

Ich habe noch nie jemanden erlebt, der nach einem verlorenen Match so verzweifelt war. Bei den Italian Open war Martina zu mir gekommen und hatte mir gratuliert. Beim Lufthansa Open Cup hat Steffi kein Wort mit mir gesprochen. Es tat mir leid, ihr das angetan zu haben. Ich hatte immer angenommen, Tennis wäre nur ein Spiel – und der bessere Spieler sollte gewinnen. Später hat Steffi mich noch oft besiegt. Doch das Loch in der Wand des Umkleideraums, das durch Steffis Schläger entstand, habe ich bis heute nicht vergessen. Wenn ich nach einem Match enttäuscht bin, nehme ich meinen Schläger und denke mir: Es ist nur ein Spiel... und das Spiel bin nicht ich.

Doch nun weiter zu den French Open von 1990 im Stadion Roland Garros.

Als Betsy Nagelsen mich bat, bei den French Open ihr Doppelpartner zu sein, war ich einverstanden. Wie immer überwog die Aussicht auf ein fröhliches Zusammensein mit Betsy alle negativen Aspekte wie etwa die langen Nächte und die damit verbundene Müdigkeit. Ich hatte keine Ahnung, daß ich mit meinem Entschluß eine ehemalige Doppelpartnerin so geärgert hatte, daß sie mich bei den Open im Einzel fast am Boden zerstört hätte.

Ihr Name war Helen Kelesi. Wir hatten früher bereits einige Doppel zusammen gespielt und dabei manchmal gewonnen und manchmal verloren. Im großen und ganzen waren wir recht gute Partner. Es gab aber keine mündlichen oder unausgesprochenen Vereinbarungen zwischen uns, die besagten, daß wir im Doppel immer zusammen spielen würden. Zumindest hatte ich es so verstanden. Als ich mich mit Betsy verabredete, war Helen wütend. Und wie das Schicksal es so will, war sie im Einzel der zweiten Runde meine Gegnerin.

Es war das letzte Match des Tages. Helen und ich betraten schweigend den Platz, doch bevor wir zu spielen anfingen, sprachen wir am Netz ein paar Worte miteinander. Helen erklärte mir in einer wenig freundlichen Art, daß sie vorhabe, mich vernichtend zu schlagen, weil ich mich für Betsy als Doppelpartnerin entschieden hatte. Wenn ich sagte, daß ihre Wut mich überraschte, war das nur sehr milde ausgedrückt. Helen ist sehr ehrgeizig, aber ich konnte mir nicht vorstellen, daß sie sich über meinen Entschluß so geärgert hatte, daß sie mich unter allen Umständen demütigen wollte.

Helen gewann den ersten Satz 6:4. »Na schön, nun muß ich die beiden nächsten Sätze gewinnen«, sagte ich leise. Ich strengte mich an und gewann den zweiten Satz 6:4. Damit hatte ich sie eingeholt, und ihr Gesichtsausdruck sagte mir, daß sie bereit war, sich nach Kräften zu wehren. Ihr Verlangen, mich zu schlagen, war so groß, daß ich es förmlich in der Luft riechen konnte. Am Ende gewann ich den dritten Satz mit 6:4. Ich war erleichtert!

Inzwischen kamen Betsy und ich im Doppel bis zur dritten Runde des Turniers. Obwohl wir schließlich verloren, freute ich mich, mit ihr gespielt zu haben. Ich konzentrierte mich nun auf die Einzelpartien. Hier gewann ich zweimal und kam bis ins Viertelfinale.

»Monica kann nicht Tennis spielen. Mal sehen, wie sie sich entwickelt, wenn sie älter wird.« Das ist eine der Aussagen zu meiner Person, die ich im Laufe der Jahre von der Bulgarin Manuela Maleeva gehört habe. Manuela ist die älteste von drei Schwestern, die alle Tennis spielen. 1990 gehörte Manuela zu den zehn besten Spielerinnen der Weltrangliste. Ich kann nur vermuten, daß sie sich bedroht fühlte, als ich in der Rangliste immer weiter nach oben kam.

Inzwischen habe ich Manuela mehrmals geschlagen. Es hat mich stets überrascht zu hören, wie negativ sie sich nach diesen Spielen über mich geäußert hat. Sie konnte einfach nicht sagen: »Monica hat gut Tennis gespielt.«

Manuela besiegte mich im ersten Satz mit 3:6, und ich gewann den zweiten mit 6:1. Im dritten führte sie mit 4:1, bis sie plötzlich erklärte, sie brauche eine Erholungspause, da sie sich verletzt habe. Das war sehr eigenartig. Ich hatte nichts gesehen, woraus sich schließen ließ, daß dem wirklich so war. Sie war nicht gestolpert und hatte auch nach keinem weiten Ball springen müssen. Sie wollte mich nur glauben machen, daß sie nicht ganz auf der Höhe sei – um mich zu verwirren.

Ich konnte Manuelas Logik nicht folgen, denn sie war mir schon ein Stück voraus und hatte erreicht, was sie wollte. Nach einigen Minuten kam sie auf den Platz zurück. Vielleicht glaubte sie, sie habe mich durch die Unterbrechung nervös gemacht. Doch dieser Ablenkungsversuch veranlaßte mich nur, noch konzentrierter zu spielen. Und dann bin ich doppelt so stark. Ich werde dieses Match gewinnen, dachte ich. Ich gewann den dritten Satz mit 7:5 und stand nun im Halbfinale.

»Zwei Kinder kämpfen gegeneinander«, schrieb die Presse über mein Halbfinale gegen Jennifer Capriati. Wir waren beide noch sehr jung, sechzehn und vierzehn Jahre alt, und die Medien zeigten größtes Interesse. Wir spielten zum ersten Mal gegeneinander und wußten beide nicht, was wir voneinander zu erwarten hatten.

Vor den French Open hatte Jennifer erst an zwei größeren Turnieren teilgenommen. Obwohl sie unglaublich gut gespielt hatte, war diese Herausforderung eine große Belastung für sie.

Ich kann nicht erklären, was es für ein Kind bedeutet, wenn es nach einem zehnminütigen Interview als »hart, ausdauernd und mental widerstandsfähig« bezeichnet wird. So hatte die Presse mich charakterisiert. Und jetzt war Jennifer, deren Persönlichkeit noch weniger gefestigt war als meine, in der gleichen Situation. Hinzu kam, daß ich die erfahrenere Spielerin war und schon häufiger unter Druck gestanden hatte. Es schien, als hätte ich erst gestern erlebt, wie Chris Evert, ausgeglichen und selbstsicher, ihr letztes US Open spielte, während ich mich vor Nervosität kaum zu halten wußte. Ich gewann das Halbfinale der French Open gegen Jennifer in einem relativ leichten Match mit 6:2 und 6:2.

Im Finale war Steffi Graf meine Gegnerin. Genau das habe ich mir gewünscht, dachte ich, als ich den Platz betrat. Ich wollte in diesem großartigen Stadion, von dem ich schon als Kind geträumt hatte, gewinnen.

Es stand schon 3:0 im ersten Satz, als es anfing zu regnen und wir den Platz verlassen mußten. Während einer solchen Pause sprechen die meisten Spieler mit ihren Betreuern. Es ist die einzige legale Gelegenheit für solche Gespräche, denn während eines Matchs dürfen sich die Spieler nicht mit ihren Betreuern unterhalten: Viele tun es trotzdem. Mein Vater und ich haben es nie getan. Wir reden auch während einer Regenpause nicht miteinander, da wir beide glauben, daß einem Coach im Training eine wichtige Rolle zukommt, aber während eines Spiels bin ich die einzige, auf die es ankommt.

Nach vierzig Minuten gingen Steffi und ich wieder auf den Platz. Ich war enttäuscht, daß die Pause so lange gedauert hatte. Bevor es anfing zu regnen, lag ich bereits vorne. Jetzt war es so, als beginne das Match von neuem. Steffi spielte hart, bis es 3:3 stand. Die nächsten Spiele waren so ausgeglichen, daß wir im ersten Satz bei 6:6 einen Tie-Break spielen mußten.

Tie-Breaks sind so kurz, daß ein einziger Fehler für einen Spieler den Satzverlust bedeuten kann. Ich war immer der Meinung, daß der Tie-Break im Gegensatz zum normalen Spiel ein Glücksspiel ist. Bei zwei gleichstarken Spielern entscheidet der Zufall, wer gewinnt. Steffi war mir in diesem Tie-Break schon 6:3 voraus und benötigte nur noch einen Punkt, um den Satz zu gewinnen. Ich kämpfte weiter, bis es überraschenderweise 6:6 stand. Im Stadion herrschte eine unglaublich spannungsgeladene Atmosphäre. Die Fans konnten kaum sitzenbleiben, als wir um die letzten Punkte in diesem Satz kämpften. Der letzte Punkt ging an mich, und ich atmete erleichtert auf.

Das Match verlief auch weiterhin zu meinen Gunsten. Ich hatte das sichere Gefühl, auch den zweiten Satz gewinnen zu können. Du schaffst es, Monica, dachte ich. Konzentriere dich, du kannst es schaffen. Ich gewann den zweiten Satz 6:4. Und erst als ich ans Netz lief, um Steffis reglose Hand zu schütteln, wurde mir schlagartig bewußt, daß ich soeben meinen ersten Titel bei einem Grand Slam gewonnen hatte. Mit sechzehn Jahren und sechs Monaten war ich damals die jüngste Spielerin, die einen Grand Slam im Einzel gewann, seit Lottie Dod 1887 mit fünfzehn Jahren und zehn Monaten das Wimbledon-Turnier gewonnen hatte.

Grand-Slam-Titel sind für Tennisspieler etwas ganz Besonderes: Man gehört damit zur Elite der Spitzenspieler. Es ist eine Art rituelle Beförderung. Nach dem Sieg sagte ich mir, daß ich es nun endlich geschafft hatte. Ich mußte mich nicht mehr fragen, ob die Siege meinen Fähigkeiten oder dem Glück zuzuschreiben waren. Ich hatte es geschafft – das konnte mir nun niemand mehr nehmen.

19

»Im Tennis ist heute alles viel zu einfach. Wäre es nicht schön, diesen Sport wieder mit mehr Eleganz zu betreiben und wie Suzanne (Lenglen) oder Madonna zu sein?« Ich war eben sechzehn Jahre alt geworden, als ich einem Reporter sagte, eine meiner Lieblingssängerinnen sei Madonna, und unter den alten Tennisspielerinnen bewunderte ich Lenglen am meisten. Das war vor sechs Jahren, aber die Journalisten haben es nicht vergessen und fragen mich immer noch, welche Songs von Madonna mir am besten gefallen und ob ich weiß, daß Suzanne Lenglen unglücklich und jung gestorben ist. Nun kann ich an dieser Stelle endlich Klarheit schaffen und diese Fragen beantworten.

Erstens bewundere ich Madonna. Sie gehörte zu meinen Lieblingssängerinnen, weil sie ganz anders als die meisten Stars war, erregend und rebellisch. Ihre Musik gefällt mir noch heute, aber mir gefallen auch viele andere Musiker – niemand hat nur einen Lieblingskünstler.

Nun zu Suzanne: 1919 hat Suzanne Lenglen dem Tennis-Establishment gezeigt, was es bedeutet, eine gute Sportlerin zu sein. Sie war elegant, mutig und auf dem Tennisplatz sportlicher als jede andere Spielerin. Im Alter von zwölf Jahren nahm sie zum ersten Mal an einem Tennisturnier teil, und als sie fünfzehn war, hatte sie bereits die World Hard Court Championships gewonnen. Sie war der Michael Jordan des Tennis und konnte jeden noch so schwierigen Ball treffen. Sie sprang in die Höhe und erreichte den Ball, während ihre beiden Füße noch in der Luft waren. Suzanne war eine dynamische Tennisspielerin zu einer Zeit, als man von den Frauen erwartete, sie sollten passiv und damenhaft sein. Ich habe mir immer gewünscht, den Ball so zu treffen wie Suzanne.

Sie hat für das Damentennis mehr getan als nur zu gewinnen.

Sie war eng mit Ted Tinling befreundet, den man den »schiefen Turm von Pisa« nannte, weil er 1,95 m groß war, einen kleinen, kahlgeschorenen Kopf hatte und weil sich seine Art, Tennis zu spielen, mit nichts anderem vergleichen ließ. Der Tennissport hat ihm viel zu verdanken, vor allem als er in den 20er Jahren die Regeln für das Damentennis entwickelte und Suzanne betreute. Später wurde er Modedesigner.

Ende der 20er Jahre entwarf er auch für Suzanne. Ihr erstes Kostüm in Wimbledon reichte bis unter die Knie, und die Ärmel bedeckten gerade ihre Ellbogen. Bis dahin hatten die Frauen knöchellange Röcke, Korsetts und lange Ärmel getragen. Dieses Kostüm erregte fast ebensoviel Aufsehen wie die Tatsache, daß Suzanne in den Spielpausen Cognac trank.

Als ich anfing, professionell Tennis zu spielen, bot mir Ted Tinling seine Freundschaft an. Damals war er Protokollchef und machte die Ansage bei den Virginia-Slims-Turnieren. Er hat mir das Leben von Suzanne ausführlich geschildert: ihr überlegenes Spiel, ihre Kostüme und ihren Vater, dem die Tenniskarriere seiner Tochter über alles ging. In ihrer Kindheit hat er stundenlang mit ihr trainiert. Selbst als sie schon ein Tennisstar war, überforderte er sie ständig, und zwar sowohl auf dem Tennisplatz wie auch im Privatleben. Als ich diese Geschichten hörte, mußte ich an meinen Vater denken. Im Gegensatz zu Suzanne hatte ich Glück.

Menschen, die Suzanne gekannt haben, behaupten, sie sei eine recht unglückliche junge Frau gewesen. Ihr Vater habe sie an den Rand des Wahnsinns getrieben und ihre Gesundheit erheblich gefährdet. Sie starb im Alter von neununddreißig Jahren an perniziöser Anämie. Ich war als Sechzehnjährige von Suzanne fasziniert. Sie war die erste Tennisspielerin, die sich modisch kleidete. Was sie auf dem Tennisplatz trug, war ausgesucht schön. Ich ziehe mich noch heute auf dem Tennisplatz ähnlich an wie sie. Ihr Verhalten im Privatleben soll noch gewagter gewesen sein als die Kleider, die sie trug. In dieser

Beziehung wollte ich ihr niemals nacheifern, ich bewunderte jedoch immer ihre Stärke, ihren Kampfgeist und ihre sportliche Dynamik.

Ich glaube, Ted Tinling hat viel zu meiner Faszination für Suzanne beigetragen. Erstens habe ich immer sehr gerne Kleider geschneidert. Als Kind sah ich mir stundenlang alle Modezeitschriften an, die ich bekommen konnte, und meine Mutter half mir, neue Kleider zu entwerfen. Als ich Mr. Tinling kennenlernte, war er ein angesehener Designer und arbeitete als Couturier für die Virginia-Slims-Turniere. Ich unterhielt mich gern mit ihm über seine Entwürfe.

Er war ein wirklich zartfühlender, freundlicher Mann und hat sich für das Damentennis eingesetzt, als sich noch niemand wirklich um uns kümmerte. Ich glaube, er war früher einmal in Suzanne Lenglen verliebt. Vielleicht habe ich sie gerade deshalb so gern gehabt.

Ted Tinling starb am 23. Mai 1990 in der englischen Stadt Cambridge im Alter von neunundsiebzig Jahren. Die meisten Tennisspielerinnen waren damals bei den French Open. Doch der Turnierleiter teilte uns mit, vor Beginn des Wimbledon-Turniers werde eine Gedenkfeier für ihn stattfinden. Dabei sollten wir die Gelegenheit bekommen, die Leistungen von Ted Tinling zu würdigen.

Leider habe ich dort nur wenige Tennisspielerinnen getroffen. Ich war überrascht, daß so viele Menschen von Ted sprachen und voller Anerkennung über ihn sprachen, doch niemand sich die Mühe machte, zu seinem Begräbnis zu kommen.

Hätte Suzanne Lenglen noch gelebt, wäre sie sicher dort gewesen.

20

Ich bin mir nicht sicher, aber ich glaube, Suzanne Lenglen hätte das Komische an der Situation zu schätzen gewußt. Ich konnte über mich selbst lachen, sonst wäre das Wimbledon-Turnier von 1990 eine Qual für mich gewesen.

Während meines Spiels in der ersten Runde wurde das »Grunt-o-Meter« enthüllt. Es war von einem Reporter für eine Londoner Boulevardzeitung entworfen worden, um damit die Lautstärke meines Stöhnens zu messen. Zweiundachtzig Dezibel – meine Lautstärke lag zwischen der eines »Preßlufthammers und einer Diesellokomotive«. Ich hielt das alles für einen törichten Scherz, denn es hatte nichts mit Tennis zu tun, doch ich hatte Sinn für Humor.

Alle Tennisspielerinnen stöhnen – Gaby Sabatini, Anke Huber, Jennifer Capriati. Ich bin wahrscheinlich die lauteste, zumindest dem Grunt-o-Meter nach zu urteilen, doch es war mir nicht bewußt, wie laut ich wirklich stöhnte, bis ich es auf einer Videokassette hörte. Mein Stöhnen ist immer eine natürliche Methode gewesen, die Lunge von überschüssiger Luft zu befreien und meine Energie verpuffen zu lassen. Jede Sportlerin, die sich überdurchschnittlich anstrengt, muß die Luft aus den Lungen strömen lassen. Bei den Turnieren, an denen wir uns als junge Mädchen beteiligten, stöhnten wir alle. Jetzt gehörte ich nicht mehr zu den Junioren, sondern spielte in Wimbledon.

1990 hatte ich sechs wichtige Turniere in Folge gewonnen; darunter war auch mein erster Grand-Slam-Titel. Weil ich gut spielte und die Boulevardzeitungen nichts über mich zu schreiben wußten, konzentrierten sie sich auf das Stöhnen. Ich war weder verlobt, noch hatte ich Affären mit verheirateten Männern, ich trank nicht und nahm keine Drogen – was hätte man sonst über mich schreiben können? Auf jeden Fall war es komisch, einmal darüber zu schreiben. Vielleicht auch ein zweites Mal. Als dieses Thema jedoch immer wieder zur Sprache kam, hinterließ es einen bitteren Nachgeschmack. Mir wurde bewußt, daß die Frage nach dem Stöhnen kein harmloser Scherz mehr war, wie ich geglaubt hatte. Es war ein Versuch der Medien, Negatives über mich zu berichten. Streitgeschichten steigern die Auflage von Zeitungen und Zeitschriften.

In meiner späteren Laufbahn bezeichneten mich die Zeitungen als »Die stöhnende Monica – hören Sie selbst, wie laut sie stöhnen kann!«. Ich war enttäuscht und bedauerte, daß dieses Thema so plattgewälzt wurde, doch ich konnte nichts tun als auch weiter Tennis zu spielen.

Für Sportler – im Gegensatz zu anderen berühmten Persönlichkeiten – ist es besonders frustrierend, in Boulevardzeitungen etwas über sich zu lesen. Wir treiben nicht Sport, um berühmt zu werden. Wir beginnen mit Tennis, Hockey oder Leichtathletik, weil der Sport uns Freude bereitet. Der persönliche Ruhm ist dabei nicht das primäre Ziel.

»Monica ist versessen auf Butter.« Das gehörte zum Komischsten, was während meines Jahrs in London über mich geschrieben wurde. Ich hatte einem Reporter erklärt, daß ich Butter mochte, und er schrieb, daß ich ohne sie nicht leben könne und praktisch alles mit Butter bestrich, sei es nun die Pizza oder das Dessert. »Monica ist nach Butter süchtig«, behauptete er. Das dürfte wohl übertrieben sein! Später wurden die Berichte gemeiner und persönlicher. Hätte ich gewußt, wie sehr die Medien einen verletzen können, hätte ich 1990 viel mehr gelacht. So versuchte ich, mir meinen Sinn für Humor zu bewahren und mich nicht weiter um den Unsinn, den die Boulevardzeitungen schrieben, zu kümmern.

»Ich würde gern auf die Regel verzichten, nach der alle Spieler weiß gekleidet sein müssen, wenn ich nur das Stöhnen aus der Welt schaffen könnte«, wurde ein hochrangiger Mitarbeiter der Wimbledon-Verwaltung in der Presse zitiert. Als ich dieses Zitat las, hatte ich das unangenehme Gefühl, die Medien hätten ihr Ziel erreicht. Sie hatten etwas Negatives an meiner Spielweise entdeckt, und nun beteiligte sich jeder, der mich nicht mochte, an dieser Kampagne zur »Abschaffung des Stöhnens«.

Die Spielerinnen begannen sich zu beschweren – vor allem bei den Medien, gelegentlich aber auch auf dem Tennisplatz. 1988 und 1989 hatte niemand etwas daran auszusetzen, daß ich stöhnte, aber 1990 gewann ich meine Spiele und war die drittbeste Spielerin auf der Weltrangliste – eine gefährliche Konkurrentin für die anderen Spitzenspielerinnen. Einige von ihnen waren zu allem bereit, um mich zu verwirren. Doch es war noch nicht so schlimm wie 1992. Ich war ja noch nicht die Nummer eins.

Ich kann nicht beurteilen, ob die Aufmerksamkeit der Medien mein Spiel beeinflußt hat, ob ich nach den French Open erschöpft oder ganz einfach nicht in Form war. Wie dem auch sei: Als ich im Viertelfinale gegen Zina Garrison spielen mußte, war ich nicht die beste Spielerin auf dem Platz. Zina spielte ein großartiges Match und schlug mich 3:6, 6:3, 9:7. Es war eine einigermaßen ausgeglichene Begegnung. Zina konnte sich in allen drei Sätzen nicht mit ihrer Vorhand durchsetzen, doch beim Matchpoint schlug sie einen Vorhandball genau die Mittellinie entlang. Ich sah die weiße Staubwolke, als der Ball auf der Mittellinie landete, und nun bestand kein Zweifel mehr darüber, daß ich das Match verloren hatte.

Wenn ich merke, daß ich im Begriff stehe zu verlieren, möchte ich, daß der letzte Punkt meiner Gegnerin gehört. Ich sah deutlich, daß der mit der Vorhand gespielte Ball Zinas genau auf der Mittellinie landete. Doch das ist nicht immer der Fall. Es gibt Turniere, bei denen Linienrichter darüber entscheiden, wer gewonnen hat. Diese Entscheidungen sind nicht immer richtig.

1989 spielte ich in Deutschland im Finale gegen Mary Joe Fernandez. Es stand bereits 5:1, als es mir gelang, sie einzuholen, bis zu 6:6. Während des Tie-Breaks im dritten Satz war ich schon bei 3:1 und glaubte, mein nächster Ball wäre innerhalb des Spielfelds gelandet. Der Schiedsrichter gab den Ball aus. Ich ging zu ihm hinüber und versuchte, ihn zu überzeugen, daß er sich irrte. Doch er ließ es nicht gelten, und der Punkt ging an Mary Joe. Das bedeutete, daß es nun im Tie-Break 3:2 für Seles stand. Doch als ich zur Grundlinie zurückging, rief der Schiedsrichter: Vier zu eins, Fernandez.

In einem Tie-Break gibt es nur sieben Punkte, und jeder von ihnen zählt. Im Bruchteil einer Sekunde hatte mir der Schiedsrichter zwei Punkte genommen und sie Mary Joe zuerkannt. Die Zuschauer begannen zu protestieren. Ich verlangte die Turnierleiterin zu sprechen, die herauskam, aber keine Ahnung hatte, was geschehen war, weil sie diesen Punkt nicht gesehen hatte. Es gab keine Fernsehaufnahmen von diesem Match, und deshalb war es nicht möglich zu überprüfen, wer recht hatte. Ich verlor den Tie-Break und das Match.

Mit meiner Niederlage im Spiel gegen Zina Garrison in Wimbledon endete für mich eine Serie von sechs hintereinander gewonnenen Spielen. Im Halbfinale gewann Zina gegen Steffi mit 6:3, 3:6 und 6:4, verlor jedoch im Finale gegen Martina. Anschließend kehrte ich in die Vereinigten Staaten zurück, um mich auf die US Open vorzubereiten.

»Bist du dir sicher?« fragte mein Vater.

»Ja, er fühlt sich gut an«, erwiderte ich und holte mit meinem neuen Yonexschläger zu einigen Schlägen aus.

Mein Vater zeigte sich besorgt. Normalerweise wechselt ein Spieler nicht mitten in der Saison und so kurz vor einem Grand-Slam-Turnier den Schläger. Gewöhnlich dauert es Monate, bis man sich an einen neuen Schläger gewöhnt hat. Tennisspieler wie Courier und Sampras wechseln nie die Marke ihrer Schläger, egal, wieviel Geld ihnen von anderen Firmen geboten wird. Ich war mit meinem alten Schläger durchaus zufrieden gewesen – bis ich den Yonex in die Hand nahm: Ich wußte schon nach fünf Minuten, daß dieser Schläger für mich gemacht war. Die einzigartige Form und die mittlere Größe paßten genau zu meiner Art zu spielen und erlaubten mir, den Ball kräftig und gezielt zu schlagen.

Mein erstes Match mit dem neuen Schläger spielte ich schon zweieinhalb Wochen nachdem ich ihn bekommen hatte. Mit ihm schlug ich Martina im Finale des Virginia-Slims-Turniers in Los Angeles. Dieser Sieg zeigte mir, daß ich mich auf den Schläger verlassen konnte, und deshalb nahm ich ihn zu den US Open mit.

In der ersten und zweiten Runde der Open hatte ich keine Schwierigkeiten. In der dritten Runde spielte ich gegen die Italienerin Linda Ferrando. Das Match begann um 11.00 Uhr vormittags, und ich erinnere mich, daß mir nicht ganz geheuer war: Ich hatte noch nie gegen Linda gespielt und wußte daher nicht, was ich zu erwarten hatte. Es war ein sonniger, heißer Tag, und als Linkshänderin hatte ich beim Aufschlag gewisse Schwierigkeiten wegen der Lage des Centre Courts. Trotzdem gewann ich den ersten Satz 6:1.

Alles ging gut. Beim ersten Aufschlag des zweiten Satzes stand es 40:0 für mich. Linda holte auf. 40:30. Übernimm jetzt das Spiel, sagte ich mir. Linda schickte mir einen leicht zu schlagenden Overhead: Ich schaute empor und war bereit, den Ball zurückzuschlagen und das erste Spiel für mich zu verbuchen, doch ich konnte keinen Ball erkennen. Die Sonne blendete mich, und mir wurde schwindlig, als ich versuchte, den gelben Ball im orangefarbenen Sonnenlicht zu sehen. Was bist du doch für eine Idiotin, Monica, dachte ich wütend, als mein Schlag im Netz endete.

Ich weiß nicht, ob ich mein Selbstvertrauen verlor oder Linda das ihre zurückgefunden hatte, aber sie beendete den zweiten Satz mit 6:1. Im dritten Satz konnte ich den Ball nicht mehr richtig plazieren. Bei jedem Schlag landete er außerhalb der Linie, ging zu weit oder in das Netz. Ständig mußte ich an diesen Overhead denken und konnte mich nicht richtig konzentrieren. Linda gewann auch den dritten Satz mit 7:6. Ich war die drittbeste Tennisspielerin der Welt und mußte mich in der dritten Runde der US Open von 1990 geschlagen geben.

Zu viele Ausreden, dachte ich, als ich meine Schläger nahm und den Tennisplatz verließ. Die Sonne hatte zu hell geschienen, der Tag war zu heiß, und ich kannte meine Gegnerin nicht. Zu viele Ausreden, und keine von ihnen änderte etwas an der Tatsache, daß ich verloren hatte. Mein Versagen enttäuschte mich – ich hatte mir doch wirklich große Mühe gegeben.

Am folgenden Vormittag sollte ich ein Doppel spielen. Als ich auf dem Platz ankam, standen überall die Reporter. Sie hatten geglaubt, ich würde nicht kommen, weil ich mein Einzel in der dritten Runde verloren hatte. Das war natürlich Unsinn – warum sollte ich nicht zu meinem Match erscheinen? Ja, ich hatte verloren, und es war mir peinlich, so schlecht gespielt zu haben. Aber Tennis ist ein Spiel, und bei jedem Spiel gibt es einen Gewinner und einen Verlierer. So ist das nun einmal.

Ich mochte bei den Open verloren haben, aber noch stand ich auf dem dritten Platz in der Weltrangliste. Ich hatte mich für die Virginia Slims Championships im Madison Square Garden qualifiziert und fuhr nach New York, entschlossen, diesmal besser zu spielen als im Jahr davor. Ich wollte unter allen Umständen versuchen, ein zusätzliches Spiel, einen zusätzlichen Satz zu gewinnen und eine Runde weiter zu kommen.

Dieses Turnier ist das einzige Damenturnier der Welt, bei dem eine Spielerin drei von fünf Sätzen gewinnen muß, um zu siegen. Wie bei den Herren. Mir gefällt dieser Wettkampf. Es macht mir Freude, so zu spielen wie die Herren – stundenlang auf dem Tennisplatz einen harten Kampf gegen eine starke Gegnerin auszufechten.

1990 kam ich ins Finale und mußte gegen Gabriela Sabatini spielen. Gaby ist eine starke Top-Spin-Spielerin und agiert vor allem von der Grundlinie aus. Sie ist in jeder Beziehung eine schwer zu besiegende Gegnerin, und sie hatte diesmal Steffi besiegt, um ins Finale zu kommen. Ich gewann den ersten Satz mit 6:4. Gaby revanchierte sich und siegte im zweiten und dritten mit 7:5 und 6:3. Was bedeutete, daß ich die beiden nächsten Sätze gewinnen mußte.

Wir hatten fast drei Stunden gespielt, als der vierte Satz begann. Recht so, genau das wollte ich, ging es mir durch den Kopf. Ich gewann den nächsten Satz mit 6:4. Was bedeutete: Gleichstand in den Sätzen und einen fünften Satz – zum ersten Mal seit den Nationals von 1901 wurde ein Damenmatch in fünf Sätzen entschieden. Die Medien schrieben danach, im Damentennis habe »ein neues Zeitalter begonnen«. Ich habe von einem neuen Zeitalter nichts gespürt. Ich wollte nur den fünften Satz gewinnen. Nach einer Spielzeit von vier Stunden gelang mir das 6:2.

Für mich war es nicht besonders wichtig, daß ich nun die jüngste Tennisspielerin war, die die Virginia Slims Championships gewonnen hatte. Was für mich zählte, war die Tatsache, daß ich diesmal mein bestes Tennis gespielt hatte.

21

Als ich im Januar 1991 zu den Australian Open flog, hatte ich das Gefühl, im Eiltempo an die Spitze des Damentennis zu fahren. Nach dem Sieg beim Virginia-Slims-Championships-Turnier war ich in gehobener Stimmung. Bei den Open ließ ich in den ersten fünf Runden nur zwölf Spiele aus. Meine Erfolgsserie erreichte ihren Höhepunkt, als ich Anke Huber im Viertelfinale besiegte.

Vor dem Halbfinale gegen Mary Joe Fernandez wußte ich

bereits, daß ich hervorragendes Tennis spielte. Das Match begann um die Mittagszeit. Die Sonne brannte auf den Platz herunter, von dem die Hitze zurückstrahlte. Obwohl es immer heißer wurde, nahm ich Mary Joe den ersten Satz mit 6:3 ab.

Als wir den zweiten Satz begannen, zeigte das Thermometer sechsundfünfzig Grad Celsius. Das australische Stadion lag ziemlich tief, und ich hatte das Gefühl, durch heißen Dampf zu laufen. 1991 gab es bei den Australian Open keine Pausen, in denen man einen Schluck Wasser hätte trinken können (heute wird nach jedem Satz eine Pause von zehn Minuten eingelegt). Die Fußsohlen fingen an zu brennen und zu schmerzen. (Am Abend entdeckte ich an beiden Füßen Blasen.) Mary Joe spielte zunächst sehr gut, und ich verlor den zweiten Satz mit 6:0.

Es fiel mir außerordentlich schwer, den dritten Satz durchzustehen. Mary Joe hatte mich schon bei 7:6, was bedeutete: Matchpunkt für sie. Es folgte ein langer Ballwechsel. In einer solchen Situation zögert man das Ende des Spiels nicht gerne hinaus – das geht zu sehr auf die Nerven. Ich erzielte das 7:7.

Das einzige Grand-Slam-Turnier, bei dem es im dritten Satz einen Tie-Break gibt, sind die US Open. Obwohl ich erhitzt und erschöpft war, freute ich mich, daß dieses Match nicht mit einem Tie-Break enden würde. Wie schon gesagt: Tie-Breaks sind wie russisches Roulette. Bei zwei gleichstarken Spielern ist der Ausgang Glückssache. Beim nächsten Game erreichte ich einen Break und gewann das Match schließlich mit 9:7. Zum Schluß war jegliche Flüssigkeit aus meinem Körper entwichen – ich hatte alles ausgeschwitzt.

Das Finale der Australian Open fand an einem kühlen Tag statt. Nicht wirklich kühl, immerhin zeigte das Thermometer nur etwa vierzig Grad Celsius. Meine Gegnerin Jana Novotna nahm mir den ersten Satz mit 5:7 ab. Ich erholte mich und gewann den zweiten mit 6:3. Jetzt geht es aufwärts, dachte ich, und wir begannen den dritten Satz. Ich fürchtete, er würde wieder sehr lange dauern, und war dankbar, daß ich ihn mit 6:1

gewann. Dies war mein erster Grand-Slam-Sieg bei den Australian Open.

Es blieb uns wenig Zeit, den Sieg zu feiern. Ich flog nach Japan zu den Pan Pacific Open: eine lange Reise, die mir schließlich nichts gebracht hat. Nach einem Doppel mußte ich aufgeben, weil ich erkrankte. Nach einem zweiwöchigen Aufenthalt im heißen Australien und anstrengenden langen Turnieren konnte ich das kalte Wetter in Tokio nicht vertragen. Deshalb flog ich zurück nach Florida, um mich auszukurieren.

Ich benötigte meine ganzen Kräfte für die Lipton Championships in Miami. Im Finale schlug ich Gaby in zwei Sätzen. Doch das war nicht das wichtigste bei diesem Turnier. Im Viertelfinale spielte ich gegen Jennifer Capriati in einem wirklich sehr harten Match. Ich gewann in drei Sätzen mit 2:6, 6:1 und 6:4. Selten habe ich ein Match erlebt, nach dem ich so erschöpft war wie diesmal. Jennifer und ich jagten einander über den ganzen Platz. Zum Schluß umarmten wir uns. Ich war völlig erledigt und konnte mich kaum auf den Beinen halten, als ich den Platz verließ.

Anschließend fuhr ich zu den US Hardcourt Championships nach San Antonio. Im Finale spielte ich gegen Steffi Graf. Es war ein merkwürdiges Match, nicht weil ich mein Bestes gab oder weil Steffi mich in zwei Sätzen schlug, sondern weil es nur mehr eine Frage von wenigen Wochen war, bis ich Steffi an der Spitze der Weltrangliste ablösen sollte. Wenige Wochen zuvor hatte Steffi im Finale von Boca Raton gegen Gaby verloren. Dieses verlorene Spiel und mein Sieg bei den Australian Open bewirkten, daß ich nun einen höheren Rang einnahm als Steffi. Damit gingen die 1310 Tage ihrer Herrschaft zu Ende. So lange hatte sie an der Spitze der Weltrangliste gestanden.

Nach San Antonio wurde mir bewußt, daß zwischen Steffi und mir eine Beziehung entstanden war, wie sie etwa zwischen Chris Evert und Martina bestand. Wir spielten auf den Centre Courts überall auf der Welt gegeneinander. Unsere Rivalität wurde zu einem großen Geschäft, bei dem es um sehr viel Geld ging. Bis dahin war ich immer die Nummer zwei oder drei gewesen. Niemals hatte ich auf dem Thron gesessen, den Steffi so lange innegehabt hatte – bis zum 11. März 1991.

Ich wurde erst nach einem Virginia-Slims-Turnier in Palm Springs, Kalifornien, im März die Nummer eins. Die Presse berichtete ausführlich über ein Ereignis, das sie kaum ignorieren konnte. Ich erlebte, was es bedeutete, die jüngste Frau zu sein, die jemals die Nummer eins in der Weltrangliste gewesen war. Außerdem hatte man bis dahin Steffi für unbesiegbar gehalten. Mit siebzehn Jahren an ihre Stelle als weltbeste Spielerin aufzurücken – das schockierte die ganze Tenniswelt. Es geschah noch nicht in Palm Springs.

Ich würde automatisch an die erste Stelle in der Weltrangliste rücken, wenn ich im Finale des Palm-Springs-Turniers gegen eine der fünf besten Spielerinnen gewann. Wenn ich verlor, würde ich noch eine Woche warten müssen, bis Steffi einige Punkte verlor und mir die Punkte für meine letzten Siege gutgeschrieben wurden.

Während des Turniers, das im Freien stattfand, regnete es fast die ganze Zeit. So lange wir darauf warteten, daß der Regen aufhörte, trainierte ich soviel wie möglich. Am Samstag vor meinem ersten Match kam meine Mutter während meines Trainings gelaufen und hielt ein kleines braunes Lebewesen in den Händen.

»Astro ist gebissen worden!« rief sie. In ihren Händen sah ich meinen kleinen Yorkshireterrier.

»Was ist los?« fragte ich.

»Ein großer Hund ohne Halsband und Leine hat ihn angegriffen«, erklärte meine Mutter unter Tränen. »Er nahm Astro ins Maul, schüttelte ihn durch und ließ ihn dann fallen.«

Astro bewegte sich nicht, ich griff nach meiner Tasche, und wir liefen zum tierärztlichen Notdienst. Mein kleiner Hund zitterte vor Angst und schien völlig verstört zu sein. Er ist ein winziges Tierchen, glaubt aber der Herr des Dschungels zu sein. Er begriff sofort, was mit ihm geschehen war. Nun wurde seine Bißwunde genäht, und wir brachten ihn ins Hotel zurück.

In der folgenden Nacht dachten wir, Astro würde sterben. »Wir müssen etwas unternehmen«, sagte ich zu meiner Mutter. Ich sollte in einem wichtigen Turnier spielen, konnte aber nur noch an meinen Hund denken. Ich blätterte in den gelben Seiten des Telefonbuchs und rief alle darin verzeichneten Tierkliniken an. Schließlich fand ich eine, die rund um die Uhr geöffnet war.

Wir fuhren durch die regnerische Nacht, während Astro zusammengerollt auf dem Schoß meiner Mutter lag. Die Tierärztin behauptete, er habe hohe Temperatur. Er war durch den Biß des anderen Hundes infiziert worden, hatte viel Blut verloren und war sehr schwach. An mein nächstes Match kann ich mich kaum noch erinnern, denn ich mußte die ganze Zeit an meinen Hund denken. Ich kam bis zum Finale und verlor gegen Martina. Die Presse mußte noch eine Woche warten, bevor sie berichten konnte, daß ich die Nummer eins war.

Nach meinem Match fuhr ich sofort zur Tierklinik. Astro ging es besser, und ich durfte ihn mit nach Hause nehmen.

Am gleichen Abend ließ ich mich telefonisch interviewen. Der Reporter fragte mich, ob ich enttäuscht sei, weil ich noch eine Woche auf die Nummer eins warten mußte. Ich schaute zu Astro hin, der auf einem großen Kissen neben mir lag. Vielleicht sollte ich dem Reporter erzählen, was mit meinem Hund geschehen war, den ich nach der Bildergeschichte »The Jetsons« Astro benannt hatte und dem es gleichgültig war, ob ich ein Match verloren oder tüchtig trainiert hatte. Armer kleiner Astro, der die unwahren Geschichten über mich in der Boulevardpresse nicht lesen konnte, deren Inhalt ihm auch gleichgültig gewesen wäre. Für ihn war ich die Nummer eins, egal, welchen Platz ich in der Weltrangliste einnahm. Astro war nur glücklich, wenn er tagein, tagaus um mich sein konnte. Ihn zu verlieren hätte den Verlust eines gewohnten Bestandteils meines Alltags bedeutet, der für mich sehr wichtig war. Astros Liebe ist bedingungslos – wie die Liebe meiner Familie – so etwas brauche ich. Ich antwortete dem Reporter, daß ich nicht sehr enttäuscht sei.

Ich habe nie großen Wert darauf gelegt, die Nummer eins zu werden. Mir kam es immer nur darauf an, bei den Grand Slams gut abzuschneiden. Ein Rang ist nur eine Zahl auf einem Stück Papier, doch wenn man einen Grand Slam gewinnt, ist das eine sehr aufregende Sache. Eine Rangliste ist gewissermaßen das Gegenteil eines erregenden Höhepunktes: wenn man nach einem gewonnenen Match den Pokal in die Höhe hält und die Zuschauer applaudieren. Das soll nicht heißen, daß es mich nicht geehrt hätte, die Nummer eins zu werden, was bedeutete, daß ich in meiner Sportart die Beste war, und das ist unglaublich. Ich glaube jedoch, daß es für die Medien eine größere Bedeutung hat als für mich.

Was sich am meisten änderte, nachdem es mir gelungen war, an die erste Stelle aufzurücken, war das Interesse der Medien. Bis dahin hatte ich nur eine Handvoll Artikel in Zeitschriften geschrieben und einige Interviews gegeben. Als ich zur Spitze rückte, überschütteten mich die Medien mit Anfragen. Die Leute wollten mich in Fernsehshows sehen, in den Zeitungen von mir lesen und mich auf öffentlichen Veranstaltungen erleben.

Jeder wollte wissen, was es für mich bedeutete, die jüngste Nummer eins in der Geschichte des Tennissports zu sein. Ich versuchte ihnen zu erklären, daß es mich zwar sehr freute, doch hätte ich nie bewußt die Absicht gehabt, dieses Ziel zu erreichen. Ich hatte seit meinem sechsten Lebensjahr hart gearbeitet, weil ich das Tennisspiel liebte. Die Nummer eins zu werden war nur eine Zugabe.

22

Bevor ich im Mai 1991 zu den French Open flog, hatte ich einen Vertrag mit Matrix unterschrieben, einem Hersteller von Haarpflegeprodukten. Ich sollte mir die Haare abschneiden. Ich war dreizehn, als ich das letzte Mal kurze Haare trug. Ich war ein spindeldürres kleines Mädchen, und schon damals fiel es mir nicht leicht, mich an mein verändertes Aussehen zu gewöhnen. Ich erinnere mich noch an eine Busfahrt in Novi Sad: ein Mann wollte neben mir Platz nehmen und sagte: »Rutsch rüber, Kleiner.« Seitdem trug ich meine Haare lang. Doch Matrix war mein neuer Sponsor, und was tut man nicht alles, um die Leute zufriedenzustellen! Hinzu kam, daß auch ich nach so langer Zeit Lust verspürte, mein äußeres Erscheinungsbild grundlegend zu verändern.

Die Prozedur war nicht nur aufregend, sondern machte mir auch großen Spaß. Ich saß auf dem Stuhl im Frisiersalon und sah zu, wie der »Haarstylist« mir auf einen Streich – ritsch, ratsch – den Pferdeschwanz abschnitt. Zur Erinnerung habe ich mich mit meiner lockigen Mähne in der Hand fotografieren lassen. Danach machte sich der Figaro ans Werk und verpaßte mir einen kurzen, modischen Haarschnitt für Paris. Ich fand, es sah himmlisch aus!

In Paris vergaß ich mein Äußeres über den Vorbereitungen auf das Turnier. Ich hatte die offenen Meisterschaften von Frankreich im Vorjahr gewonnen und wollte unbedingt an meine alte Spitzenleistung anknüpfen. Die erste Turnierrunde schaffte ich mit links, und im Halbfinale trat ich gegen Gabriela Sabatini an. Ich schlug sie 6:4 und 6:1, ein klarer Sieg. Ich war nicht nur in Topform, sondern auch mental gerüstet, es im Finale mit Steffi Graf aufzunehmen.

Doch ich hatte die Rechnung ohne den Wirt gemacht. Steffi verlor im Halbfinale 6:0 und 6:2 gegen Arantxa Sanchez-

Vicario. Bei den French Open schien Steffi irgendwie vom Pech verfolgt zu sein: die Matches in Paris, bei denen sie seit 1982 gesiegt hat, kann man an einer Hand abzählen. Arantxa und ich bestritten also das Finale, das ich in zwei Sätzen, 6:3 und 6:4, gewann. Damit war ich seit Bestehen der offenen Meisterschaften die dritte Spielerin, die im gleichen Kalenderjahr die French und Australian Open gewann.

Ich freute mich wie eine Schneekönigin, weil ich zum zweiten Mal in Folge die French Open gewonnen und gute Aussichten hatte, in Wimbledon wieder ins Endspiel zu kommen. Meine Tenniskarriere machte Riesenfortschritte, und ich hatte das Gefühl, daß mich nichts und niemand aufhalten könne. Nur ein Wermutstropfen trübte diese Freude: eine schmerzhafte Schwellung am linken Schienbein. Aber die Verletzung würde ausheilen, wenn ich das Bein nach den French Open schonte – dachte ich. Leider hatte ich mich getäuscht, sie wurde immer schlimmer. Als ich meine Laufschuhe anzog, um joggen zu gehen, spürte ich die Schmerzen wie glühende Nadelstiche bis zur Leiste hinauf.

Das schlimmste war, daß ich mir die Sache ganz allein zuzuschreiben hatte. Ich war in den letzten Wochen auf Asphalt gelaufen, um abzuspecken. Der harte Boden, der die Stöße nicht abfedert, ist Gift für Schienbein und Gelenke. Und zu allem Überfluß hatte ich im Halbfinale mit dem Schläger auch noch versehentlich mein linkes Bein getroffen, was das Problem verschlimmerte.

Ich ging zu Dr. Steadman, einem namhaften amerikanischen Orthopäden, der sich anläßlich der French Open in Paris aufhielt. Er riet mir dringend, mein Bein zu schonen; sobald die Entzündung abgeklungen sei, könne ich auch in Wimbledon spielen. Ich flog nach Florida zurück, um eine Ruhepause einzulegen. Eine Woche verging, doch an der Schwellung änderte sich nichts. Das Bein tat inzwischen schon bei der leisesten Berührung weh. Trotzdem setzte ich mich nicht mit der WTA in Verbindung, um Wimbledon abzusagen. Ich würde die Zähne zusammenbeißen und spielen, koste es, was es wolle. Der Gedanke, ein Grand-Slam-Turnier als Zuschauer vor dem Fernsehgerät zu erleben, meine Fans und mich selbst zu enttäuschen, war mir unerträglich. Ich flog nach Vail, Colorado, um die Verletzung in Dr. Steadmans Klinik untersuchen und behandeln zu lassen. Vielleicht kannte er ja ein Wundermittel, um mein Bein rechtzeitig auszuheilen. Zu diesem Zeitpunkt wäre ich nie im Leben auf die Idee gekommen, daß es nicht mit ein paar Schlagzeilen in den Zeitungen getan sein würde, wenn ich Wimbledon absagte. Ich hatte nie begriffen oder akzeptieren können, daß sich die Medien von dem Augenblick an, als ich an die Spitze der Weltrangliste vorrückte, für jeden Schritt und jede meiner Entscheidungen, auch im privaten Bereich, brennend interessierten.

Mein Bruder begleitete mich nach Vail. Er war dabei, als ich versuchte, mittels Krankengymnastik das Bein zu bewegen; er sah, wie die Schmerzen immer schlimmer wurden, denn in Wirklichkeit hätte die Verletzung durch Ruhe und nicht durch Bewegung auskuriert werden müssen.

Schließlich konnte er es nicht mehr mit ansehen. »Monica, das bringt doch alles nichts«, schimpfte er. »Du wirst eine Zeitlang kürzertreten müssen, bis die Verletzung ausgeheilt ist.«

»Ich werde noch mehr Krankengymnastik machen. Bestimmt kann ich dann spielen«, entgegnete ich.

Ich befand mich in einem Zwiespalt. Einerseits wollte ich in Wimbledon unbedingt auf dem Centre Court stehen. Ich hatte mir fest vorgenommen, Steffi Graf nachzueifern und die zweite Spielerin zu werden, die innerhalb von drei Jahren den Grand Slam gewann – die offenen Meisterschaften von Australien (Melbourne), Frankreich (Paris), England (Wimbledon) und den USA (Flushing Meadows). Nur einer kleinen, handverlesenen Gruppe von Frauen war dies in der Geschichte des Tennissports jemals gelungen. Doch andererseits wußte ich, daß es aufgrund der Verletzung einfach blanke Unvernunft war, in Wimbledon anzutreten.

Zoltan rief meine Managerin, Stephanie Tolleson, an; er erzählte ihr, wie schwer es mir fiel, eine Entscheidung zu treffen, und riet ihr, die Meldung für Wimbledon zurückzuziehen, weil das Turnier näherrückte. Stephanie rief mich daraufhin an, und ich flehte sie an, noch zu warten. Ich wollte die Realität meiner Situation einfach nicht wahrhaben. Drei Tage bevor das Turnier im Juni begann, schlug Zoltan meiner Managerin vor, in einer Presseerklärung bekanntzugeben, daß ich »wegen einer Verletzung infolge eines kleinen Unfalls« die Teilnahme an Wimbledon absagen müsse.

Mein Marktwert für die Regenbogenpresse erreichte plötzlich schwindelerregende Höhen. Ich befand mich noch immer in Vail zur Physiotherapie, doch die Revolverblättchen titelten, ich sei schwanger! Na, was die alles wissen, dachte ich, die stellen mein Leben wesentlich aufregender dar, als es in Wirklichkeit ist. Eine Publikation verstieg sich sogar zu der Behauptung, Yonex habe mir eine Million US-Dollar geboten, wenn ich *nicht* beim Grand Slam mitmachen würde! Die Meldungen übertrafen sich gegenseitig an Abenteuerlichkeit und waren an den Haaren herbeigezogen. Tatsache ist, daß ich in Vail eine Physiotherapie machte, um die ersten Symptome einer Fraktur zu kurieren, die durch Überbeanspruchung entstanden war, und die Presse spielte total verrückt! Ich war nicht untergetaucht, sondern konzentrierte mich ausschließlich darauf, meine Verletzung zu behandeln, um irgendwann überhaupt wieder spielen zu können! Ich erfuhr von dem Presserummel erst, als Zoltan nach Vail kam und es mir erzählte.

»Warum hätte ich beim Wimbledon-Turnier freiwillig einen Rückzieher machen sollen?« fragte ich meinen Bruder entrüstet. »Warum saugen die sich solche Geschichten aus den Fingern?«

»Und außerdem geht es sie überhaupt nichts an«, erwiderte Zoltan. »Du hast gegen keine Regel verstoßen.« Er war außer sich vor Wut über die Art und Weise, wie die Presse, und vor allem die Londoner Boulevardblätter, seine kleine Schwester behandelten. Mein Vater versuchte, uns beide zu beschwichtigen. Er fand, es gäbe keinen Grund, sauer auf die Reporter zu sein. Er selbst war 35 Jahre lang Journalist gewesen und wußte, daß sie auf Sensationen versessen waren. »Das gehört einfach dazu, Monica«, erklärte er.

Ich stand schon immer auf Kriegsfuß mit der Londoner Regenbogenpresse. Die seriösen Zeitungen und Zeitschriften beschäftigen die besten Reporter der Welt und sind dafür bekannt, daß sie ihre Aufgabe gründlich erledigen. Doch die englischen und internationalen Boulevardblättchen kennen oft keine Tabus, nichts ist ihnen heilig. Sie schreckten nicht einmal davor zurück, nach dem Attentat in Hamburg, auf der Jagd nach Fotos, im gemieteten Hubschrauber über mein Haus zu fliegen. Oder nach der schweren Krebsoperation meines Vaters unseren Müll zu durchwühlen und mit gezückter Kamera an der Außenseite der Mauer hochzuklettern, um einen Blick auf meine Familie zu ergattern.

»Dich zwingt niemand, auch nur ein Sterbenswort mit der Presse zu reden. Du bist ihnen keine Rechenschaft schuldig«, erklärte Zoltan. »Du bemühst dich schließlich nur, wieder gesund zu werden. Du kannst nicht Tennis spielen, ohne weitere Verletzungen zu riskieren. Wenn sie das nicht akzeptieren wollen, ist das ihr Problem.«

Die Revolverblättchen boten den Leuten sogar Geld für Informationen über meinen Aufenthaltsort an. Das »Kopfgeld« für ein Foto von mir lag bei 30 000 US-Dollar. Doch aus irgendeinem unerfindlichen Grund war niemand in der Lage, mich aufzuspüren. Wenn sie mir nicht unterstellt hätten, daß ich Märchen erzählte, und wenn sie nicht versucht hätten, alle möglichen Gründe für meinen Rückzug zu erfinden, wären sie von Anfang an draufgekommen, wo ich steckte. Es lag auf der Hand, daß ich meine Verletzung in einer Klinik behandeln ließ. Doch was mir selbstverständlich erschien, leuchtete dem Rest der Welt offenbar nicht auf Anhieb ein.

Ich muß mich nicht dafür rechtfertigen, daß ich in Wimbledon nicht antrete, sagte ich mir immer wieder. Ich bin verletzt, das ist ein legitimer Grund. Ich kann nicht spielen, Ende der Diskussion. Natürlich war das letzte Wort noch nicht gesprochen. Als die Reporter auch noch anfingen, Freunde meiner Familie zu belästigen, um ihnen Informationen zu entlocken, reichte es mir.

»Zoltan, ich muß mich direkt an die Medien wenden.«

»Du bist ihnen keine Erklärung schuldig.«

»Genau das ist der springende Punkt«, erwiderte ich traurig. »Bin ich doch.« Damals im Juni lernte ich meine Lektion: Ich mußte erkennen, daß ich als Nummer eins der Öffentlichkeit Rede und Antwort schuldig war. Wenn ich aus gesundheitlichen Gründen ein Turnier absagte, erwartete man von mir, daß ich zu einer Pressekonferenz erschien und gemeinsam mit den behandelnden Ärzten eine entsprechende Erklärung abgab. Die Medien sind für die Informationen der Tennisfans verantwortlich. Sie haben ein Recht darauf, die Wahrheit zu erfahren, weil sie den Tennissport insgesamt und mich im besonderen unterstützen. Trotzdem bin ich nach wie vor der Meinung, daß ich ein Recht auf Privatsphäre habe. 1993, als ich mich sowohl aus gesundheitlichen wie auch schwerwiegenden persönlichen Gründen vom Tennissport zurückzog, weigerte ich mich, der Presse einen Einblick in mein Privatleben zu gewähren. Manchmal ist man einfach nicht in der Lage, anderen seine geheimsten Gedanken und Gefühle zu offenbaren.

In der Woche nach Wimbledon war ich wieder soweit auf dem Damm, daß ich an einem Turnier in New Jersey teilnehmen konnte. Unglücklicherweise beraumte der Promoter eine Pressekonferenz im großen Stil an und spannte mich als Zugpferd vor den Karren, um für den Pathmark Tennis Classic, einen Wettbewerb in Mahwah, New Jersey, die Werbetrommel zu rühren. Nach seiner Ansicht bot mir die Veranstaltung eine hervorragende Gelegenheit, zu erklären, wo ich in den letzten Monaten gesteckt hatte, doch in Wirklichkeit, weiß ich heute, ging es ihm lediglich um die Publicity. Vor der Begegnung mit der Presse drückte er mir noch ein T-Shirt in die Hand. Ich sah es mir nicht genauer an, denn es schien das gleiche zu sein, das er mir schon unmittelbar nach meiner Ankunft auf dem Flughafen gegeben hatte. Als ursprünglicher Aufdruck war zu lesen: »Rom, Paris, Wimbledon, Mahwah.« Auf dem neuen T-Shirt hieß es plötzlich: »Rom, Paris, Wimbledon, Mahwah« – wobei das Wort Wimbledon durchgestrichen war.

Die Pressekonferenz erwies sich als reinster Affenzirkus. Die Reporter fragten mich nach meiner vermeintlichen Schwangerschaft und den diesbezüglichen Versicherungsklauseln. »Tut mir leid, daß ich soviel Verwirrung ausgelöst habe«, sagte ich. »Die Wahrheit ist, daß ich Wimbledon wegen einer Prellung und beginnenden Fraktur des linken Schienbeins, verursacht durch Überbeanspruchung, absagen mußte.« Die Teilnehmer hatten wohl eine medienwirksamere Antwort erwartet, wie zum Beispiel, daß ich schwanger sei oder daß es am Yonex-Vertrag läge. Doch das war Unsinn. Warum hätte ich Wimbledon sausen lassen sollen, das prestigeträchtigste Tennisturnier der Welt, wenn es keinen absolut zwingenden Grund dafür gab?

Erst als ich sämtliche Gerüchte zum Schweigen gebracht hatte, stellten die Journalisten Fragen über meine Verletzung und die Physiotherapie. Nach Beendigung der Pressekonferenz hielt ich das T-Shirt des Veranstalters für die Fotografen hoch. Daraufhin wurde ich mit einem weiteren Sperrfeuer von Fragen bombardiert. Wenn mir bewußt gewesen wäre, daß die neue Aufschrift auf dem T-Shirt die Schlußfolgerung nahelegte, ich wolle mich über Wimbledon lustig machen, hätte ich mich nie darauf eingelassen, für Mahwah zu werben. In den folgenden Wochen ging die Presse hart mit mir ins Gericht.

Und wieder war es an mir, mich zu rechtfertigen. »Tut mir leid, ich habe mir den Aufdruck auf dem T-Shirt vorher nicht genau angesehen«, beteuerte ich immer wieder. Ich nahm mir fest vor, nie wieder mit einem T-Shirt oder irgendeinem Firmensignet in der Hand zu posieren. Ich erkannte, daß jeder seine eigenen, oft verborgenen Ziele verfolgt, und nicht alle haben dabei wohl meine Interessen im Blick. Ich bin mir sicher, daß der Promoter zur letzteren Kategorie gehörte.

Ich dachte, daß sich der Staub, den die Mahwah-Affäre aufgewirbelt hatte, bald wieder legen würde. Doch ich sollte mich getäuscht haben.

23

Ende Juli ging ich wieder auf Tour. Die letzten Monate waren nervenaufreibend gewesen, was sich auch an meinem Spiel bemerkbar machte. Ich nahm an einem Turnier in San Diego teil und wurde von Jennifer Capriati kaltgestellt. Als die US Open näherrückten, begann ich mir ernsthafte Sorgen über meine Leistungen zu machen. In Flushing Meadows hofften Presse und Fans gleichermaßen auf ein Duell zwischen Graf und Seles im Finale. Meine Hoffnungen beschränkten sich darauf, weitere Kontroversen in der Öffentlichkeit zu vermeiden und gutes Tennis zu spielen.

Meine Leistungen waren nicht die schlechtesten. Ich erreichte problemlos das Halbfinale und gab in den ersten fünf Runden nur einen einzigen Satz ab. Das Halbfinale stand als letztes Spiel des Tages auf dem Programm. Die Siegerin würde am nächsten Tag wieder auf dem Platz stehen, um das Endspiel zu bestreiten. Eine richtige Ochsentour. Wenn das Spiel lange andauert und einem alle Kraftreserven abverlangt, kann man schwerlich in weniger als zwanzig Stunden wieder frisch und voller Tatendrang sein. Doch daran verschwendete ich an diesem Nachmittag keinen einzigen Gedanken. Ich stand Jennifer Capriati gegenüber, die mich erst im Vormonat bei einem Turnier geschlagen hatte. Angesichts dieses Ergebnisses war mein Selbstvertrauen an jenem Tag nicht sehr groß.

Die Tribünen waren zum Bersten voll, und die Zuschauer machten fast alle Stimmung für Jennifer. Damals war sie das Hätschelkind im Tennissport und bereits auf der Titelseite von *Sports Illustrated* abgebildet gewesen. Jennifer war jung, hübsch und Amerikanerin, was ihr im Halbfinale der US Open natürlich einen Heimvorteil bescherte. Es fiel mir nicht leicht, auf den Platz hinauszugehen, während die Mehrheit der Zuschauer Jennifer anfeuerte. Ich konnte es verstehen, doch leicht wegzustecken war es nicht.

Das Spiel verlief ziemlich einheitlich. Lange, ungeheuer harte Schläge von der Grundlinie, endlose Ballwechsel, wir spielten, was das Zeug hergab. Ich gewann den ersten Satz 6:3, Jennifer den nächsten mit 3:6. Unentschiedener Stand, 1:1, zu Beginn des dritten, letzten Satzes – das Kräftemessen ging weiter. Jennifer hatte zwei Chancen, ihren Aufschlag durchzubringen und das Spiel zu gewinnen, die sie beide Male versiebte. Ich kämpfte, bis es sechs beide stand: Tie-Break. Bis zum achten Punkt konnte keine von uns ihren Aufschlag durchbringen. Danach zog ich davon und gewann den dritten Satz in einem 7:3-Tie-Break.

»Toll gespielt«, gratulierte ich Jennifer, als wir uns die Hände reichten. Sie lächelte und nickte.

Ich ging unverzüglich zu den wartenden Reportern hinüber und brachte das vertraute Frage-und-Antwort-Spiel hinter mich. Ich wollte das Stadion schnellstmöglich verlassen und nach Hause, um mich auszuruhen. Martina Navratilova hatte Steffi Graf im Halbfinale 7:6 (7:2), 6:7 (6:8) und 6:4 geschlagen, was bedeutete, daß sie morgen im Endspiel meine Gegnerin sein würde. Wenn der Punktestand in den Halbfinalspielen ein Leistungsbarometer war, schien sie derzeit groß in Form zu sein. Ich brauchte in dieser Nacht meinen Schlaf.

Im Hotel sah ich mir noch die Zusammenfassung der Spiele des Tages an, um nach der nervlichen Anspannung langsam zur Ruhe zu kommen. Erst jetzt bemerkte ich, wie abgrundtief enttäuscht Jennifer nach unserem Halbfinalspiel gewesen war. Tränen rollten ihr übers Gesicht, als sie ihre Tasche zusammenpackte und den Platz verließ. Ich konnte sie gut verstehen; an ihrer Stelle hätte ich genauso reagiert. Für Jennifer war der Sieg in greifbarer Nähe ... der Ausgang unseres Spiels war völlig offen gewesen. Es tat mir schrecklich leid, daß sie so traurig war, doch ich konnte nicht lange darüber nachgrübeln, weil ich für die nächste Herausforderung gerüstet sein mußte. Insgesamt kann man nur wiederholen, was ich mir nach jeder bitteren Niederlage sage: Davon geht die Welt nicht unter. Es ist nur ein Spiel.

Tie-Break! Warum schon wieder, Monica, fragte ich mich, als Martina und ich uns anschickten, den ersten Satz in der Endrunde der US Open miteinander auszufechten. Alles, woran ich denken konnte, war, daß ich dieses Mal vielleicht keine so glückliche Hand haben würde wie bei Jennifer. Mach schon, Monica, trieb ich mich selber an, dieses Mal mußt du deine Aufschläge durchbringen. Ich gewann den Tie-Break des ersten Satzes mit 7:1.

Im ersten Spiel des zweiten Satzes lag ich 0:40 im Rückstand, als ich hörte, wie mich Bürgermeister Dinkins auf der Tribüne anfeuerte. Er gab mir meinen Kampfgeist zurück, und schließlich gewann ich den zweiten Satz mit 6:1. An diesem Nachmittag spielte ich Tennis vom Feinsten, und ich hatte nur fünf fehlerhafte Aufschläge, Martina hingegen 26. Aber noch wichtiger war, daß ich zum ersten Mal die US Open gewonnen hatte. Nach meinen Leistungen im Vorjahr hätte ich es nie für möglich gehalten, hier einmal auf dem Siegertreppchen zu stehen. Die Tatsache, daß ich mir 1991 drei der vier Grand-Slam-Pokale holen konnte, ging mir runter wie Öl. Es war ein unglaubliches Hochgefühl.

Die Medien waren die ersten, die auf den Wermutstropfen im Grand-Slam-Sieg hinwiesen. »Wäre Monica in Wimbledon dabeigewesen, hätte sie die Chance gehabt, sich den drei Tennisgrößen Maureen Connolly, Margaret Smith und Steffi Graf hinzuzugesellen, denen das seltene Bravourstück gelungen ist, innerhalb eines Jahres die vier wichtigsten Turniere zu gewinnen«, hieß es. »Jetzt wird sie nie wissen, ob sie imstande gewesen wäre, sich den Grand-Slam-Titel zu holen.«

Sie hatten natürlich recht. Ich würde es nie wissen. Doch an meiner Verletzung war nichts zu ändern. Hätte ich es in Wimbledon dennoch versucht, wären meine Siegeschancen verschwindend gering gewesen. Wenn ich gewonnen hätte, wäre meine Verletzung noch schlimmer geworden; ich hätte auf alle weiteren Turniere in jener Saison verzichten müssen, vielleicht sogar auf meine Zukunft im Profitennis überhaupt. In allen vier Grand-Slam-Turnieren siegen kann man nur, wenn man mit unglaublicher Beständigkeit Tennis von Spitzenformat spielt. Deshalb haben nur drei Frauen in der Geschichte des Tennissports diese Glanzleistung zuwege gebracht. Vielleicht werde ich irgendwann die vierte sein. Oder auch nicht.

Trotz aller Spekulationen war der Sieg bei den US Open einer der schönsten Augenblicke meines Lebens. Gute Leistungen im Tennis zu bieten ist mir ungeheuer wichtig. Noch wichtiger ist es jedoch, nicht zu vergessen, daß es mit dem Hochleistungssport irgendwann vorbei ist. Ich möchte danach ohne physische Schäden, die durch unvernünftiges Training, zu viele Turniere und zu großen Ehrgeiz verursacht wurden, weiterleben.

Im September flog ich nach Tokio zu den Nichirei International Ladies Championships, einem der Glanzlichter des internationalen Damentennis. Dieses Mal fiel ich nicht wegen einer Verletzung aus, und es gelang mir, Mary Joe Fernandez im Finale zu besiegen. Was mir an diesem Turnier besonders gut gefiel, war die Tatsache, daß die Gewinnerin keinen Pokal, sondern einen wunderschönen Anhänger erhielt. Der Sponsor ist ein großer Konzern, der nichtalkoholische Getränke mit Kirschgeschmack herstellt. Den Anhänger schmückte ein Rubin in Form einer Kirsche. Er war traumhaft schön, und jedesmal, wenn ich ihn trage, denke ich an Tokio und die herrliche Zeit während des Turniers zurück.

Als ich in die USA zurückkehrte, war es bereits November, und die Virginia Slims Championships standen vor der Tür. Bei diesem von der gleichnamigen Zigarettenmarke gesponserten Turnier stand ich Martina Navratilova im Halbfinale gegenüber. Martina ist eine großartige Spielerin, vielleicht die Beste, die es im Tennis je gab. Vor jeder unserer bisherigen Begegnungen war ich unglaublich nervös gewesen. Sie deckt mit ihren Schlägen einen so unglaublich breitgefächerten Radius ab, daß ihre Gegnerin in der Lage sein muß, ihre Passierbälle genau einzuschätzen.

Das Finale im Slim-Turnier 1991 war hart. Ich gewann den ersten Satz 6:4; Martina lief danach zu ihrer vollen Stärke auf und gewann den nächsten 3:6, was bedeutete, daß wir mindestens zwei weitere Sätze spielen mußten. Der dritte ging mit 7:5 knapp an mich. Zu diesem Zeitpunkt fühlte ich mich stark, mein Selbstvertrauen wuchs, und den vierten Satz holte ich mir mit 6:0. Nach diesem Sieg war ich die siebte Spielerin, die mehr als zehn Turniere in einem einzigen Jahr gewann.

Für mich war es ein hervorragendes Jahr gewesen. Ich hatte an Selbstvertrauen gewonnen, genug, um Druck standzuhalten und gegen eine Gegnerin der Spitzenklasse mit dem Wissen anzutreten, daß ich zu Recht mit ihr auf dem Tennisplatz stand.

Auch mir unterliefen in jenem Jahr natürlich einige Fehler: daß ich mich wegen Wimbledon nicht sofort und direkt an die Medien gewandt hatte, war einer gewesen, Mahwah ein anderer. Doch ich hatte auch eine Menge gelernt. Wenn dich die Medien erst mal auf dem Kieker haben, gibt man dir keine Chance, einen Schnitzer wettzumachen. Die Presse würde mich nie wieder mit Samthandschuhen anfassen, soviel war klar. Vielleicht lag das nicht zuletzt daran, daß ich inzwischen achtzehn und somit volljährig war.

Trotzdem haben mir Pressekonferenzen und Interviews immer Spaß gemacht, daran hat sich bis zum heutigen Tag nichts geändert. In Interviews lernen die Fans eine Seite von mir kennen, die auf dem Tennisplatz nicht zum Vorschein kommt. Außerdem bietet sich mir die Gelegenheit, gute Beziehungen zu Mitgliedern der Presse aufzubauen.

Lektionen einzustecken gehört zum Leben, und 1991 lernte ich, mit der Presse auszukommen. Leider muß man bisweilen viel Lehrgeld bezahlen, und 1993 erkannte ich, daß mir aus allen möglichen Dingen ein Strick gedreht werden konnte ... einschließlich des Bemühens, ein gutes Match zu liefern. Und daß ein Mann, der mental eindeutig aus der Bahn geraten war, mich vor zehntausend Zuschauern umzubringen versuchte, Drohbriefe an andere Sportlerinnen verfaßte und seine krankhafte Verehrung für Steffi Graf in Briefen dokumentierte, ungestraft davonkommen konnte.

24

Die folgenden Briefe wurden von Günther Parche an die deutsche Sportlerin Heike Drechsler, an Frau Graf und an Steffi Graf geschrieben. Sie waren Teil der Polizeiakte, die über Günther Parche zusammengetragen wurde.

*»An Heike Drechsler,
bis heute hatte ich eine ziemlich hohe Meinung von Ihnen. Für mich gehörten Sie zu den fünf besten und beliebtesten Sportlerinnen, die Deutschland derzeit hat. Nun bin ich indessen zutiefst enttäuscht und gekränkt. (Siehe ›Neue Revue‹ Nr. 40 vom 25. September 1992.) Ich habe sie nur deshalb gekauft, weil ich dachte, die Radioleute hätten sich einen schlechten Scherz erlaubt! Ich werde nicht zulassen, daß irgend jemand Stefanie Graf mit einem hirnlosen Affen aus Leimen in Verbindung bringt, der nicht einmal richtig Deutsch sprechen kann und in die Hamburger Hafenstraße oder besser noch mit Tiriac nach Rumänien abhauen sollte.*

Es ist sehr gut möglich, daß einige Fußballspieler zuviel verdienen (dagegen sollte man etwas unternehmen!). Stefanie Graf ist die einzige Person, die ihre Millionen ehrlich verdient hat (ich würde ihr mit Freuden jeden Pfennig schenken, den ich besitze). Sie ist die schönste und wunderbarste Frau auf der Welt. Für Stefanie würde ich durchs Feuer gehen. Millionen Menschen in aller Welt verehren und lieben diese schöne junge Frau. Das Mädel hat uns der Himmel geschickt. Stefanies kleiner Finger ist mehr wert als zehn Worte von Ihnen.

Das sollte Sie nachdenklich stimmen! Jetzt wissen Sie, daß Sie einen Fehler gemacht haben. Ich führe ihn auf jugendlichen Überschwang zurück.

Jeder, der es wagt, Stefanies Ruf und Ehre auch nur anzutasten, muß mit schwerwiegenden Konsequenzen rechnen.

Aus den neuen Bundesländern«

*»Liebe Frau Graf,
ich habe eine kleine Bitte. Ihre ›heißgeliebte‹ Tochter hat am 14. Juni Geburtstag. Ich lege 50.– DM bei. Könnten Sie ihr bitte vierundzwanzig (es müssen vierundzwanzig sein) Rosen kaufen? Ich bin sicher, die schönste Sportlerin aller Zeiten wird sich sehr darüber freuen. Vielen Dank im voraus!*

Wir alle lieben und verehren Ihre Tochter! Einige Dinge, die Stefanie von den anderen unterscheiden, sind ihr unwiderstehlicher Charme, ihre hochgradige Intelligenz, ihre Natürlichkeit, sie ist eine Traumgestalt mit ihren wunderschönen langen Haaren. Sie hat Augen wie zwei Diamanten usw. Ich könnte ein ganzes Buch darüber schreiben. Für mich ist Stefanie ein Geschenk des Himmels an die gesamte Menschheit, ein Vorbild in jeder Weise. Es wird nie wieder jemanden wie sie geben.«

»Liebe Stefanie,
wie Du sehen kannst, lege ich ein paar Mark bei. Ich hätte Dir wirklich liebend gerne ein Geburtstagsgeschenk mit diesem Brief geschickt. Aber ich war der Ansicht, das sei zu riskant. Ich wäre sehr froh, mein Liebling, wenn Du Dir dafür eine Halskette oder etwas in der Art kaufen würdest. Es würde Dich dann bei jedem Spiel als ein Symbol der unzertrennlichen Freundschaft zwischen Stefanie und ihren Fans begleiten.

Die Idee kam mir, als ich erfuhr, daß Deine persönliche Habe in Brighton gestohlen wurde. Mein Geschenk ist daher auch als kleines Trostpflaster gedacht.

Ich wünsche Dir im voraus alles Liebe und vor allem Gesundheit zu Deinem Geburtstag und weiterhin viel Erfolg in Deiner sportlichen Laufbahn.

Auf immer, in Freundschaft«

25

Es spielte für den Prozeßausgang keine Rolle, daß Parche gemeingefährlich war. Am 13. Oktober 1993 wurde er wegen Körperverletzung zu einer Freiheitsstrafe von zwei Jahren auf Bewährung verurteilt, nachdem er sich im Sinne der Anklage für schuldig erklärt hatte. Urteil und Strafmaß waren ein Hohn, wenn man bedenkt, daß es sich um einen kaltblütigen Mordversuch handelte.

Kurz nach der Urteilsverkündung beschloß ich auf Anraten meines Anwalts, in die Berufung zu gehen. Es würde also ein zweites Gerichtsverfahren geben. Wenn es einen Fehler in der Rechtsanwendung gegeben hatte, drohte Parche in der Revision eine Gefängnisstrafe. In zweiter Instanz würden die deutschen Gerichte, da war ich mir sicher, ein Zeichen setzen, daß man nicht gewillt war, ein Attentat auf einen ausländischen Besucher ungestraft hinzunehmen. Diese Genugtuung würde ein erster Schritt sein, um das schreckliche Erlebnis seelisch zu verkraften.

Im November 1993 setzte ich mein Training mit Bob Kersee fort. Mein Körper befand sich ständig am Rande seiner Leistungsgrenzen, aber ich biß die Zähne zusammen und machte weiter. Ich konnte nicht aufhören. Seit dem Urteilsspruch litt ich zunehmend unter Schlafstörungen, und ich mußte mich immer mehr anstrengen, um mich bis zum Umfallen zu verausgaben und nicht mehr denken zu müssen.

Ich gab mir die größte Mühe, meinen Eltern zu verheimlichen, daß es mir schlechtging. Ich wollte nicht, daß sie sich Sorgen machten. Rückblickend weiß ich, daß ich Angst hatte, Schwäche zu zeigen. Auf dem Tennisplatz wirke ich für viele wie ein Mensch, der hart im Nehmen ist. Selbst wenn ich mich in einem Spiel mit 4:0 im Rückstand befinde, lasse ich mich nicht unterkriegen und greife wieder voll an. Parche hatte mir gezeigt, daß ich verwundbar war. Das ist alles meine Schuld, es liegt nur an mir, dachte ich. Warum habe ich mich nicht gewehrt? Er war mit dem Messer auf mich losgegangen, hatte mir die Möglichkeit genommen, Profitennis zu spielen, und nun gelang es ihm auch noch, mich seelisch zu zermürben.

Mein Vater dachte, ich würde mich endlich auf dem Weg der Genesung befinden und stünde kurz davor, das Trauma zu überwinden. Er selbst hatte seit seiner Prostata-Operation gute Fortschritte gemacht. Zum ersten Mal seit Monaten begann er, nicht ständig an das Damoklesschwert über seinem Haupt zu denken. Bevor wir uns versahen, war es Zeit für die Nachuntersuchung in der Mayo-Klinik. Meine Mutter begleitete ihn auf dem Flug nach Rochester, und Zoltan und ich blieben in Florida.

Als das Telefon zwei Tage später läutete, konnte ich an der Miene meines Bruders ablesen, daß es eine Hiobsbotschaft war.

»Was ist, Zoltan?« flüsterte ich, während er mit meinen Eltern am Telefon sprach. »Ich möchte auch noch mit ihnen reden ... was ist los?« Er gab mir den Hörer nicht. Statt dessen beendete er das Gespräch und legte auf.

»Sie haben wieder einen Tumor bei Vater gefunden«, sagte er, als wir uns in der Küche gegenübersaßen.

»Einen neuen an der Prostata?«

»Nein, den haben sie beim Eingriff erwischt. Magenkrebs. Wahrscheinlich haben sich in einer der beiden Nieren Metastasen gebildet. Wenn ja, müssen sie wieder operieren.«

»Zugegeben, das sind keine guten Neuigkeiten, aber er hat den letzten Eingriff gut überstanden und den Krebs besiegt. Er wird es auch dieses Mal schaffen.«

»Dad weigert sich, in die Operation einzuwilligen. Er will das Leben nehmen, wie es kommt, auch wenn seine Tage gezählt sind.«

»Was heißt das?«

»Daß er dieses Mal nicht gegen die Krankheit ankämpfen wird«, erklärte Zoltan ruhig.

»Nein!« Ich schnappte mir das Telefon und wählte Vaters Nummer in der Mayo-Klinik. Die Stimme am anderen Ende der Leitung klang müde. »Dad, du mußt kämpfen«, beschwor ich ihn. »Wir alle haben in den letzten acht Monaten so viel durchgemacht. Du mußt positiv denken. Wir haben so hart gearbeitet, damit ich wieder ganz vorne mithalten kann – ich schaffe es nicht ohne dich. Ich brauche dich, wer soll mir denn sonst helfen, an meine alten Leistungen anzuknüpfen? Du bist der einzige, der mich motivieren und mir meinen alten Kampfgeist zurückgeben kann!«

Mein Vater willigte schließlich ein, sich operieren zu lassen. Ich war zutiefst besorgt, als ich auflegte. Das sah dem Mann, den ich mein Leben lang gekannt hatte, überhaupt nicht ähnlich. Mein Vater wirkte plötzlich kraftlos und ohne jeden Elan. Ich wäre am liebsten auf der Stelle nach Rochester geflogen, aber Dad hatte darauf bestanden, daß ich in Sarasota blieb und weiter mit Bob Kersee arbeitete. Zoltan flog in die Mayo-Klinik, und ich begann, doppelt so hart zu trainieren. Ich hielt es zu Hause einfach nicht aus. Ich wollte nicht dauernd an meinen Vater denken, der im Krankenhaus lag, oder an Parche, der sich auf freiem Fuß befand.

Zehn Tage später wurde mein Vater entlassen. Er war so bleich und mager, daß ich Angst hatte, ihn fest zu umarmen. Als er mir seine Narbe zeigte, erschrak ich zu Tode. Sie war deutlich sichtbar und zog sich von einer Körperseite zur anderen, wie bei einem Tier, das man ausweidet. Die Operation war erfolgreich gewesen; die Ärzte hatten einen riesigen Tumor entfernt, aber keine weiteren Metastasen in den Nieren gefunden. Dieses Mal verlief der Genesungsprozeß noch langsamer als vorher.

Es tat mir in der Seele weh, meinen Vater leiden zu sehen. Ich hätte ihm mit Freuden die Schmerzen abgenommen. Unsere Familie war im vergangenen Jahr durch die Hölle gegangen. Der Krebs war das letzte, was wir brauchten. Und dennoch erinnerte mich die Krankheit an das, was wirklich wichtig ist im Leben. Ich hätte ohne mit der Wimper zu zucken gelobt, nie wieder einen Tennisschläger in die Hand zu nehmen, wenn es mir damit gelungen wäre, den Krebs ein für allemal zum Stillstand zu bringen. Wie sich herausstellen sollte, war mein

Comeback eines der Dinge, an die er sich klammerte, als er kurz davor stand, sich selbst aufzugeben. Die Tatsache, daß ich ihn brauchte – als Trainer und als Vater –, während ich versuchte, das Trauma des Attentats zu bewältigen, bestärkte ihn in dem Entschluß, doch noch seine gesamten Kraftreserven zu mobilisieren und gegen den Krebs anzukämpfen.

Anfang Dezember kehrten Bob Kersee und Jackie über die Weihnachtsfeiertage nach Hause zurück. Ich beschloß, eine Trainingspause von einer Woche einzulegen. Ich konnte nicht ahnen, wie dornig der Weg von der mentalen Bewältigung des Angriffs bis zur Revisionsverhandlung sein würde. Was nun geschah, war ein Prozeß, der mich am Boden zerstörte, aber unerläßlich war, um wieder zu mir selbst zu finden.

26

Anfang Dezember 1993 hatte ich wieder Alpträume. In den meisten Nächten sah ich die Szene in Hamburg vor mir, als sei es gestern gewesen.

Ich ging auf den Platz hinaus, und das Spiel begann. Jedesmal, wenn ich zu den Tribünen hinüberblickte, entdeckte ich Parches Gesicht. Einer Panik nahe, rief ich dem Schiedsrichter zu: »Bitte veranlassen Sie, daß der Mann das Stadion verläßt, er hat mich schwer verletzt!« Der Schiedsrichter drehte sich um und musterte die Zuschauermenge. Als er sich wieder umdrehte, starrte Parches Gesicht vom Stuhl zu mir hinunter. Parche, der mich angrinste unter der Arthur-Ashe-Baseballkappe, die er an jenem Tag getragen hatte, als er mich beim Training beobachtete. An dem Tag, bevor er mit dem Messer auf mich losging.

Ich lief zur Box meiner Eltern hinüber und bat sie, dafür zu sorgen, daß er verschwand. Sie würden mich beschützen, aber ihre Plätze waren leer. Und dann spürte ich wieder den bohrenden Schmerz in meinem Rücken. Ich fiel zu Boden und blickte hoch, mitten in Parches hämisches Gesicht. Ich versuchte zu schreien, aber kein Laut drang über meine Lippen.

Ich drehte den Kopf zur Seite und sah, daß meine Gegnerin zum Aufschlag ausholte. »Ich habe einen Messerstich im Rükken, das Match muß unterbrochen werden«, rief ich schluchzend. Meine Stimme klang angespannt und hohl. Der Ball landete im Aufschlagfeld.

Der Schiedsrichter verkündete: »Punkt Maleeva.« Dann fügte er hinzu: »Frau Seles, wenn Sie nicht sofort auf Ihren Platz zurückkehren, muß ich Sie verwarnen.«

»Ich kann nicht, ich bin schwer verletzt. Wieso nimmt niemand Notiz davon?« Ich hatte einen Kloß im Hals, und ich sprach mit krächzender Stimme. Dann kehrte mein Blick zu Parche zurück: Er hob die Arme, um ein zweites Mal zuzustechen. Ich konnte deutlich die gebogene Klinge des Messers erkennen, in der sich die Nachmittagssonne spiegelte, und spürte, wie sie sirrend durch die Luft schnitt, gleich würde sie meinen Körper berühren. Ich schrie gellend auf und schrie und schrie...

»Monica, wach auf, es ist nur ein Traum, aufwachen.« Meine Mutter rüttelte mich. »Bitte wach auf!« Nacht für Nacht der gleiche Alptraum. Ich schrie im Schlaf und erwachte, in kalten Schweiß gebadet, während sich meine Mutter über mich beugte, mit erschrockenem Blick.

Der Schrei hallte in meinem Kopf wider, doch ich beruhigte meine Mutter und sagte, es sei alles in Ordnung. Ich bat sie, für den Rest der Nacht in meinem Bett zu schlafen, mich wie ein Baby in den Armen zu halten.

Es gab vieles, wofür ich dankbar sein konnte. Mein Vater erholte sich langsam wieder nach seiner zweiten Krebsoperation, ich wurde am 2. Dezember zwanzig, ein Geburtstag, den ich um ein Haar nicht mehr erlebt hätte, und meine Familie feierte gemeinsam Weihnachten. Ich selbst war in persönlicher Bestform, trotz der Entscheidung, das Training eine Woche sausen zu lassen.

Dazu kam, daß die Revision im Fall Parche von einem deutschen Gericht für zulässig erklärt worden war. Es würde also zu einer Wiederaufnahme des Falls kommen.

Warum fühlte ich mich dann emotional auf dem Nullpunkt? Wahrscheinlich hatte ich zuviel Zeit zum Nachdenken gehabt, seit die Kersees aus Sarasota abgereist waren. Das Training eine Woche lang zu unterbrechen war keine gute Idee gewesen; also wieder zurück in die Tretmühle. Aber ich war irgendwie nicht recht bei der Sache. Na komm schon, du wirst doch nicht schlappmachen, ermahnte ich mich mit wachsender Besorgnis. Aber schon wenige Minuten nach Trainingsbeginn warf ich das Handtuch. Mich körperlich zu verausgaben war meine beste Waffe gegen Depressionen und Ängste gewesen, die vom Attentat herrührten.

Es gab noch immer einige schöne Fleckchen Erde, die ich noch nie gesehen hatte und die ich per Flugzeug oder Auto erreichen konnte, um einmal völlig abzuschalten. Aber die Erschöpfung wog bleischwer in meinen Gliedern. Ich konnte mich einfach zu nichts aufraffen.

Ende Dezember fuhren wir für vier Tage nach Vail, damit sich Dr. Steadman meine Schulter ansehen konnte. Ich wollte fit werden und das Training wieder aufnehmen, denn ich hoffte, die körperliche Verausgabung und die Erschöpfung würden mir helfen, die Dämonen zu bekämpfen.

Als ich wieder zu Hause war, verschlimmerte sich die Situation noch. Ich geriet bei jeder Kleinigkeit in Rage. Statt vernünftig zu diskutieren, rannte ich davon und verkroch mich in meinem Zimmer, bis der Wutanfall vorüber war. Dann tat ich so, als sei nichts geschehen.

Ich las immer wieder das Protokoll von Parches Verhaftung, vertiefte mich in die Abschrift, bis ich sie auswendig konnte, beschäftigte mich mit seinem Brief an eine andere Sportlerin, deren achtlose Worte seinen Unmut erregt hatten, und mit den Zeilen an Steffi und ihre Mutter. Parche war ganz eindeutig ein Psychopath, und wie oft ich seine Aussagen bei der Vernehmung und die Briefe, in denen sich seine innersten Überzeugungen spiegelten, auch lesen mochte, ich konnte einfach nicht begreifen, warum er auf mich eingestochen hatte, und warum er immer noch frei herumlief.

Wie konnte Parche einen Menschen so hassen, daß er ihm ein Messer in den Rücken stieß? Immer wieder suchte ich nach einer Erklärung. Meine Gedanken kreisten unablässig um das Attentat, die Fragen, die damit verbunden waren, die Ängste. Ich sah jeden einzelnen Augenblick wieder vor mir, es war wie ein Film, den ich unter einem inneren Zwang abspulte. Ich verschlang gierig jedes Wort und jede Kleinigkeit, wie jemand, der eingesperrt ist, dem der Sauerstoff auszugehen droht und der verzweifelt die Luft anhält, bis sie schal wird ... bis sie sich in Gift verwandelt.

Ich begann, mich stundenlang in meinem Zimmer zu verkriechen, ich sah weder fern, noch hörte ich Musik, sondern saß nur reglos da und dachte über das Attentat nach.

»Monica, geh raus an die frische Luft«, ermahnte mich meine Mutter.

»Gleich«, erwiderte ich lächelnd.

Als ich aus Vail zurückkam, begann wieder das große Weinen. Anfangs war es mir nie gelungen, meine Tränen vor meiner Familie zu verbergen. Nun kniff ich mich – so fest ich konnte – jedesmal wenn die Welle der Gefühle über mir zusammenzuschlagen drohte.

Normalerweise hörte ich dann zu weinen auf, und wenn nicht, verließ ich unter einem Vorwand den Raum, lief ins Badezimmer, sperrte die Tür ab und hockte mich auf den weißen Marmorfußboden. Ich saß zusammengekauert da, die Arme um die Beine geschlungen, und ließ meinen Tränen freien Lauf. Danach wusch ich mir das Gesicht mit kaltem Wasser ab und kam wieder heraus, mit klaren Augen, lächelnd. Ich dachte, es wäre mir gelungen, jedermann zu täuschen, doch in Wirklichkeit täuschte ich mich selbst.

Ich konnte die Gegenwart von Fremden nicht mehr ertragen, die unbekannten Gesichter, Fans, die es gut mit mir meinten und ihr Mitgefühl bekundeten, mich aber in ein Häufchen Elend verwandelten. Ich hatte keine Lust mehr, Interviews zu geben, schottete mich ab, ließ die Rolläden in meinem Haus herunter. Ich zog nur noch dunkle, sackartige Kleider an.

27

»Comeback für Monica Seles bei den Australian Open 1994« lauteten Anfang Januar die Schlagzeilen: Zeitungsenten über meine Rückkehr ins Profitennislager, die auf Gerüchten basierten und aus unerfindlichen Gründen in Druck gegangen waren. Ich hatte nie behauptet, daß ich an den offenen Meisterschaften von Australien teilnehmen würde.

»Stephanie, das muß aufhören«, erklärte ich meiner Managerin am 5. Januar am Telefon. »Nach diesen Falschmeldungen stehe ich wie ein Idiot da, weil jeder glaubt, ich würde mich absichtlich vor den Turnieren drücken.« IMG schickte am Morgen des 6. Januar eine Mitteilung an die Presse raus, in der es eindeutig hieß, ich würde nicht an den Australian Open teilnehmen.

Der Tag war hart für mich. Wie ein Löwe im Käfig marschierte ich hin und her, wanderte im Haus unruhig von Raum zu Raum. Ich schaltete den Fernseher in meinem Zimmer ein und erwischte gerade noch den Rest eines Spezialreports – die Eiskunstläuferin Nancy Kerrigan war während einer Vorentscheidung für die Olympischen Spiele von einem Unbekannten im Stadion angegriffen und verletzt worden. Starr vor Entsetzen sah ich Nancy in Großaufnahme und wie sie auf dem Boden hinter der Bande lag und ihr Knie umklammerte. Sie schluchzte, während ihr Vater sie hochhob und eilends wegtrug, damit sie vom Notarzt versorgt werden konnte. In ihrem Gesicht spiegelten sich Schock und blankes Unverständnis.

Noch ein Verrückter! Das war alles, was ich denken konnte, als ich auf den Bildschirm starrte und die Nachricht hörte. Schon wieder war eine Sportlerin in ihrer eigenen Domäne einem tätlichen Angriff zum Opfer gefallen. Zu diesem Zeitpunkt war noch nichts über das Motiv bekannt, das den Täter bewogen hatte, Nancys Knie mit einer Eisenstange zu zerschmettern; niemand wußte, daß eine krankhaft ehrgeizige Rivalin und ihr Ehemann in die Affäre verwickelt waren.

Bis zu diesem Augenblick war es, als hätte niemand den Überfall auf mich ernst genommen und entsprechende Sicherheitsvorkehrungen getroffen. Nun hatte sich ein solcher Zwischenfall in ähnlicher Form wiederholt. Auf zwei Sportlerinnen war ein Angriff verübt worden, nicht persönlich bedingt, sondern weil sie talentiert, motiviert und entschlossen waren zu gewinnen. Jetzt werden die Verantwortlichen und hohen Sportfunktionäre endlich handeln, um uns besser vor solchen Zwischenfällen zu schützen, dachte ich. Wir waren beide mit dem Leben davongekommen, aber der Wiederholungseffekt würde vielleicht die Aufmerksamkeit der Medien wecken und unsere Sportverbände auf den Plan rufen.

An diesem Nachmittag rief Stephanie mich an und bat mich um einen Kommentar zu dem Angriff auf Kerrigan. Ich sagte ihr, daß ich in Gedanken bei Nancy sei und hoffe, man würde den Täter, der einen so sinnlosen, brutalen Anschlag verübt hatte, schnellstmöglich fassen. Das Statement wurde noch am selben Abend veröffentlicht.

»Monica Seles in Angst; verzichtet auf Teilnahme an Australian Open nach Angriff auf Kerrigan« titelten die Zeitungen am nächsten Morgen, ungeachtet der Tatsache, daß meine Pressemitteilung hinsichtlich Melbourne bereits einige Stunden vor der Bekanntgabe des Anschlags auf Nancy herausgegangen war, und ungeachtet der Tatsache, daß ich ohnehin nicht vorgehabt hatte, an den offenen Meisterschaften teilzunehmen.

Von nun an las ich keine Zeitungen mehr und sah auch nicht mehr fern. Ich gewöhnte mir an, einen langen Mittagsschlaf zu halten und mich dann in meinem Zimmer zu verkriechen, in denselben ausgebeulten Klamotten, die ich schon die ganze Woche getragen hatte. Ich legte mich auf die Couch und starrte den weißen Marmorfußboden an. Ich bemühte mich auch nicht mehr, meine Gefühle vor meinen Eltern zu verbergen, die mit wachsender Angst verfolgten, wie ich in eine abgrundtiefe Depression versank. Wenn sie versuchten, mich aufzumuntern und aus dem schwarzen Loch herauszuholen, begann ich zu weinen, bis sie es nicht länger ertragen konnten und das Thema wechselten.

Wenn ich nicht auf der Couch lag, plünderte ich den Kühlschrank in der Küche. Es spielte keine Rolle, *was* ich in mich hineinstopfte, Hauptsache, ich aß. Ich schleppte bergeweise Chips in mein Zimmer und hatte sie in Windeseile verputzt. Ich holte mir eine Familienpackung Eiscreme nach der anderen und löffelte unentwegt, bis mein Mund eiskalt und der große, rechteckige Karton leer war. Ich merkte nicht einmal, welche Geschmacksrichtung das Speiseeis hatte; Essen war für mich eine Ersatzbefriedigung geworden.

»Monica, so geht das nicht weiter«, ermahnte mich meine Mutter laufend. »Du ißt völlig unkontrolliert, stopfst wahllos alles mögliche in dich hinein. Du kannst nicht schon wieder Hunger haben, schließlich trainierst du ja nicht. Du hast Speck angesetzt, und du siehst blaß und ungesund aus.«

Ich schaffte es nicht, die Eßbremse zu ziehen. Essen war etwas, das mir niemand nehmen konnte. Als meine Mutter kein Eis und keine Dickmacher mehr heimbrachte, stand ich um fünf

Uhr morgens auf und startete einen ›Run‹ auf den Supermarkt. Zu diesem Zeitpunkt war dort nichts los, und ich konnte unerkannt kaufen, was mein Herz begehrte. Ende Februar hatte ich mehr als achtzehn Kilo zugelegt.

Den ganzen Februar über verkroch ich mich in meinem Haus. Manchmal riefen Stephanie oder Betsy Nagelsen an, oder ich saß stundenlang da und las immer wieder die Protokollabschriften der deutschen Polizei, oder ich weinte stundenlang. Die einzigen Konstanten in meinem Leben waren Essen, Angst und Niedergeschlagenheit. Mit zwanzig fühlte ich mich wie eine alte Frau. Soll das alles gewesen sein? fragte ich mich immer wieder. Kein richtiges Privatleben, und jetzt auch noch das Ende der beruflichen Karriere?

Die Presse interessierte sich gleichwohl unvermindert für mich. Daran änderte auch die Tatsache nichts, daß ich nicht mehr aktiv Tennis spielte und daß die Berichterstattung nichts mit jener Monica Seles zu tun hatte, die als Persönlichkeit des öffentlichen Lebens im Rampenlicht stand, sondern meine Privatsphäre verletzte.

28

Im Winter 1994 gab ich keine Interviews mehr. Da die Medien nicht mit mir sprechen konnten, schrieben sie über das einzige, worüber sie schreiben konnten – mein Domizil. Hubschrauber belagerten das Anwesen und fotografierten es, während sie über dem Rasen hinter dem Haus schwebten. Das Dröhnen der Maschinen riß meinen Vater immer wieder aus seinem schmerzerfüllten Schlaf, störte seine Genesung nach der Krebsoperation und bot meinen Angstvorstellungen neuen Zündstoff. Auf der Grundlage der Informationen, die sie von ihren Erkundungsflügen mitbrachten, zogen die Medien Schlußfolgerungen über mich, meine Familie und mein Leben.

Das Haus in Florida war im Juni 1992 bezugsfertig geworden. Eine meiner Forderungen an den Architekten war eine zwei Meter hohe Mauer gewesen, die das gesamte Grundstück umfrieden sollte. Da ich einen großen Teil meiner Zeit im Blickfeld der Öffentlichkeit verbrachte, sehnte ich mich nach ein wenig Privatsphäre. Viele andere Spitzenspielerinnen, einschließlich Steffi Graf, haben ihr Anwesen mit einer hohen Mauer vor neugierigen Blicken geschützt. Ohne diese Abschirmung wäre jedermann imstande gewesen, direkt bis zur Haustür vorzudringen. Die meisten Fans hätten sich dabei zwar nichts Böses gedacht, doch auch ich habe das Recht auf ein Privatleben, das ich unbehelligt im Kreis meiner Familie und Freunde verbringen möchte. Außerdem hatte ich mir einen Tennisplatz auf dem Areal bauen lassen, den ersten eigenen in meinem Leben. Dort wollte ich ungestört trainieren.

Nach dem Attentat nahm die Presse mein Haus ins Visier, auf der Suche nach Schlagzeilen. Sie verliehen ihm Festungscharakter: die Mauern waren angeblich drei Meter hoch, und überall gab es ihren Berichten zufolge versteckte Kameras, Alarmsysteme und hohe schmiedeeiserne Tore. Ich glaube, die Medien ärgerten sich darüber, daß ich mich in Schweigen hüllte, und wollten mich provozieren. Tatsache ist jedoch, daß mein Haus vor dem April 1993 errichtet wurde; nach Hamburg habe ich nichts daran verändern lassen.

Im Juli 1992 zogen wir dort ein. Während der Bauarbeiten waren wir vorwiegend in Europa herumgereist und hatten nicht viel Zeit gehabt, uns mit der Inneneinrichtung zu beschäftigen. Ich entschied mich kurzerhand für eine Gestaltung der Räume im französischen Kolonialstil, mit hohen Decken und Fenstern. In unserer Abwesenheit überließen wir dem Innenarchitekten die Wahl der Kücheneinbauten und -geräte, sogar die Grundrisse der Schlafzimmer hatte er entworfen.

Ein Detail der Ausstattung war jedoch meine eigene Idee: sämtliche Schubladengriffe, Wasserhähne und Haken sollten die Form eines Schwans haben. Mir gefallen die anmutigen Konturen der Schwäne, denn sie erinnern mich an ein Märchen. Als Kind wurde ich nicht müde, die Geschichte vom häßlichen Entlein zu hören, das sich in einen wunderschönen schneeweißen Schwan verwandelt. Wenn ich die Armaturen in Schwanenform ansah, dachte ich außerdem an meine Großmutter. In der Nähe ihres Hauses in Jugoslawien befand sich ein Weiher; sie nahm mich häufig auf Spaziergänge mit, wobei wir immer die Schwäne besuchten, die wir von einer Bank aus mit Brotkrumen fütterten.

Die Schwanenarmaturen waren handgearbeitet und daher sehr teuer. Wir hatten das Budget beim Bau des Hauses stark überzogen, so daß ich vom Ausmaß der zusätzlichen Kosten überhaupt keine Vorstellung hatte. Der Innenarchitekt löste das Problem, indem er Schwäne aus Chrom statt aus dem teureren Messing wählte. Trotzdem bekam ich einen Schrekken, als ich bemerkte, was sie kosteten. Wer ein Haus gebaut hat, weiß, daß die Kosten immer höher sind, als man denkt. Das nächste Mal kaufe ich gleich ein fertiges Musterhaus. Doch wie ich mich kenne, würde ich mir trotzdem Märchenarmaturen einbauen lassen.

Mein Domizil war nichts weiter als ein Haus und keine Festung, wie die Regenbogenpresse ihren Lesern weismachen wollte. Sie warfen alle bekannten Fakten in einen Topf – Kosten, Größe, Baustil und Design – und behaupteten, ich hätte mich in eine richtige Trutzburg zurückgezogen. In ihren Augen spielte ich die Prinzessin auf der Erbse, die sich hinter meterdicken Mauern verschanzt, damit sie so selten wie möglich, und nur wenn es unvermeidbar ist, mit den Gefahren und Schattenseiten der Realität konfrontiert wird.

»Es ist an der Zeit, daß Monica Seles endlich erwachsen wird und lernt, daß das Leben kein Märchen ist«, schrieb ein Reporter, nachdem ich in Hamburg niedergestochen worden war. Der Grund für meine emotionale Krise nach dem Attentat lag nach seiner Ansicht darin, daß ich vom Leben verhätschelt worden war und noch nie schwere Zeiten erlebt hatte. Ich wäre außerstande, mir ein Bild von der rauhen Wirklichkeit zu machen.

Nachdem ich den Artikel gelesen hatte, war mein erster Gedanke, daß der Angriff in Hamburg in niemandes Weltbild paßte. Für einen Drogendealer, Bankräuber oder Taschendieb mag ein Messer im Rücken eine Realität sein, mit der er rechnen muß. Im Alltag ist man zahllosen Formen der Gewalt ausgesetzt – aber auf dem Tenniscourt? So etwas war noch nie passiert. Hätte ich gewußt, daß es zur Realität einer Tennisspielerin gehört, in der Pause zwischen dem Seitenwechsel mit einem Messer attackiert zu werden, hätte ich diese Laufbahn nie eingeschlagen.

Und was wußte dieser Reporter überhaupt von meinem bisherigen Leben? Konnte er sich vorstellen, wie es war, in einem sozialistischen Land aufzuwachsen, wo nur Beziehungen zählen, wenn man einen Tennisplatz buchen oder ein Ausreisevisum erhalten will? Hatte er einen Großvater, der im Kriegsgefangenenlager interniert gewesen war, nur weil er sich bereit erklärt hatte, für seine Überzeugungen zu kämpfen und letztendlich zu sterben? Oder eine Großmutter, die als strenggläubige Katholikin in einem Land lebte, das die Ausübung der Religion verbot? Mit dieser Realität hatte ich gelebt, und ich durchschaute sie schon im Alter von acht Jahren.

Konnte sich dieser Reporter vorstellen, was für ein Gefühl es war, mit zwölf von zu Hause fortzuziehen und seine Familie in der Heimat zurückzulassen? Daß ich in einem Land Fuß fassen mußte, dessen Bevölkerung sich in einer Sprache verständigte, die mir fremd war, allein unter fremden Menschen? Ohne die Gewähr, daß meine Entscheidung richtig war? Meine Eltern aus ihrem Freundes- und Verwandtenkreis herauszureißen, ihnen die Grundlagen ihres Lebensunterhalts zu nehmen, wissend, daß die Problemlast der Familienfinanzen von nun an auf meinen zwölfjährigen Schultern ruhte? Hatte dieser Reporter jemals ähnliche Worte vernommen wie: »Monica, keine Panik, aber sie haben noch einen Tumor gefunden; ich werde morgen operiert«? Hatte er jemals einen brennenden, messerscharfen Schmerz im Rücken verspürt, sich umgedreht und gesehen, wie der Angreifer die Arme hebt, um ein zweites Mal zuzustechen?

29

Ein aufregendes Ereignis fand im März 1994 statt: meine Mutter und ich erhielten die amerikanische Staatsbürgerschaft.

Wir hatten fünf Jahre lang auf den großen Augenblick gewartet und waren vor Freude ganz aus dem Häuschen, als wir die Benachrichtigung erhielten, in der man uns die Verleihung der Staatsbürgerschaft in Aussicht stellte, vorausgesetzt, wir würden die Prüfung bestehen, die damit verbunden ist. Meine Depression war im Augenblick überwunden.

»Höchste Zeit, daß wir uns hinsetzen und büffeln«, meinte meine Mutter ängstlich. Die Mitglieder des Prüfungsausschusses pflegten aus einer Liste von hundert Fragen willkürlich einige für den Test auszuwählen. Einige Wochen nachdem wir die Mitteilung erhalten hatten, wurden wir in die Amtsräume der Einwanderungsbehörde von Miami beordert, um unsere Prüfung abzulegen. Die ganze Familie begleitete uns. Zufälligerweise fand dort gerade das Lipton-Tennisturnier statt.

Ich war ungeheuer nervös. Doch die Leute von der Einwanderungsbehörde waren sehr nett und verständnisvoll, und zu meiner großen Überraschung wiesen sie uns einen eigenen Raum für den Test zu. Als ich alles richtig beantwortet hatte, sagte die Prüferin: »Noch eine letzte Frage zum Abschluß. Wer war der jüngste Präsident der Vereinigten Staaten?«

»Das stand nicht auf der Liste.«

»Kennen Sie denn alle hundert Fragen und Antworten auswendig?« fragte sie verblüfft.

»Ich denke schon.«

»Trotzdem, beantworten Sie bitte die Frage.«

Ich mußte mich zwischen Clinton und Kennedy entscheiden.

»Kennedy?« Die Frau nickte, ich hatte richtig getippt und die letzte Frage zu ihrer Zufriedenheit beantwortet. Auch meine Mutter bestand die Prüfung mit Glanz und Gloria. Dann führte man uns in einen anderen Raum, wo wir das Treuegelöbnis ablegten. Im Anschluß daran wurden uns die Urkunden ausgehändigt, und wir ließen uns für den amerikanischen Paß fotografieren. Ich fühlte mich schon seit Jahren als amerikanische Staatsbürgerin, doch nun war ich es wirklich mit Brief und Siegel.

30

Manche Geschenke kann man in der Hand halten, zum Beispiel einen amerikanischen Paß, eine goldene Trophäe oder einen Pokal aus Kristall. Andere sind nicht greifbar, doch deshalb nicht minder kostbar. Im Gegenteil, sie sind oft mehr wert als alles Geld und Gut der Welt. Die Liebe eines Vaters ist eines dieser unsichtbaren, unschätzbar wertvollen Geschenke.

»Monica, ich muß mit dir reden«, sagte mein Vater nach unserer Rückkehr aus Miami. Ich lag auf der Couch, starrte ihn mit ausdruckslosem Gesicht an und versuchte die Dunkelheit zu durchdringen, die mich wie ein Kokon umhüllte.

»Monica, so geht es nicht weiter. Du kannst nicht von mir erwarten, daß ich als Vater tatenlos zusehe.«

»Dad, ich habe keine Lust, mit dir herumzustreiten«, erwiderte ich heftig. Ich wußte, daß jetzt wieder eine Moralpredigt kam.

»Es geht nicht ums Tennisspielen«, fuhr mein Vater ungerührt fort, »sondern nur um dich. Du ruinierst deine Gesundheit, wenn du pausenlos ißt und dich nicht genug bewegst, und du zerstörst dein Leben, indem du dich im Haus verkriechst. Monica, du läßt zu, daß ein einziger Mensch dir alles nimmt, was du dir mühsam erarbeitet hast, und das ist nicht richtig! Im letzten Jahr mußtest du eine Menge Probleme und harte Zeiten verkraften, aber du schaffst es. Du bist stark, Monica!«

Bin ich das wirklich? fragte ich mich. Ich blickte in das schmerzverzerrte Gesicht meines Vaters, und schon kamen mir wieder die Tränen. »Ich schaff's nicht! Jeden Tag sage ich mir, reiß dich am Riemen, aber dann überkommt es mich wieder – mein Gott, ist das alles gräßlich.« Ich sprang auf und wollte in mein Badezimmer laufen, wollte mich an dem einzigen Ort verkriechen, wo ich stundenlang heulen konnte, ohne daß es jemand sah und mir Schuldgefühle wegen meiner Schwäche machte.

»Monica, setz dich. Ich weiß, daß du am liebsten weglaufen würdest, aber manchmal muß man den Tatsachen einfach ins Auge sehen.«

Ich rannte ins Bad und knallte die Tür hinter mir zu.

Dad folgte mir und klopfte. »Monica, du kannst vor deinen Problemen nicht davonlaufen. Mir fällt es schwer, Tacheles mit dir zu reden, aber es muß sein. Es geht dir schlecht, und von Tag zu Tag wird es schlimmer. Bitte komm heraus.«

Zögernd öffnete ich die Tür. Ich schluchzte so heftig, daß ich kaum Luft bekam.

»Mit Weinen löst man keine Probleme«, fuhr mein Vater fort. »Und da ich dir offenbar nicht helfen kann, wirst du Dr. May noch einmal aufsuchen müssen. Das ist kein Zeichen von Schwäche, Monica. Es gibt nichts, dessen du dich schämen bräuchtest. Nur: Du mußt etwas tun. Ich gebe dir zwei Wochen Zeit, um alles Notwendige in die Wege zu leiten. Solltest du weiterhin herumsitzen und keinen Finger rühren, werde ich dich zum Flughafen fahren und dich eigenhändig in die Maschine setzen.«

»Das ist gemein, das habe ich nicht verdient«, schluchzte ich. Ich lebte in ständiger Angst, die mich wie die Mauern eines Gefängnisses umgab. Parche hatte mich um mein Leben, meine Tenniskarriere und mein Einkommen gebracht (es gab nur eine Firma, die mich in dem Jahr sponserte, als ich pausierte). An diesem Abend versprach ich meinem Vater, noch einmal Dr. May am Lake Tahoe aufzusuchen. Ich weiß nicht, ob ich so lammfromm reagierte, um die Kummerfalten in seinem Gesicht zu glätten, oder ob ich wirklich glaubte, daß es noch eine Chance gab, durch die Therapie wieder zu mir selbst zu finden. Ich denke, es war ein bißchen von beidem. Als es gleichwohl darum ging, alles Notwendige zu veranlassen, war ich wie gelähmt.

Mein Vater merkte, daß ich keinerlei Anstalten traf, nach Kalifornien zu fliegen. Eine Woche nach unserem Gespräch kam er in mein Zimmer und sagte: »Pack deine Sachen zusammen; Zoltan fährt dich zum Flughafen. Er begleitet dich zu Dr. May.«

Ich wußte, daß es keinen Sinn hatte, sich mit meinem Vater auf eine Diskussion einzulassen, und er würde mir auch nicht glauben, wenn ich hoch und heilig versprach, die nötigen Vorkehrungen selber zu treffen. Also packte ich meine Reisetasche, Zoltan und ich flogen nach Kalifornien.

Dieses Mal lief alles anders. Als ich Dr. May kennenlernte, hatte ich mich in einer Phase der Veränderung befunden. Ich war fest überzeugt, den Angriff ein für allemal aus meinem Gedächtnis ausradieren und das Trauma überwinden zu können, wenn ich den festen Willen besaß, ihn zu vergessen. Außerdem würde ich bis zum Umfallen trainieren, um keine Zeit mehr zum Nachdenken zu haben, und mich in Zukunft weit genug vom Schauplatz des schrecklichen Geschehens aufhalten. Im März 1994 wurde mir allmählich klar, daß ich der

Vergangenheit nicht davonlaufen konnte, sie holte mich immer wieder ein. Und das Wissen, daß ich in einer Falle saß, aus der es kein Entrinnen gab, machte es mir leichter, Hilfe zu akzeptieren.

Ich verbrachte zwei Wochen am Lake Tahoe und machte eine Therapie. Am Anfang ließ ich nur meinen Tränen freien Lauf, doch nach und nach begann ich, meine eingefahrenen Selbstschutzmechanismen abzubauen und Dr. May zu vertrauen. Wir sprachen viel über die vergangenen drei Monate, wie ich mich von Depressionen und Ängsten so lange überwältigen ließ, bis sie mein ganzes Dasein beherrschten.

»Monica«, sagte er, nachdem wir uns stundenlang unterhalten hatten. »Sie sind erst zwanzig. Sie leben zwar, aber Sie merken es nicht.« Ich spürte, wie der Kloß in meinem Hals immer dicker wurde. Er hatte es auf den Punkt gebracht. Ich hatte funktioniert wie ein Automat, aber richtig gelebt hatte ich fast seit einem Jahr nicht mehr.

»Stellen Sie sich einmal bildlich vor, was Sie gerne tun würden. Was Ihnen wirklich Spaß macht. Was sehen Sie?« wollte Dr. May eines Nachmittags wissen.

Ich hatte lange Zeit nicht mehr an Aktivitäten gedacht, die mit Spaß verbunden waren, und es dauerte eine Weile, bis ich antworten konnte. »Ich denke, Tennis spielen würde mir wirklich Spaß machen. Tennis war immer mein ein und alles, und plötzlich gehöre ich nicht mehr zu dieser Welt.«

»Wenn Sie sich spielen sehen, dann nur aus Spaß? Oder könnten Sie sich auch vorstellen, wieder an Turnieren teilzunehmen?«

»Ich kann mir nicht vorstellen, daß ich während des Seitenwechsels auf meinem Stuhl sitze«, erwiderte ich, ohne zu zögern. »Aber wenn es mir wieder so gut ginge, daß ich auf meinem Tennisplatz hinter dem Haus trainieren könnte, wo mich niemand sieht, das wäre schön.«

»Und was würde Sie sonst noch glücklich machen?«

»Wieder ein normales Leben zu führen«, erwiderte ich leise. »In der Lage zu sein, mit Leuten zu sprechen, ohne gleich in Tränen auszubrechen ...«

»Das alles können Sie haben. Aber als Hochleistungssportlerin müßten Sie eigentlich wissen, daß hochgesteckte Ziele nicht auf Knopfdruck zu verwirklichen sind. Um sie zu erreichen, müssen Sie die unterschiedlichsten Empfindungen in den Griff bekommen. Es wird Tage geben, an denen es Ihnen emotional noch schlechter gehen wird als jetzt. Ich werde Ihnen unbequeme Fragen stellen, die Sie am liebsten nicht beantworten würden, zum Beispiel, was für ein Gefühl es war, von einem anderen Menschen verletzt zu werden, über die Alpträume, die Sie haben, und was für ein Gesicht Parche machte, nachdem er sie niedergestochen hatte. Ich werde Sie dazu bringen, daß Sie von sich aus über Ihre irrationalen Ängste reden wollen, und ich werde Druck machen, damit Sie gegen diese Ängste ankämpfen. Ich weiß, daß Sie es schaffen können!«

Dr. May und ich sprachen über meine Depressionen, und er erklärte mir, daß es sich dabei um eine sogenannte posttraumatische psychotische Streßreaktion handle. Schock, Angst, abgrundtiefe Niedergeschlagenheit und Beklemmungen, all das, wovor ich immer wegzulaufen versucht hatte, kam endlich ans Tageslicht. Es gab Augenblicke, in denen ich ohne Unterlaß weinte, und Dr. May beruhigte mich und sagte, es sei völlig in Ordnung, auch solche Gefühle zuzulassen. Jemanden sagen zu hören, daß meine Reaktionen verständlich, ja sogar normal waren, bedeutete mir unendlich viel.

Mein Leben war aus dem Gleichgewicht geraten, und Dr. May half mir, es wieder ins rechte Lot zu bringen. Wir arbeiteten nach einem Therapieprogramm, das man als das »kleine Einmaleins der Psychologie« bezeichnen könnte: Im Mittelpunkt standen die Affekte, das heißt Gefühle und Empfindungen, Verhaltensweisen und Wahrnehmungen, Gedanken und Träume eingeschlossen. Dr. May erklärte mir, daß ausgewogene Gefühle, Verhaltensweisen und Wahrnehmungen einen Menschen besser befähigen, Rückschläge im Leben ohne anhaltende Depressionen zu verkraften.

Gemeinsam setzten wir eine Reihe kurzfristiger Therapieziele. Ein erstes bestand darin, häufiger an die frische Luft zu gehen. Körperliche Aktivitäten waren nach seiner Ansicht eine hervorragende Möglichkeit, mich abzulenken, meine Ängste und Beklemmungen zu besiegen. Sobald ich wieder zu Hause in Florida war, sollte ich jeden Tag im Garten spazierengehen. Um mich daran zu gewöhnen, machten Dr. May und ich mit dem Mountain Bike eine Tour im Gebirge. Das war anstrengend, und ich konnte nicht lange mithalten. Meine Kondition war so miserabel, daß ich schnaufte wie ein Walroß und ihn bitten mußte, das Tempo zu drosseln. Die Fahrradtour führte mir glasklar vor Augen, wie sehr es mit mir seit dem Herbst 1993 bergab gegangen war.

»Monica, ich möchte, daß Sie unter Menschen gehen. Sie müssen langsam versuchen, wieder ein Gefühl für das richtige Gleichmaß in Ihrem Leben zu entwickeln«, erklärte Dr. May während der Radtour. Mein Magen verkrampfte sich allein bei dem Gedanken. In der einsamen Bergwelt zu radeln war eine Sache, sich einer Menschenmenge gegenüberzusehen stand dagegen auf einem ganz anderen Blatt. Zu diesem Zeitpunkt näherte sich der zehntägige erste Teil des Therapieprogramms seinem Ende. Ich fühlte mich emotional ausgelaugt. Trotzdem hatte ich Angst, nach Hause zurückzukehren. Ich befürchtete, daß ich danach nicht mehr die Kraft aufbringen würde, erneut nach Tahoe zu fliegen, um die Therapie fortzusetzen.

»Mit einer Nonstop-Therapie ist niemandem gedient«, erklärte Dr. May. »Auch wenn ich Sie gerne noch drei Monate hierbehalten würde, müssen Sie in Ihr gewohntes Umfeld zurück. Nehmen Sie sich Zeit, an Ihren ersten Zielsetzungen zu arbeiten. Ich möchte, daß Sie in fünf Wochen wiederkommen. Ich merke die nächste Sitzung gleich in meinem Terminkalender vor. Fürs erste werden wir jeweils zehn Therapietage, mehrere Stunden täglich, festlegen, und dazwischen machen wir eine Pause.«

Ich sah zu, wie er meinen Termin in seinen Kalender eintrug. Als ich meinen Namen auf der Seite sah, wußte ich, daß er fest mit meiner Rückkehr rechnete. Damit machte er mir Hoffnung, daß ich in der Lage sein würde, die gesamte Therapie durchzustehen.

Als ich nach Hause zurückkehrte, lag eine Nachricht von Betsy Nagelsen vor. Sie war gerade von einem Tennisturnier zurückgekommen und lud mich ein, sie zu Hause zu besuchen. »Ich fände es schön, wenn du ein paar Tage mit meinem Bruder und mir verbringen würdest«, schlug Betsy vor. Meine Mutter und ich fuhren einige Tage später los.

Während ich in Orlando war, wurden Betsy und ich gute Freundinnen, und eines Tages erzählte ich ihr von meinen Ängsten und Problemen. Wie immer hörte sie aufmerksam zu und erteilte mir gute Ratschläge. »Was immer du tust, auf mich kannst du zählen«, sagte sie. Und dann überredete sie mich mit einem verschmitzten Lächeln, Wasserski zu fahren, zum ersten Mal in meinem Leben. Wir verbrachten den Rest des Nachmittags am Strand. Dort vergaß ich eine Zeitlang meine Probleme, eingehüllt in Betsys Warmherzigkeit und Lebensmut.

Als wir wieder in Sarasota waren, ging ich schnurstracks auf den Tennisplatz hinter unserem Haus zu und beäugte jede Linie, jeden Winkel. Ich ging zu einer Ecke hinüber, setzte mich ins Gras und dachte an all die schönen Dinge zurück, die ich beim Tennisspielen erlebt hatte. An die Turniere und Grand Slams, die ich gewonnen hatte, und an die hart erkämpften Siege in Spielen, wo ich meinen Rückstand nur mit Zähigkeit und Kampfgeist aufholen konnte.

Ich dachte darüber nach, wieviel mir der Tennissport gegeben hatte, bevor er mir alles nahm. Dann spürte ich, wie die Niedergeschlagenheit schlangenähnlich durch das Gras kroch und sich neben mir niederließ. Langsam stand ich auf und ging ins Haus zurück, um zum x-ten Mal die Polizeiprotokolle zu lesen und eine Packung Eiscreme zu verschlingen.

In den Wochen vor meiner Rückkehr zu Dr. May dachte ich an alles, worüber wir gesprochen hatten, und ich versuchte, seine Ratschläge zu beherzigen. Dank der Hilfe und Unterstützung meiner Familie fand ich die Möglichkeit, mich von den Ängsten und Depressionen abzulenken, die mich immer wieder überfielen. Ich ging mit meinen Eltern im Garten hinter unserem Haus spazieren – nicht lange, doch wenigstens hatte ich den Schritt ins Freie gewagt. Am Ende der ersten Woche in Florida beschloß ich, mit meiner Mutter zusammen die Straße vor unserem Haus entlangzuradeln, auf der kein reger Verkehr herrschte. Es tat mir gut, mich nach langer Zeit einmal wieder außerhalb der Mauern unseres Anwesens aufzuhalten. Mom und ich besuchten sogar eine Nachbarin. Nachts konnte ich noch immer nicht ruhig schlafen, und auch meine Eßstörungen bekam ich nur schwer in den Griff. Kleine Schritte, hielt ich mir vor Augen, wenn ich mir voller Unbehagen ausmalte, wie weit der Weg war, der noch vor mir lag. Kleine Schritte.

31

Ich hatte Dr. May versprochen, nach Tahoe zurückzukehren, und jeder, der mich kennt, weiß, daß ich nichts so sehr hasse, wie mein Wort zu brechen. Anfang Mai flogen Zoltan und ich also wieder nach Kalifornien. Wir quartierten uns im selben Hotel ein und erhielten dieselben Zimmer im obersten Stockwerk. Ich hatte immer noch Angst, allein zu sein, und Zoltan »beschützte« mich, wie es nur ein großer Bruder vermag.

Als ich Dr. May wiedersah, wurde mir bewußt, daß er mir nicht nur als Therapeut, sondern auch auf der menschlichen Ebene wichtig war. Er ist geistig jung geblieben, verheiratet und hat drei Kinder, und er fand auf Anhieb den richtigen Draht zu mir. Dazu kam, daß er mit Olympiateilnehmern und Leuten gearbeitet hatte, die ähnliche traumatische Situationen wie ich erlebt hatten. Überrascht stellte ich fest, daß ich ihm blindlings vertraute.

Dieses Mal tasteten wir uns an den eigentlichen Tathergang heran. Zum ersten Mal beschrieb ich die Einzelheiten des Attentats, die mich verfolgten – mein blutbesudeltes T-Shirt, das Messer, Parches Gesicht. Ich erzählte Dr. May von meinen Alpträumen. Wir sprachen sogar über mein größtes Problem: daß ich mir nicht vorstellen konnte, jemals wieder einen Tennisplatz mit Zuschauern zu betreten. Sobald ich versuchte, mir die Szene auszumalen, war da nichts als Dunkelheit.

Wir arbeiteten mit verschiedenen Methoden, um meine Alpträume und negativen Gedanken in den Griff zu bekommen. Der erste Schritt bestand darin, sich beides bewußt zu machen. Der zweite war eine Konditionierungstechnik, die drei Phasen umfaßte: innehalten, sich konzentrieren, neu konditionieren. Sie stützt sich auf das grundlegende Prinzip, negative Gedanken auf Stichwort zu unterbrechen und sich auf positive zu konzentrieren, sozusagen als Belohnung für die Änderung der Perspektive. Wenn ich beispielsweise aus einem bösen Traum erwachte, sagte ich »Stopp«, um das Geschehen zu unterbrechen und mich vollends vom Alptraum zu befreien. Auf das Reizwort »Fokus« hin malte ich mir dann ein positives Erlebnis aus, das meine negativen Gedanken verdrängte. Ich habe die Technik nicht nur angewendet, um meiner Alpträume Herr zu werden. Wenn mich Ängste und Beklemmungen überkamen, konnte ich mit dem gleichen Erfolg darauf zurückgreifen.

Zuerst fiel es mir schwer, mich auf das Wort »Fokus« zu konzentrieren. Ich benötigte fast einen ganzen Monat, um auch nur einen einzigen positiven Gedanken zu finden, der die negativen zu ersetzen vermochte. Schließlich erwies sich die Vorstellung, daß ich erst zwanzig war und noch immer die

Chance hatte, irgendwann ein normales Leben zu führen, als stark genug, um einige meiner Alpträume und Ängste zu überwinden. Insgesamt gleicht diese Technik einem Filter. Man sondert die negativen Bilder aus und behält die positiven im Gedächtnis.

Die Alpträume waren beängstigend, doch sie waren nicht mein größtes Problem. Besonders schwer verständlich erschien mir die Tatsache, daß ich die Attacke so persönlich genommen hatte und ständig bei mir selbst nach Fehlern suchte, die dazu geführt haben mochten. Dr. May erklärte mir, ich müsse dieses Gefühl ablegen und begreifen, daß Parches Tat meinem Einfluß völlig entzogen gewesen sei. Das würde einige Zeit brauchen. Um den Prozeß zu beschleunigen, arbeiteten wir mit einer dritten Technik.

Es handelte sich um eine Entspannungstechnik, die im Fachjargon als »systematische Desensibilisierung« bezeichnet wird, wie Dr. May mir erklärte. Hier konzentriert man sich darauf, sechzehn wichtige Muskelgruppen anzuspannen und anschließend zu lockern. Ich mußte jeden Muskel einzeln anspannen und durfte erst loslassen, als er sich locker und warm anfühlte. Wenn ich mich auf meine Muskeln konzentrierte, verlagerte sich die Konzentration vom Gehirn auf den Körper, und ich vergaß meine Ängste.

Es dauerte eine Weile, bis ich lernte, mich richtig zu entspannen. Dann wurde die Technik in die Therapie eingebaut. »Da Sie jetzt in der Lage sind, sich zu entspannen, malen Sie sich nun als erstes Situationen aus, die Sie als unangenehm empfinden, und danach kommen wir zu Ereignissen, die Ängste bei Ihnen hervorrufen, wie der Angriff. Am Schluß werden sich Entspannung und Angstgefühl gegenseitig blockieren, und die Angst verschwindet«, erklärte er mir.

»Legen Sie sich auf den Fußboden, schließen Sie die Augen, und konzentrieren Sie sich nacheinander auf jede einzelne Muskelgruppe«, lautete eine seiner Anweisungen während der

Sitzung. Fünfzehn Minuten später fühlte ich mich völlig entspannt. »Nun stellen Sie sich vor, Sie überqueren einen öffentlichen Platz. Versuchen Sie, ein gutes Gefühl angesichts der Menschenmenge zu entwickeln, die Sie umgibt. Malen Sie sich aus, wie Sie die Leute freundlich grüßen.« Ich spürte, wie mein Herz zu klopfen begann. Ich konzentrierte mich erneut darauf, meine Muskeln anzuspannen. Langsam entfaltete die Technik ihre Wirkung. In der nächsten Woche waren Visualisierungsübungen mit unangenehmen Situationen an der Reihe, sobald ich entspannt war, und ich bemühte mich zu lernen, positiv mit ihnen umzugehen.

»Können Sie sich vorstellen, wieder einen öffentlichen Tennisplatz zu betreten?« wollte Dr. May eines Tages wissen.

»Nein«, erwiderte ich bedrückt. Es sollte ein weiteres Jahr dauern, bevor ich wieder Pofitennis spielen sollte.

Nach Beendigung der Sitzung holte mich Zoltan ab, um mich ins Hotel zurückzufahren.

»Lassen Sie sich nicht entmutigen«, versuchte Dr. May mich aufzumuntern, als ich die Praxis verließ. Ich rang mir ein Lächeln ab. »Zoltan, vielleicht können Sie Ihre Schwester ermutigen, auf dem Rückweg einen öffentlichen Platz zu betreten«, schlug er meinem Bruder vor.

Auf dem Weg ins Hotel hielten wir bei einem kleinen Café. »Hast du Lust, einen Kaffee zu trinken?« fragte Zoltan. Da ich meinen Bruder im Schlepptau hatte, bei dem ich mich sicher und geborgen fühlte, stimmte ich zu. Es war ein herrlicher Tag, und wir saßen auf der Dachterrasse des Lokals und tranken Kaffee. Es war ein wunderbares Gefühl, etwas ganz Normales zu tun. Und mir war nichts Schlimmes widerfahren.

Eine Woche später wagte ich mich mit Zoltan in einen Supermarkt. Wir marschierten durch die endlos langen Gänge, und ich blickte mich fortwährend um. Hinter mir liefen so viele Leute. »Immer mit der Ruhe, Monica«, sagte ich mir mit zusammengebissenen Zähnen. »Sobald du deine Einkäufe erledigt hast, kannst du wieder verschwinden.« Der Supermarkt war für mich eine harte Nuß, doch beim nächsten Mal klappte es schon ein bißchen besser. Ich hatte zwei weitere Etappenziele erreicht.

32

»Früher oder später muß ich Ihnen diese Frage stellen«, sagte Dr. May. »Wie wär's, wenn Sie auf den Tennisplatz gingen und ein paar Bälle schlagen?«

»Ich kann nicht«, erwiderte ich bekümmert.

»Warum nicht?«

»Wenn ich einen Tennisplatz betrete, bedeutet das, ich muß irgendwann wieder gegen eine Gegnerin antreten. Und das schaffe ich nicht, weil ich es nicht ertrage, während des Seitenwechsels mit dem Rücken zu den Tribünen zu sitzen.«

»Monica, ich rede nur davon, ein paar Bälle zu schlagen, in meinem Club«, drängte er.

»Da schauen zu viele Leute zu.«

»Sie können in aller Herrgottsfrühe auf den Platz gehen, wenn noch niemand da ist.«

»Vielleicht in ein paar Tagen«, versuchte ich abzublocken.

»Sagen Sie mir, woran Sie denken.«

»Ich denke an das Netz und an die Stühle, die bei einem Turnier am Platzrand für die Pause aufgestellt werden. Und wenn ich diese Stühle vor meinem inneren Auge Revue passieren lasse, sehe ich auch den Angriff wieder vor mir.«

»Solche Gefühle sind ganz normal, aber Sie müssen sie durch positive ersetzen. Ich bringe meine Frau mit, und Sie spielen mit Zoltan; Sie werden sehen, es wird alles gut«, erklärte Dr. May beharrlich.

»Ich hab meinen Schläger nicht dabei.« Ich versuchte, Zeit zu gewinnen.

»Zoltan hat mir etwas anderes erzählt. Er sagte, Sie hätten Ihren Schläger schon beim letzten Mal im Gepäck gehabt, als Sie im März in Tahoe waren.« Das stimmte. Aus irgendeinem Grund hatte ich meinen Schläger jedesmal mitgeschleppt, wenn ich das Flugzeug nach Kalifornien bestieg. »Im Grunde wollen Sie doch spielen. Nur fünf Minuten, Monica. Fünf armselige Minuten auf dem Platz werden Ihnen nicht schaden. Sie sagen zu welcher Zeit, gleich, ob am Tag oder nachts. Rufen Sie mich an, wir werden kommen.«

»Glauben Sie wirklich, daß dort frühmorgens wenig los ist?«

»Ja. Wir befinden uns rund zweitausend Meter über dem Meeresspiegel, und frühmorgens ist es noch sehr kalt. Die meisten Leute spielen erst, wenn sich die Luft erwärmt hat. Wie wär's mit morgen?«

»Also gut«, erwiderte ich genervt. »Wenn Sie darauf bestehen.«

Ich hatte mindestens eine halbe Stunde lang Dehnübungen auf dem Rasen neben dem Platz gemacht, als es Zoltan endlich zu bunt wurde. »Na los, Monica, versuch's doch einfach mal. Manchmal hilft nur ein Kopfsprung ins kalte Wasser.« Ich nahm meinen Schläger und ging auf eine Seite des Platzes hinüber. Zoltan stand auf der gegenüberliegenden Seite an der Grundlinie und wartete darauf, daß ich aufschlug. Und plötzlich spielten wir. Nicht nur ein paar Bälle zum Aufwärmen, sondern richtig gutes Tennis.

Ich tauchte für eine halbe Stunde in eine andere Welt ein – es gab für mich nur den Ball, meinen Schläger und den Spieler auf der anderen Seite des Netzes. Ich spürte wieder den vertrauten Rhythmus des Spieles, das Vibrieren in meinem Arm, wenn der Ball auf die Schlägerbespannung auftraf. Doch dann hielt ich einen Moment lang inne, um Atem zu schöpfen – die alten Ängste kehrten zurück und drohten mich zu übermannen. »Mir reicht's«, rief ich und lief zum Rasen.

»Ich kann nicht«, erklärte ich Dr. May, der zu mir herüberkam. »Da führt kein Weg hin.«

»Monica, das war eine tolle Leistung. Denken Sie positiv. Sie haben gerade eine halbe Stunde lang Tennis gespielt. Beim nächsten Mal nehmen Sie sich vor, vierzig Minuten durchzuhalten. Und danach eine ganze Stunde. Nicht vergessen, kleine Ziele, kleine Schritte.«

Ich kehrte nach Florida zurück. Alle paar Tage übte ich auf unserem Tennisplatz. Manchmal spielte ich einige Minuten mit meinem Bruder, oder ich ging einfach nur bis zum Platz und gleich darauf wieder zurück ins Haus. Als Betsy Nagelsen anrief und mich wieder nach Orlando einlud, war ich erleichtert. Ich hatte dringend eine Pause nötig, denn auch die kleinen Schritte der Therapie waren anstrengend.

Betsy und ich haben während meiner Besuche endlos lange miteinander geredet. Manchmal leistete uns ihr Bruder Jimmy Gesellschaft. Die Gespräche halfen mir, das Attentat und mein Leben danach in die richtige Perspektive zu rücken. Betsy sagte mir nicht, was ich tun sollte. Wir verbrachten zahllose Stunden damit, daß sie mir erzählte, wie sie das Leben sah und wie sie gelernt hatte, Dinge zu akzeptieren, die sich ihrem Einfluß entzogen. »Es gibt überall schlechte Menschen, wie du weißt«, sagte sie, »und manche haben es auf dich abgesehen – da muß jeder durch. Tennis ist nicht die Welt, sondern nur eine Beschäftigung, für die du dich entschieden hast. Aber wie du dein Leben gestaltest, ob du dich in Einklang mit dir selbst und der Welt befindest, das ist es, was letztlich zählt.«

Diese Gespräche waren wie ein Lebenselixier für mich. Dr. May hatte mir einen praktischen Weg gezeigt, mit meinen Depressionen und Gefühlen umzugehen, während Betsy einen weiteren Baustein für das Puzzle lieferte. Sie war die Freundin, die ich brauchte, die zuzuhören verstand und der ich mein Herz ausschütten konnte. Und ihr habe ich zu verdanken, daß ich wieder Spaß am Tennisspielen fand.

»He, Monica, hast du nicht Lust, ein paar Bälle mit mir zu schlagen?« fragte Betsy, als wir von der Anlegestelle ihres Bootes kamen. »Ich versuche gerade, mich für mein nächstes Turnier in Form zu bringen. Ich soll ein Doppel spielen und könnte ein bißchen Übung gebrauchen.«

»Ich habe in letzter Zeit nicht viel gespielt«, erwiderte ich beklommen. »Ich wäre keine besonders gute Trainingspartnerin für dich.«

»Ach, komm schon«, versuchte sie mich zu überreden, als wir zu ihrem Tennisplatz schlenderten. »Stell dich einfach in die Ecke – du mußt dich nicht einmal bewegen – und spiel mir die Bälle zu.«

Es ist schwer, Betsy etwas abzuschlagen. Ich schnappte mir einen Schläger und folgte ihr auf den Platz. Wir spielten eine ganze Stunde lang, und ich stellte fest, daß ich lachte, weil Betsy trainierte und gleichzeitig herumalberte. »He, mußt du mich so scheuchen?« fragte sie plötzlich. Ich war so vertieft gewesen, ihr die Bälle kreuz und quer zuzuspielen, daß ich gar nicht bemerkt hatte, wie meine Schläge immer härter geworden waren. Obwohl ich so viele Monate nicht mehr regelmäßig trainiert hatte, war die Koordination Auge-Hand immer noch bestens. Als wir fertig waren, ließ Betsy den Schläger fallen und sagte: »Monica, eines laß dir gesagt sein: Es wäre eine Schande, wenn du nicht mehr an Turnieren teilnehmen würdest, bei deiner unglaublichen Begabung.«

Wenige Wochen später bestritt ich mein erstes Spiel auf Betsys Tennisplatz. Ihr Mann, Mark McCormack, und ich traten im Doppel gegen Betsy und meinen Vater an. Mark, Betsy und ich sind von Haus aus ehrgeizig. Meinem Vater ist es gleichgültig, ob er gewinnt oder verliert. Für ihn kommt es in erster Linie darauf an, gut zu spielen und Spaß zu haben; Sieg oder Niederlage, das zählt für ihn nicht. An jenem Tag war er glücklich, mit Freunden draußen an der Sonne zu sein. Und er war selig, mich auf dem Tennisplatz lächeln zu sehen.

Jeder Spieler verfolgt seine eigenen Zielsetzungen. Ich war bestrebt, jeden Ball perfekt zu spielen, nicht zu hart für meinen Vater und im richtigen Winkel für Betsy. Nur um keine Mißverständnisse aufkommen zu lassen: Ich wollte gewinnen, auf Teufel komm raus. Manche Dinge scheinen sich eben nie zu ändern. Betsy und Mark erging es nicht anders. Leider war Betsy mit einem Partner wie meinem Vater geschlagen, der die ganze Zeit lachte und Witze machte. Der Ausgang war knapp, doch am Ende hieß es doch für Mark und mich: Spiel, Satz und Sieg!

Es war kein Sieg in einem Grand Slam, aber ich fühlte mich wie neugeboren. Am Nachmittag wanderte ich durch Betsys Haus und dachte wehmütig an einige Ereignisse meiner Tenniskarriere, die mir lieb und teuer waren. Dazu gehörten auch die Australian Open 1992.

33

Die Australian Open zählten schon immer zu meinen liebsten Turnieren. Erstens wegen der Koala-Bären. Ich finde es herrlich, sie im Zoo von Melbourne anzusehen, auch wenn sie beinahe den ganzen Tag über schlafen. Der zweite Grund ist, daß dieses Grand-Slam-Turnier verglichen mit all den anderen den Teilnehmern die meisten Bequemlichkeiten bietet. Ich kann von dem Haus, das wir gemietet haben, mit dem Fahrrad ins Stadion fahren, und ganz in der Nähe befinden sich Restaurants und Geschäfte. Solche Annehmlichkeiten fallen vielleicht nicht so sehr ins Gewicht, wenn man Urlaub macht, wohl aber, wenn man ein Turnier vor sich hat und weiß, daß man in den nächsten zwei Monaten kreuz und quer durch Europa reisen und in Hotels aus dem Koffer leben wird.

Es gibt aber noch einen dritten Grund: Bei den Australian Open geht es am ruhigsten zu. Man bekommt problemlos seinen Platz zum Trainieren. Die Zuschauer sind besonders leise, was der Konzentration der Spieler sehr zugute kommt. Da die Australian Open das erste wichtige Turnier nach Eröffnung der Tennissaison sind, kann man ohne Hektik beginnen. Der vierte Grund ist schließlich, daß Outdoor-Plätze im Handumdrehen in Hallenplätze verwandelbar sind. Wenn es zu regnen beginnt, läßt sich der Innenraum mittels Automatik überdachen, so daß die Spiele nicht unterbrochen werden müssen. Eine Zwangspause wegen Regen wirkt sich oft negativ auf die Antriebskraft aus und kann sogar dazu führen, daß man völlig aus dem Rhythmus gerät und ein Match verliert. Daher ist die Überdachung wirklich wichtig.

Die Australian Open 1992 gehörten zu jenen Grand-Slam-Turnieren, bei denen für mich alles wie am Schnürchen lief. Ich konnte mich problemlos für das Finale qualifizieren, nachdem ich gegen Anke Huber im Viertelfinale und gegen Arantxa Sanchez-Vicario im Halbfinale gewonnen hatte. Im Endspiel stand ich Joe Fernandez gegenüber, die ich im Vorjahr am gleichen Ort in einem endlosen, kräftezehrenden Halbfinalmatch besiegen konnte. Ich wußte, daß Mary Joe die Erinnerung an diese Niederlage mit einem Sieg auf der ganzen Linie wettmachen wollte. Ich hätte an ihrer Stelle ebenso gedacht. Für das Endspiel 1992 hatte ich nur einen Wunsch: es kurz zu machen. Ich wollte um jeden Preis verhindern, daß wir uns wieder in einem langen, mörderischen Spiel in drei Sätzen gegenüberstanden. Mary Joe ist dafür bekannt, daß sie es liebt, von der Grundlinie aus zu spielen; wenn es mir also nicht gelang, schnelle und präzise Winners zu plazieren, würden wir für jeden Punkt eine Ewigkeit brauchen.

In der glühenden Mittagshitze betrat ich den Centre Court. Diesmal setzte ich Mary Joe in einem wenig ereignisreichen Match mit 6:2 und 6:3 schachmatt und gewann somit zum zweiten Mal die offenen australischen Meisterschaften. Die Saison 1992 hatte für mich mit einem Auftakt begonnen, wie er besser nicht sein konnte.

Mein nächstes Turnier fand im April in Barcelona statt. Ich muß in jeder Saison eine bestimmte Anzahl von Spielen bestreiten und kann meine Liste durch das eine oder andere Turnier ergänzen. In diesem Jahr entschied ich mich für Barcelona, weil ich noch nie dort gewesen war. Die Stadt fand ich herrlich, doch das Turnier sollte sich als eine Ochsentour erweisen.

Meine Gegnerin im Endspiel war Arantxa Sanchez-Vicario. Arantxa hat eine hundsgemeine Rückhand und ist imstande, selbst solche Bälle zurückzuschlagen, die ein normaler Mensch nicht erreicht. Sie zeichnet sich durch unglaubliche Ausdauer und Schnelligkeit aus und sie hatte Heimvorteil, weil sie aus Barcelona stammt. Die Begegnung fand 1992, wenige Monate vor den Olympischen Spielen in Barcelona, statt, und Arantxa war entschlossen, ihr Heimspiel zu gewinnen.

Die Zuschauer verhielten sich wirklich fair. Sie klatschten, wenn ich nach den Pausen wieder zu meinem Platz ging und einen Punkt gewann. Doch man spürte schon, daß die Mehrheit der Leute im Stadion Arantxa anfeuerte.

Das Match fand auf rotem Ton statt, ein sehr langsamer Belag. Arantxa hatte es damit noch leichter, hinter jedem Ball herzurennen. Ich mußte doppelt so hart um jeden Punkt kämpfen. Sie gewann den ersten Satz 3:6, der zweite ging mit 6:3 an mich. Im dritten Satz spürte ich meine Beine nicht mehr. Ich war so viel gelaufen, daß sie sich wie taub anfühlten. Ich gewann den dritten Satz mit 6:2 und entschied das Match somit für mich. Eigentlich hätte ich allen Grund gehabt, vor Freude einen Luftsprung zu machen, doch ich empfand nur Erleichterung. Ich schleppte mich vom Platz, der Schweiß strömte mir den Rücken hinunter. Ich war völlig erschöpft.

Am nächsten Tag ging's weiter nach Rom, zu den Italian Open. Alles lief glatt, bis auf das Finale, bei dem ich gegen Gabriela Sabatini verlor. Gaby war an diesem Tag einfach besser als ich und gewann in zwei Sätzen. »Gutes Spiel, Gaby«, gratulierte ich ihr, als wir uns am Netz die Hand reichten.

Ich verliere nicht gerne, doch wenn ich schon eine Niederlage einstecken muß, dann am liebsten gegen Gaby. Sie ist immer nett, egal ob sie gewinnt oder verliert. Ich glaube, wir stammen aus ähnlichen Familien. Während des Turniers sitzen ihre Eltern immer ruhig in ihrer Box. Sie zollen beiden Spielerinnen Beifall und versuchen nie, die Konkurrentin ihrer Tochter bewußt abzulenken, im Gegensatz zu einigen anderen Eltern oder Trainern. Sie wissen ein gutes Spiel zu schätzen, auch dann, wenn ihre Tochter nicht gewinnt. Ich verlor die Italian Open und empfand für meine Gegnerin Bewunderung.

Nach den offenen Meisterschaften von Italien fühlte ich mich körperlich ausgelaugt. Für Spieler, die in den USA leben, ist die Länge der Tennissaison in Europa besonders hart. Wenn ich nach Wimbledon wieder nach Hause zurückfliege, habe ich Europa drei Monate lang bereist – fortwährend in einem anderen Hotel, ständig aus dem Koffer leben, jedesmal in einem anderen Bett schlafen. Nach den Italian Open wollte ich nur noch eines: auf schnellstem Weg nach Hause. Doch vor uns lagen noch die French Open und Wimbledon.

Die French Open finden etwa zwei Wochen nach den Italian Open statt. Ich beschloß, in Rom zu bleiben und mich hier auf die offenen Meisterschaften von Frankreich vorzubereiten. Während dieser Zeit wurden schon einige Interviews fürs Fernsehen aufgezeichnet, damit sie später genug Bildmaterial für die French Open hatten. Zum damaligen Zeitpunkt waren meine Haare blond und waren es auch noch, als ich in Paris ankam. Zu Beginn des Turniers war mein Haar jedoch plötzlich rabenschwarz, und einige Pressevertreter reagierten ziemlich erbost.

Ich hatte nicht aufgepaßt, das war alles. Als ich in Paris eintraf, arrangierte eine Freundin für mich einen Friseurtermin. Sie meinte, brünett würde mir gut stehen. Da dies meine natürliche Haarfarbe ist, hielt ich es für eine gute Idee, mir die

Haare färben zu lassen und machte mich pünktlich auf den Weg zu jenem berühmten Salon – den Termin hatte sie ja für mich vereinbart. Es stellte sich jedoch heraus, daß mein Name nicht im Terminkalender eingetragen war. Wie dem auch sei. Als man mich erkannte, erklärte sich der Maestro bereit, meine Haare auch unangemeldet zu schneiden und zu färben.

»Sie würden phantastisch mit lackschwarzen Haaren aussehen«, schwärmte er.

»Klar, warum nicht?« erwiderte ich lachend. »Ist doch nur Farbe. Wenn es mir nicht gefällt, kann ich meine Haare immer noch umfärben.«

Einige Stunden später blickte mich eine junge Frau im Spiegel an, die ich kaum wiedererkannte. Meine Haare waren so schwarz wie die Nacht, und der Stylist hatte mir einen knallroten Lippenstift dazu aufgetragen. Mein Aussehen war dadurch völlig verändert, und es gefiel mir. Als ich mich am Abend mit meiner Freundin traf, war sie angenehm überrascht. Wie sich herausstellte, war ich im falschen Friseursalon gelandet und konnte gar nicht im Terminkalender vorgemerkt sein. Ist ja weiter nichts passiert, dachte ich.

Ich sollte mich täuschen. Als ich vor meinem ersten Spiel die Umkleidekabine betrat, erkannte mich nicht einmal Arantxa Sanchez-Vicario. Sie marschierte schnurstracks an mir vorbei, ohne mich eines Blickes zu würdigen. Nach dem Match spielten die Medien verrückt. Sämtliche Fernsehinterviews aus der »Retorte« waren auf einen Schlag wertlos. Sie könnten nicht das Bildmaterial einer Blondine verwenden, die bei der Live-Ausstrahlung des Spiels schwarzes Haar trug; die Zuschauer würden Sturm laufen, erklärten sie wütend. Was tun? Es war unbedacht von mir gewesen. Ich entschuldigte mich, und die Interviews wurden ein zweites Mal aufgezeichnet.

Schließlich ging davon die Welt nicht unter; im Gegenteil, es machte mir sogar Spaß, die Aufzeichnungen zu wiederholen. Doch eigentlich konnte ich keine Ablenkung brauchen. Ich nahm zum dritten Mal an den French Open teil und wollte mich darauf konzentrieren, meinen Titel zu verteidigen. Die letzte Spielerin, die dreimal in Folge die offenen Meisterschaften von Frankreich im Einzel gewann, war Hilde Sperling, zwischen 1935 und 1937. Im Juni 1992 hatte ich die Chance, mit Hildes Leistung gleichzuziehen, und ich wollte mir unbedingt den dritten Sieg holen. Wie sich herausstellte, mußte ich härter als je zuvor kämpfen, um überhaupt ins Finale zu kommen. Es sollte der schwerste Grand Slam meines Lebens werden, was das Durchhaltevermögen angeht.

Um ein Haar wäre ich in der vierten Runde ausgeschieden. Die Japanerin Akiko Kijimuta, die auf Platz 150 der Weltrangliste stand, nahm mir im dritten Satz den Aufschlag ab; es stand 1:4, bei Gleichstand nach dem ersten und zweiten Satz. Sie retournierte jeden Ball, indem sie ihn flach und hart übers Netz zurückdonnerte und ging dabei so tief in die Hocke, daß ihre Knie den Boden berührten. Sie traf die Bälle von jeder Spielfeldecke aus, während meine pausenlos ins »Aus« gingen. Doch ich war entschlossen, nicht schon in der vierten Runde auszuscheiden, nachdem ich in den letzten beiden Jahren auf dem Siegertreppchen gestanden hatte. Ich kämpfte, was das Zeug hielt, trotz Kälte und Regen und gewann die nächsten fünf Spiele. Der dritte Satz ging mit 6:4 an mich. Es war einfach Glück. Nach dem Match war ich wie gerädert und hatte dringend Erholung nötig.

Ein Einkaufsbummel, das war's. Ich gehöre normalerweise nicht zu den Menschen, die zu Verschwendungssucht oder zu Extravaganzen neigen. Wenn man urplötzlich eine Menge Geld verdient, gibt es zwei Möglichkeiten: sparen oder es mit vollen Händen ausgeben. Ich gehörte zur ersten Kategorie, doch die Kreationen der namhaften Modeschöpfer hatte ich schon immer bewundert. Als ich ein Kind war und noch in Jugoslawien lebte, befand sich vis-à-vis unserer Wohnung ein Zeitungskiosk, der Modezeitschriften verkaufte. Die Frau, die ihn führte, lieh mir manchmal einige der bekannten Magazine wie zum Beispiel *Vogue, Cosmopolitan* oder *Elle*. Ich verkroch mich damit in meinem Zimmer und bewunderte die Kleider von Armani, Versace und Chanel auf den Hochglanzfotos; vor allem Chanel hatte es mir angetan. Kein Wunder also, daß ich während meines Einkaufsbummels in Paris in der Chanel-Boutique landete.

Niemand kam, um mich zu bedienen. Ich sah in meinen Jeans und Turnschuhen eben aus wie jedes andere achtzehnjährige Mädchen, und die können sich Haute Couture normalerweise nicht leisten. Ich schlenderte durch die Räume, in der Hoffnung, daß man mich ansprechen würde, aber niemand schenkte mir Aufmerksamkeit. Schließlich erkannte mich eine Verkäuferin und fragte, ob ich eines der Kleider probieren wolle. Und ob ich wollte! Die nächsten Stunden verbrachte ich damit, Kleider, Kostüme, Schals und Stirnbänder anzuprobieren. Ich verliebte mich auf den ersten Blick in ein grünes Chanelkostüm und erinnere mich, wie ich mit den Goldknöpfen herumspielte, ein Markenzeichen des Modehauses, und mich an meinem Spiegelbild nicht sattsehen konnte. Das Kostüm war viel zu damenhaft für eine Achtzehnjährige, doch das störte mich nicht.

»Wie wär's mit einem passenden Stirnband?« fragte die Verkäuferin.

Ich streifte das geblümte Band über mein Haar. »Falls ich die nächste Runde gewinne, werde ich mit meiner Mutter wiederkommen«, erklärte ich der Verkäuferin. »Ich möchte, daß sie sich das Kostüm ansieht, und wenn es ihr gefällt, kaufe ich es vielleicht.« Ich schlug Jennifer Capriati im Viertelfinale (6:2, 6:2) und stattete der Boutique am nächsten Tage erneut einen Besuch ab, diesmal mit meiner Mutter im Schlepptau.

»Monica, es ist wunderschön«, sagte sie zögernd. »Aber für das Geld könnte man sich schon ein Auto kaufen, ein kleines zumindest, und das Stirnband wird ebenfalls sündteuer sein.«

»Ich weiß«, erwiderte ich zerknirscht. »Laß uns einfach abwarten, wie's mir im Halbfinale ergeht. Du hast recht, das Kostüm ist zu teuer. Aber wenn ich das Halbfinale gewinne, kaufe ich mir vielleicht das Stirnband.« Von jedem Turnier, an dem ich teilnehme, bringe ich ein Souvenir mit nach Hause. Es soll mich nicht nur an den Ort erinnern, sondern es ist für mich auch eine Herausforderung, bei jedem Spiel mein Bestes zu geben.

Im Halbfinale der French Open trat ich gegen Gabriela Sabatini an. Im ersten Satz lag ich im Rückstand. Es stand 2:4, und das Spiel zog sich schier endlos in die Länge. Das stehe ich nicht durch, dachte ich erschöpft. Ich versuchte, mich zwischen den Punkten langsam zu bewegen, um mit meiner Luft hauszuhalten, und nahm jede Chance wahr, eine kurze Verschnaufpause einzulegen, indem ich meine Schuhbänder immer wieder auf- und zuband. Das eisige Wetter und der Regen zehrten an meinen Kräften; eine Erkältung und die Antibiotika, die ich einnehmen mußte, schwächten mich noch mehr. Je mehr ich die Kälte spürte, deso größer wurde meine Erschöpfung. Der rote Sand war langsam, und die Bälle schienen zentnerschwer zu sein.

Ich kann nicht mehr, dachte ich in wachsender Panik. Doch dann gelang es mir irgendwie, meine letzten Kraftreserven zu mobilisieren und zu meiner alten Spielstärke zurückzufinden. Na komm schon, Monica, nicht schlappmachen, hol dir den Sieg, ermahnte ich mich immer wieder. In der Pressekonferenz nach dem Spiel erzählte Gaby den Medien: »Monica schien müde zu sein, doch plötzlich drehte sie wieder auf und schlug ungeheuer harte Bälle. Ich weiß nicht, wo sie die Kraft hernimmt.« Ich war wieder voll da und gewann den ersten Satz 6:3. Gaby entschied den zweiten Satz 4:6 für sich, und angesichts des grüngeblümten Stirnbands, das in meinem Kopf herumspukte, ging der dritte Satz 6:4 und somit der Sieg an mich.

Am nächsten Morgen war ich wieder im Modesalon Chanel

und kaufte das Stirnband. Ich strich sehnsüchtig über den Stoff des Kostüms, aber ich blieb standhaft. »Vielleicht morgen, wenn ich gewinne«, sagte ich mit einem schiefen Lächeln und sah meine Mutter an. Dann fuhr ich ins Hotel zurück und kroch ins Bett. Zum ersten Mal hatte ich vor einem Finale nicht trainiert. Eine riskante Entscheidung, aber ich hatte Angst, das Endspiel nicht durchzustehen, wenn ich nicht ausgeruht war. Ich brauchte meine ganze Kraft für die Begegnung mit Steffi Graf, die bereits am nächsten Tag stattfand.

Ich wußte, es würde ein hartes Match werden, noch bevor ich den Ausdruck grimmiger Entschlossenheit auf Steffis Gesicht sah, als wir auf den Centre Court hinaustraten. Ich hatte Steffi 1990 den Titel beim Grand-Slam-Turnier in Frankreich abgeknöpft, und sie wollte ihn sich natürlich zurückholen. Doch ich war fest entschlossen, die French Open zum dritten Mal zu gewinnen. Falls ich siegte, würde ich mir vielleicht doch einen Ruck geben und das Chanel-Kostüm kaufen.

Der erste Satz ging 6:2 an mich. Steffi legte sich ins Zeug und holte sich den nächsten Satz mit 3:6. Der Druck und Streß aus den vorangegangenen Spielen machten sich bemerkbar; ich spürte, wie ich zunehmend lahmer wurde, während ich mir den Schweiß aus den Augen wischte und mich auf den dritten Satz vorbereitete.

Beim Stand von 5:3 hatte ich dreimal die Chance, den letzten, zum Sieg nötigen Punkt im dritten Satz zu holen, bei Steffis eigenem Aufschlag. Doch jedesmal behielt sie die Oberhand. Mir war nicht einmal bewußt, daß es in diesem Augenblick um Satz und Sieg ging, so konzentriert kämpfte ich um jeden einzelnen Punkt. Ich wußte nur, daß es mir einfach nicht gelang, das Spiel zu dominieren. Steffi läßt einem nur sehr wenige Gewinnchancen, und ich vergab jede davon. Im zehnten Spiel nahm mir Steffi nach vier Doppelfehlern auch noch den Aufschlag ab. Das Match dauerte bereits über zwei Stunden, wir waren beide erledigt. Es stand 6:6.

Nachdem es im »Tie-Break« 8:8 stand, erhöhte ich zu meinen Gunsten auf 9:8. Während des letzten Schlagabtauschs schmetterte Steffi einen Vorhandschlag ins Netz. Eine Welle der Erleichterung durchflutete mich: Punkt, Spiel, Satz und Sieg! Zwei Stunden und 43 Minuten nachdem wir begonnen hatten, gewann ich zum dritten Mal die French Open.

»Gutes Spiel«, gratulierte ich Steffi, als wir uns am Netz die Hände reichten.

Ich gab auch dem Schiedsrichter die Hand, packte meine Siebensachen und ging in den Presseraum, um die Interviews hinter mich zu bringen. »In einem solchen Match, das so lange dauert und so knapp im letzten Satz entschieden wird, sollten meiner Meinung nach beide Spielerinnen gewinnen«, erklärte ich den versammelten Journalisten. Das waren keine leeren Worte. Steffi hatte phantastisch gespielt.

»Wie sehen Ihre weiteren Pläne aus?« wollte ein Reporter wissen.

»Ich muß noch etwas einkaufen«, erwiderte ich lächelnd.

Am folgenden Morgen standen meine Mutter und ich wieder in der Chanel-Boutique.

»Sind Sie sicher?« fragte die Verkäuferin, bevor sie das Kostüm holen ließ.

»Ganz sicher«, erwiderte ich. »Und niemand wird mich umstimmen.« In meinem Leben versuchen viele Leute, mein Leben zu beeinflussen: was ich in der Öffentlichkeit sagen und was ich nicht sagen sollte, welche Tenniskleidung ich bei den Turnieren und welche Tennisschuhmarke ich tragen sollte, die Erfrischungsgetränke, die ich während der Pausen zu mir nehme, und die Haarpflegeprodukte, die ich verwende. Diese Entscheidung wollte ich jedoch ganz allein treffen.

Immer, wenn ich meinen Kleiderschrank öffne und das grüne Chanel-Kostüm hängen sehe, denke ich an meinen dritten Sieg bei den French Open zurück. Seit 1992 habe ich dieses Kostüm nur ein einziges Mal getragen, und damals kam ich mir zu erwachsen und damenhaft darin vor. Doch das spielt letztlich keine Rolle. Vielleicht hat das Chanel-Kostüm eines Tages Museumswert. Dann werde ich es tragen.

34

Es gibt einige Dinge, an denen auch ein Chanel-Kostüm nichts zu ändern vermag. Eines davon waren die Presseberichte 1992 in Wimbledon.

Nach den French Open packte ich meine Koffer und flog nach London. Ich machte mir Sorgen, wie man sich mir gegenüber verhalten würde, doch ich konnte nichts tun – ich wußte, daß die Zeitungen mir die Absage im Vorjahr heimzahlen würden. Es spielte keine Rolle, daß ich liebend gerne teilgenommen hätte, aber Angst hatte, die Verletzung würde dadurch noch schlimmer werden. Bei einem Ereignis wie Wimbledon durch Abwesenheit zu glänzen, war in ihren Augen ein Affront gegen die englische Presse und gegen die englischen Fans. Und daß ich es versäumt hatte, meine Entscheidungen sofort in aller Öffentlichkeit zu begründen, schlug dem Faß den Boden aus.

Die Londoner Revolverblättchen suchten nach einem Grund, mich ins Kreuzfeuer der Kritik zu nehmen, und sie fanden ihn auch: mein Stöhnen während des Aufschlags und während der harten Ballwechsel. Sie ließen es nicht mehr als eine persönliche Eigenheit durchgehen, über die sich nur wenige Spielerinnen bei den Medien beklagt hatten, sondern bauschten die Sache auf. Plötzlich war das Stöhnen Teil eines vorsätzlichen Ablenkungsmanövers, um die Konzentration meiner Gegnerinnen zu stören und die Schiedsrichter zu verwirren. Nick Pitt schrieb in der *Sunday Times*: »Die Bilder, die Monica auf dem Centre Court heraufbeschwört, sind alles andere als reizvoll: eine Gestalt, die wie ein Krebs an der Grundlinie herumtrippelt, das Gesicht verkniffen wie ein Nagetier, den Schläger schwingend, so wie ein altes Hutzelweib die Bratpfanne bewegt; jeder Schlag ... ein groteskes, beidhändiges Spiegelbild des vorigen, begleitet von einem Schrei aus der Folterkammer.« Die Spitzen, die Mr. Pitt mit seiner Karikatur gegen mich gerichtet hatte, prallten von mir ab. Ich verstand den hintergründigen Humor seines Artikels – in meinen Augen hatte er etwas von einer Benny-Hill-Show.

Ich versuchte, die Regenbogenpresse zu ignorieren und mich auf den Anlaß meiner Reise nach London zu konzentrieren. Die Atmosphäre bei den Grand-Slam-Turnieren ist aufgeheizt. Spannung liegt in der Luft, weil hier individuelle Persönlichkeiten, Temperamente und Wünsche aufeinanderprallen und oft ein Primadonnagehabe an den Tag gelegt wird, das sich nur schwer in Schach halten läßt. In Wimbledon geraten die Spieler besonders leicht in den Sog von Presserummel und Prestige, die mit dem Medienspektakel verbunden sind. Jeder will gewinnen, doch Wimbledon, Nonplusultra im Tennissport, steht an der Spitze unserer Wunschliste. Manchmal spornt uns dieser Ehrgeiz, der an Besessenheit grenzt, zu persönlichen Bestleistungen an. Leider hatten einige meiner Mitstreiterinnen die Presseberichte mit großem Eifer gelesen. Bewußt oder unbewußt nutzten sie die Stimmungsmache in den Spielen gegen mich aus.

Regel 4.3.3 im Official Tour Book, dem Verhaltenskodex des Damentennisverbandes WVT, lautet:

> Behinderung: Jede unbeabsichtigte Spielverzögerung und jeder Mißbrauch der 20-Sekunden- oder 90-Sekunden-Regel bei einem Seitenwechsel wird beim ersten Verstoß mit einer Verwarnung der Spielerin und bei allen nachfolgenden Zuwiderhandlungen mit einem Punktverlust geahndet. Bei fortlaufender Störung des regulären Spielverlaufs, beispielsweise Stöhnen, gilt folgende Maßregel: Der erste Verstoß hat zur Folge, daß der Schlag für ungültig

erklärt und wiederholt wird; bei der zweiten Zuwiderhandlung wird der Schlag für ungültig erklärt, wiederholt und der Spieler vom Schiedsrichter ermahnt, daß eine nachfolgende dritte oder jede nachfolgende Mißachtung der Regel einen Punktverlust nach sich ziehen wird.

Nathalie Tauziat war die erste, die sich die zwanghafte Fixierung der Presse auf mein Stöhnen zunutze machte. Ich hatte schon unzählige Male bei Schaukämpfen und Turnieren gegen Nathalie gespielt, und es war keine einzige Beschwerde von ihr gekommen. Wir standen uns im Viertelfinale von Wimbledon gegenüber. Den ersten Satz gewann ich klar mit 6:1, im zweiten gab es einen Tie-Break, 3:3. Mitten im Match marschierte Nathalie zum Stuhl des Schiedsrichters und redete auf ihn ein. Was ist denn los? dachte ich noch verwundert.

»Ms. Seles?« zitierte mich der Schiedsrichter herbei. »Ms. Tauziat beschwert sich über den Lärm, den Sie machen.« Was für ein Lärm? Wovon redete der Mann überhaupt?

»Okay«, erwiderte ich und begab mich wieder auf meinen Platz. Lärm? Das nächste Spiel begann, und ich verhielt mich wie immer. Ich dachte nicht einmal über das Stöhnen nach. Ich hatte den Punkt schon halbwegs in der Tasche, da stand Nathalie plötzlich wieder beim Schiedsrichter. Ich konnte nicht hören, was sie sagte, doch ich sah an ihrem Gesichtsausdruck, daß sie wütend war.

»Ms. Seles...?«

»Ja, Sir.« Wieder ging ich zum Stuhl des Schiedsrichters.

»Wenn Sie Ihren Geräuschpegel nicht dämpfen, muß ich Ihnen eine Verwarnung erteilen«, ermahnte er mich mit strenger Miene.

»Was soll das?« fauchte ich. »Sie können mich nicht verwarnen, nur weil ich spiele wie immer, und zwar nach den Regeln. Ich habe nicht geflucht, nicht gebrüllt und auch nicht meinen Schläger auf den Boden gedroschen.«

»Ms. Seles, gehen Sie sofort auf Ihren Platz zurück, sonst werde ich Ihnen eine Verwarnung erteilen.«

Nathalies Verhalten war unfair. Die Regenbogenpresse hatte ihr eine Chance aufgezeigt, das Match zu gewinnen, indem sie meine Konzentration während des Spiels störte. Sie wollte in Wimbledon eine Runde weiterkommen, und dazu schien ihr jedes Mittel recht zu sein. Ich war auf dem besten Weg gewesen, ihre letzte Runde im Rennen einzuläuten, und deshalb hatte sie ihre einzige Waffe benutzt und mit harten Bandagen gekämpft.

Ich war frustriert. Schon immer hatte ich während des Spiels gestöhnt, ohne Ausnahme. Doch wie der Blitz aus heiterem Himmel drohte mir der Schiedsrichter nun mit einer Verwarnung; und urplötzlich beschwerte sich meine Rivalin darüber – just in dem Augenblick, als ich im Vorteil war – und brachte mich damit aus meinem Rhythmus. Doch Nathalies unfaires Verhalten erwies sich am Ende als Bumerang. Es machte mich wütend, und deshalb wollte ich nur noch eines: sie vom Platz fegen. Ich ging klar in Führung und gewann den zweiten Satz ziemlich schnell mit 6:3. Danach ging ich zum Netz vor und reichte Nathalie die Hand: »Gutes Spiel.«

Bei der Pressekonferenz, die unmittelbar nach dem Match anberaumt war, wurde ich natürlich als erstes gefragt, was ich von Ms. Tauziats Beschwerde hielt. »Ich war überrascht, daß sich eine Spielerin, die mich so gut von früheren Begegnungen kennt, ausgerechnet dieses Turnier für eine Beschwerde aussucht. Ich frage mich, ob es ein Zufall war, daß Nathalie Probleme hatte, als sie mein Stöhnen bemängelte«, erwiderte ich.

Am folgenden Morgen titelten verschiedene Blätter: »Seles stöhnt; stört damit Konzentration der Spielerinnen«, »Seles um Haaresbreite disqualifiziert«, »Seles erhält Verweis wegen Stöhnen« und »Stöhnen in Wimbledon nicht geduldet«. Ich bemühte mich, den Schlagzeilen keine Beachtung zu schenken. Zum ersten Mal hatte ich das Halbfinale in Wimbledon erreicht, und dieser Gedanke wog mehr als alle Widrigkeiten. Meine Gegnerin würde Martina Navratilova sein. Zu diesem Zeitpunkt hatte Martina sämtliche Rekorde gebrochen und Wimbledon im Verlauf ihrer Tenniskarriere sage und schreibe neunmal gewonnen! Es bedeutete für mich eine große Herausforderung, ihr auf dem Rasen des Centre Courts gegenüberzustehen. Sie wurde nicht nur als die Nummer eins gehandelt, sondern galt auch bei den Zuschauern als Favoritin, die nahezu geschlossen hinter der Titelverteidigerin standen.

Ich gewann den ersten Satz 6:2. Die Spiele waren ausgeglichener und der Kampf härter, als der Punktestand anzeigte. Im zweiten Satz wurde der Sieg noch zäher errungen. Zum Schluß stand es 6:6, und somit war ein »Tie-Break« gegen eine gleich starke Spielerin angesagt. Konzentriere dich, Monica, ermahnte ich mich, als Martinas linkshändiger Aufschlag sirrend über das Netz strich. Einige Minuten später war es mir jedoch nicht mehr möglich, meine ungeteilte Aufmerksamkeit auf den Ballwechsel zu richten. Martina verließ die Grundlinie und ging zum Schiedsrichter. Ich konnte nicht hören, was sie sagte, weil der Schiedsrichter das Mikrophon mit der Hand bedeckte. Ich wurde zum Stuhl zitiert.

»Ms. Seles. Ms. Navratilova hat sich über den Lärm beschwert, den Sie machen. Bitte dämpfen Sie den Geräuschpegel.«

»Na toll«, erwiderte ich wütend. »Einfach toll.«

Ich stapfte zur Grundlinie zurück. Da haben wir's, immer das gleiche Lied, dachte ich frustriert. Martina gewann den »Tie-Break« 7:3. Der dritte Satz begann, und ich spürte, wie ich wieder zu meinem Spielrhythmus fand. Genau in diesem Augenblick ging Martina erneut zum Schiedsrichter hinüber. Dieses Mal war das Mikrophon nicht ganz bedeckt. Ich hörte die Worte »grunzen« und »Schwein«. Wieder wurde ich zum Schiedsrichter zitiert und ermahnt, leise zu sein. Ich kehrte auf meinen Platz zurück und gewann mit 6:4 den dritten Satz und das Match. Ich hatte zum ersten Mal das Endspiel in Wimbledon erreicht, in dem Steffi Graf meine Gegnerin sein würde. Beschwerden hin oder her, ich schwebte im siebten Himmel.

Martina hatte verloren, deshalb stellte sie sich als erste der Presse. Ich begab mich in die Umkleidekabine und zog ein trockenes T-Shirt an, damit ich mich nicht verkühlte. Dann ging ich die Treppe zum Presseraum hinauf. Martina kam gerade herunter.

»Monica, kann ich dich kurz sprechen?«

»Sicher.«

»Ich möchte mich entschuldigen für das, was ich auf dem Platz gesagt habe. Das ist mir im Eifer des Gefechts rausgerutscht. Ich weiß, ich kann es nicht ungeschehen machen, aber es tut mir leid.«

Bis zu diesem Zeitpunkt wußte ich nicht genau, was Martina dem Schiedsrichter gesagt hatte, weil ich nicht jedes Wort ihrer Beschwerde hören konnte. Ein paar Minuten später erfuhr ich von den Reportern, daß sie mein Grunzen mit dem eines Schweines verglichen hatte, das geschlachtet werden soll. Trotzdem, ich war nicht böse auf sie. Martina hatte sich nicht beschwert, um meine Konzentration zu stören und mit unlauteren Mitteln zu gewinnen. Sie war eine viel zu gute Spielerin, als daß sie solche miesen Tricks nötig gehabt hätte. Ich nehme an, daß sie mein Stöhnen immer bewußter wahrnahm, als sie merkte, daß ihr das Spiel entglitt. Es störte sie plötzlich, wie ein tropfender Wasserhahn, der einem irgendwann auf die Nerven geht. Ich fand es sehr anständig, daß sie sich bei mir persönlich entschuldigt hatte und es nicht dabei bewenden ließ, mir eine kurze Entschuldigung über ihren Agenten zukommen zu lassen.

Für die Zeitungen war Martinas Bemerkung ein gefundenes Fressen; am nächsten Morgen wurde sie mit den Worten zitiert: »Es wird immer lauter. Man kann nicht einmal mehr den Aufprall des Balls auf dem Racket hören. (...) ich will damit nicht behaupten, ich hätte wegen ihrer Stöhnerei verloren. Die Bemerkung wäre auch gekommen, wenn ich gewonnen hätte. (...) Ich weiß, sie macht das nicht vorsätzlich, aber sie kann damit aufhören, wenn sie es will.«

Es gab niemanden, der mir den Rücken stärkte – nicht die anderen Spielerinnen, nicht die Presse und nicht die Vertreter der WTA. Ich war Weltranglistenerste, das Endspiel in Wimbledon stand vor der Tür, und ich wurde von allen Seiten angegriffen. Die Fernsehreporter diskutierten darüber, ob man mich wegen des Stöhnens mit einer Geldstrafe belegen oder gleich disqualifizieren sollte. Die Regenbogenpresse brachte Lügengeschichten über mich, und sogar die seriösen Zeitungen druckten Artikel ab, in denen sie harte Schläge unter die Gürtellinie austeilten. Ich wußte, daß ich dieses Sperrfeuer nicht mehr lange aushalten konnte, und deshalb faßte ich den festen Vorsatz, mein Verhalten mit allen mir zu Gebote stehenden Mitteln zu ändern. Ich würde nach dem Schlag den Atem anhalten, statt die Luft explosionsartig herauszulassen.

Als ich den Centre Court betrat, um im Wimbledon-Endspiel gegen Steffi Graf anzutreten, hatte ich nur eines im Sinn: Ja nicht stöhnen! Dies war ein Riesenfehler. Sich in einem Grand-Slam-Finale auf etwas so Albernes wie Stöhnen zu konzentrieren – was hatte ich mir bloß dabei gedacht? Die Wahrheit ist, ich hatte überhaupt nicht nachgedacht, ich reagierte nur.

Steffi und ich standen uns bei strömendem Regen auf dem Platz gegenüber; dreimal mußte das Spiel unterbrochen werden, wodurch sich das Finale auf fünfeinhalb Stunden verlängerte. Die tatsächliche Spielzeit betrug indessen nur 58 Minuten. Ich fand von Anfang an nicht zu meinem Rhythmus, hatte nicht die geringste Chance zu gewinnen. Den ersten Satz verlor ich 6:2, den zweiten 6:1. Am meisten war ich von mir selbst enttäuscht. Niemand hatte mich im Finale am Stöhnen gehindert; die Entscheidung war ganz allein »auf meinem Mist gewachsen«, ich war diejenige gewesen, die dem Druck nicht standzuhalten vermochte.

Mein Vater hatte versucht, mich zu warnen: »Monica, du mußt deinem Stil treu bleiben. Du kannst nicht auf allen Hochzeiten tanzen; du kannst es nicht jedermann recht machen. Entweder akzeptieren sie dich so, wie du bist, oder sie lassen es bleiben.« Er hatte recht. Doch ich war erst achtzehn, und da ist einem die Anerkennung und Zuneigung der anderen ein großes Bedürfnis. In den vergangenen Monaten hatte man mich durch die Mangel gedreht und so sehr unter Beschuß genommen, daß ich nahe daran war, das Handtuch zu werfen. Auch als ich keine Artikel mehr über mich las, sprangen mir die Schlagzeilen in jedem Supermarkt, an jeder Ladentheke ins Auge. Ich war nicht das einzige Opfer, das sich die Regenbogenpresse als Zielscheibe ausgesucht hatte: Steffi bekam auch ihren Teil ab. Doch diese Artikel bezogen sich auf die Probleme ihres Vaters und hatten nichts mit ihrer Person zu tun.

»Warum mußten sie mir unbedingt die Freude daran verderben, daß ich zum ersten Mal das Endspiel in Wimbledon erreicht habe?« beklagte ich mich nach dem Match bei meinem Vater. Aber auch er wußte keine Antwort.

35

Vor Beginn der US Open 1992 war ich niedergeschlagen. Am Tag vor meiner ersten Runde nahm ich auf der Tribüne in Flushing Meadows Platz und sah einigen anderen Spielern beim Training zu. Irgendwann setzte sich Arthur Ashe, den ich bereits erwähnt habe, zu mir, und wir kamen ins Gespräch. Ich mag Arthur und fühle mich immer wohl in seiner Gesellschaft. Ich hatte nie Angst, ihm zu erzählen, wie es mir wirklich geht, denn er würde mir nie einen Strick daraus drehen, daß ich ihm offen meine Achillesferse zeige. An jenem Nachmittag klagte ich ihm mein Leid darüber, daß die Presse mich wegen meines Stöhnens auf dem Kieker hatte. Und ich gestand ihm, wie sehr meine spielerischen Leistungen und meine persönlichen Gefühle darunter gelitten hatten.

»Monica, du mußt an dich selbst und deine eigene Stärke glauben«, sagte er leise. »Denk nicht an Wimbledon, und hör auf zu grübeln, warum die Regenbogenpresse dich durch den Kakao zieht. Konzentrier dich auf dein Spiel und laß dich von seinem Rhythmus tragen.«

Ich blickte in Arthurs sanfte braune Augen. Da saß ich neben einem Mann, der zahllose Fußtritte in seinem Leben erhalten hatte. 1943 in Virginia geboren, als dort noch strikte Rassentrennung herrschte, war Tennis sein ein und alles gewesen, doch wegen seiner Hautfarbe wurde er in keiner Jugendmannschaft aufgenommen. Nur mit Hilfe einer starken Lobby gelang es ihm, zu den US Interscholastic zugelassen zu werden, Schülermeisterschaften, die er prompt gewann. Danach besuchte er die University of California in Los Angeles, und ihm verdankte die Tennismannschaft seiner Alma mater, daß sie sich den Titel im Einzel bei der US-Intercollegiate-Ausscheidung holte.

Später wurde die Rassentrennung per Gesetz aufgehoben, und Arthur wechselte ins Profilager über. Doch auch hier begegnete er vielen Leuten, die meinten, ein Schwarzer habe in diesem Sport nichts zu suchen. Trotz der Diskriminierung gab er nicht auf: 1975 gewann er Wimbledon, wurde in den USA die Nummer eins und belegte den vierten Platz in der Rangliste der weltbesten Tennisspieler. Ein Herzinfarkt zwang ihn, sich 1979 als Aktiver von seinem heißgeliebten Sport zu verabschieden. Selbst als die Medien herausfanden, daß er an Aids erkrankt war, und es in alle Welt hinausposaunten, reagierte er nie verbittert, sondern bewahrte seinen Lebensmut und blieb sich selbst treu.

Arthur Ashe wird nie erfahren, wieviel mir seine Worte

bedeutet haben. Ich wiederholte sie mir immer wieder während der US Open, und sie halfen mir in einer Zeit, in der es ungeheuer wichtig für mich war, daß irgend jemand an mich glaubte. Ich erreichte das Halbfinale, ohne einen einzigen Satz abzugeben. Mary Joe Fernandez schlug ich 6:3, 6:2. Im Finale war Arantxa Sanchez Vicario meine Gegnerin, die in der vorigen Runde gegen Steffi Graf klar gewonnen hatte. Das Finale war für mich ein Kinderspiel, und mit 6:3 und 6:3 hatte ich zum zweiten Mal die offenen Meisterschaften der USA gewonnen, die zum Grand Slam gehören.

Nach dem Turnier war ich nicht nur zufrieden mit meiner Leistung, sondern befand mich auch mit mir selbst und der Welt im Einklang. Arthur Ashe hatte recht gehabt: was *ich selber* dachte, zählte. Die Zeitungen würden mich auch in Zukunft zerreißen, das war so sicher wie das Amen in der Kirche, doch nun wußte ich, daß nur meine eigenen Überzeugungen wichtig waren. Ich mußte lernen, mir eine dickere Haut zuzulegen und Boshaftigkeiten an mir abprallen zu lassen. Doch das erfordert eine innere Stärke, die nicht zu knapp bemessen sein sollte.

36

Meine Stärke trug mich Ende 1992 auf einer Welle davon, die bis Januar 1993 anhielt. So stark ich mich auch fühlte – nach dem stundenlangen Flug zu den Australian Open konnte ich meinen Hals nicht bewegen. Der Turnierleiter schlug mir vor, einen Chiropraktiker in Melbourne aufzusuchen. Ich mußte etwas unternehmen, also willigte ich ein.

Ich war noch nie bei einem Chiropraktiker gewesen. Auf dem Untersuchungstisch liegend, spähte ich zu meiner Mutter hinüber. Ich weiß nicht, wer von uns beiden mehr Angst hatte, als der Mann langsam meinen Kopf auf die Seite drückte und ihn dann blitzschnell mit einem Ruck in die Gegenrichtung drehte. In meinem Nacken knackte es laut. »Und noch einmal«, sagte er. Er drehte meinen Kopf bis zu einem bestimmten Winkel und drehte ihn dann ruckartig zurück. *Knack,* machte es wieder. Es dauerte drei Tage, bis es mir besserging – die Linderung wäre vermutlich auch ohne Chiropraktiker eingetreten. Nächstes Mal werde ich lieber abwarten.

Die Australian Open begannen zwar nicht gerade meisterhaft, doch schließlich wurde es doch noch das schönste Grand-Slam-Turnier meines Lebens. Meine gesamte Familie begleitete mich – sogar mein Bruder, der schon seit einiger Zeit nicht mehr mitgeflogen war. Wir beschlossen, eine kleine Wohnung mitten in Melbourne zu mieten, statt unser Quartier im weitläufigen Sportzentrum in der Nähe des Stadions zu beziehen. Der Unterschied war vermutlich ähnlich wie jener zwischen dem feudalen Plaza Hotel in New York und einem Einzimmerappartement im lebenssprühenden Künstlerviertel Greenwich Village. Ich fand es einfach himmlisch!

Eine Freundin aus Kindertagen lebte in Melbourne; sie zeigte mir die Sehenswürdigkeiten der Stadt, bevor das Turnier begann. Wir verbrachten viel Zeit beim Schaufensterbummel, aßen in den bekannten Restaurants, besuchten sogar Diskotheken oder gingen in einem der unzähligen Parks spazieren und saßen einfach in der Sonne und redeten. Für mich war es eher wie ein Urlaub und nicht wie der Auftakt zu einem Grand Slam.

Ich kam problemlos durch die ersten Runden. Im Viertelfinale stand mir die Französin Halard gegenüber. Sie ist eine gute Spielerin, und mein Nervenkostüm ließ zu wünschen übrig, als ich den Centre Court betrat. Den ersten Satz gewann ich mit 6:2, doch im zweiten griff sie voll an und konnte ihn mit 6:7 für sich verbuchen. Du mußt ihr dein Spiel aufzwingen, Monica, ermahnte ich mich zu Beginn des dritten Satzes. Er ging mit 6:0 an mich, und mein Einzug ins Halbfinale war gesichert.

Im Halbfinale der Australian Open fiel es mir so leicht wie noch nie, mich gegen Gabriela Sabatini durchzusetzen. Ich gewann den ersten Satz 6:1 und den zweiten 6:2. An jenem Tag spielte ich wirklich gut und fühlte mich so ausgeglichen wie nie zuvor, seit ich auf Platz eins der Weltrangliste rangierte.

Auch wenn ich es nicht gerne zugebe: Durch meine Position an der Spitze änderte sich mehr als die Plazierung auf einer Liste und die Haltung der Medien mir gegenüber. Es ist nicht einfach, einen Spitzenrang ständig zu verteidigen. Der Weg nach oben ist leichter, als oben angelangt, ständig zu warten, bis jemand wieder an dem Ast sägt, auf dem man sitzt. Es war nie mein erklärtes Ziel, die Nummer eins zu werden, doch als ich die oberste Stufe der Karriereleiter erklommen hatte, sah ich es nicht gerne, daß mir jemand meinen Platz streitig machte. Zunächst spielte ich defensiv und war bestrebt, kein Risiko einzugehen und meine Position nicht zu gefährden. Doch 1993 bei den Australian Open hatte ich wieder ganz zu meiner alten natürlichen Spielweise zurückgefunden und setzte alles auf eine Karte.

Im Finale kämpften Steffi Graf und ich um den Sieg. Sie holte sich den ersten Satz mit 4:6, der zweite ging mit 6:3 und der dritte mit 6:2 an mich. Es war ein herrliches Gefühl, zum dritten Mal die Australian Open gewonnen zu haben! Die Erinnerung an die Zeit unmittelbar vor Turnierbeginn war jedoch noch schöner: eine Woche Melbourne, Sehenswürdigkeiten und Entspannung im Kreis meiner Freunde und Familienangehörigen. Die ersten Runden hatte ich mit viel Selbstvertrauen und Kampfgeist hinter mich gebracht, und vor allem war es mir endlich gelungen, meine innere Haltung zu ändern, Rangliste und Reputation eine Zeitlang völlig zu vergessen und nur noch aus purer Freude Tennis zu spielen.

Nach den Australian Open kehrte ich nach Amerika zurück, wo das Virginia-Slims-Turnier in Chicago auf mich wartete. Im Frühjahr '91 war ich hier bereits in der ersten Runde ausgeschieden. Damals hatte ich befürchtet, daß es mit mir von nun an bergab gehen würde, doch noch im gleichen Jahr fand ich zu meiner alten Form zurück und gewann die offenen Meisterschaften von Australien, Frankreich und den USA. Dieses Mal war mir Fortuna auch in Chicago hold.

»Vielen Dank, daß Sie mir die Chance gegeben haben, die Schlappe vom letzten Turnier wettzumachen«, bedankte ich mich bei der Siegerehrung. »Das ist hoffentlich ein positives Zeichen, daß der Rest des Jahres 1993 genauso erfolgreich für mich verlaufen wird.« Mit dieser Annahme befand ich mich jedoch völlig auf dem Holzweg. Nach der Niederlage 1991 war ich die Leiter mühsam von ganz unten wieder hochgeklettert. 1993 hatte ich die Spitze erreicht. Es hätte mir klar sein müssen, daß es von dort oben nur einen Weg gab, der unweigerlich bergab führte.

Nach Chicago flog ich direkt zu einem Turnier nach Paris. Ich hatte die Temperaturunterschiede zwischen der Hitze in Australien und der eisigen Kälte in Chicago nur schwer verkraftet. In Paris war es kalt und regnerisch. Die ersten Anzeichen einer Grippe machten sich bei mir bemerkbar, doch ich wollte trotzdem unbedingt mit Betsy Nagelsen das Doppel spielen. Unsere erste Runde fand am Abend vor meinem Viertelfinale statt.

Wir konnten erst um 23 Uhr anfangen, gewannen den ersten Satz 6:4 und verloren den zweiten 4:6. Es war bereits 1 Uhr morgens. Betsy und ich wollten unbedingt gewinnen, egal wie spät es war. Wir sind beide sehr ehrgeizig und spielten mit vollem Einsatz, bis zum Handschlag am Netz. Im dritten Satz ging es unablässig hin und her, und am Ende verloren wir. Die Uhr zeigte zwei Uhr. Ich kam nicht vor drei Uhr früh in mein Hotelbett und mußte am gleichen Tag, um 11 Uhr morgens, mein Match im Viertelfinale vorbereiten.

Die Begegnung hatte keine Höhepunkte, an die es sich zu

en: Monica mit dem ersten großen Scheck, den sie auf einem Turnier gewonnen hat.

ten links: Monica 1990 mit ihrer Freundin Betsy Nagelsen vor dem Haus der Cormacks.

ten rechts: 1989 – Monica spielt zum ersten Mal auf einem Grasplatz.

Die French Open von 1989 –
Monica vor dem Stadion, in dem
sich ihre Träume erfüllen sollten.

Monica trainiert 1990 noch auf
einem öffentlichen Tennisplatz.
Obwohl sie bereits eine erstklass
Berufsspielerin war, stand ihr
damals kein anderer Platz zur
Verfügung, als sie nicht mehr an
Bollettieri Academy üben konnt

:ica schüttelt Steffi Graf die
:d, nachdem sie Steffi in den
ch Open von 1990 geschlagen
ihren ersten Grand Slam Titel
onnen hat.

rschwengliche Freude nach dem
über Martina Navratilova bei
US Open im September 1991,
h den sie zur Nummer eins der
rangliste wurde.

FILA

n: Monica und Astro 1993
il, wo sich Monica von den
en des Attentats erholt.

ts: Monica erteilt bei den
cial Olympics von 1995
isunterricht.

e Seite: Im Januar 1993
innt sie nach drei aufein-
erfolgenden erfolgreichen
en erneut den Siegerpokal
den Australian Open.

ɛe Seite
ːn: Monica 1995 mit ihrem
nten Mark McCormack und
r Mutter auf dem Weg zum
ıukampf in Atlantic City,
ʂie zum ersten Mal nach
ı Attentat wieder spielt.
en: Martina Navratilova
ırmt Monica, nachdem sie
ihr in Atlantic City ge-
agen worden ist.

ʂeptember 1995 freuen sich
Fans über ihre Rückkehr
ı Tennissport. Monica
ittelt einem von ihnen die
ıd und gibt den begeisterten
ıisfreunden Autogramme.

Auf den Special Olympic
mit Sonya Bell, der
dreizehnjährigen blinden
Sportlerin, von deren
Energie und Tapferkeit si
Monica inspirieren läßt.

Eine glückliche und
entspannte Monica in ein
Nachtclub zusammen mi
Anke Huber und Mary Jo
Fernandez nach den
Australian Open von 199

erinnern lohnen würde. Ich gewann 6:2, 6:2 gegen Mary Pierce. Mein Adrenalin hatte mir geholfen, mich während des Spiels zu konzentrieren, doch als die Anspannung vorbei war, spürte ich die Erschöpfung bis ins Mark. Es blieb mir jedoch keine Zeit, mich gründlich auszuruhen. Ich mußte gegen Conchita Martinez im Halbfinale spielen und gewann 6:1 und 6:1.

Leider ging mir das Finale, in dem ich Martina Navratilova gegenüberstand, nicht so glatt von der Hand. Den ersten Satz gewann ich mit 6:3, den zweiten konnte Martina mit 4:6 für sich verbuchen. Zu Beginn des dritten Satzes fühlte ich mich krank und hundeelend. Ich weiß bis heute nicht, wie ich ihn gewonnen habe. Ich erinnere mich nur noch an eines: daß mein Kopf während des Spiels wie benebelt war und meine Lungen beim Laufen mit jedem Atemzug schmerzten. Am nächsten Morgen verließ ich Paris und kehrte nach Florida zurück.

Dort ging ich als erstes zum Arzt. Er diagnostizierte eine schlimme Virusinfektion und verschrieb mir strikte Ruhe. Ich sagte die nächsten Turniere ab und flog mit Zoltan nach Jamaika, um einige Tage auszuspannen. Ich lag im Sand, aalte mich in der Sonne und spürte, wie gut die Wärme meinem Körper tat. Wie sehr mich die Reisen und die Turniere geschlaucht hatten, merkte ich erst daran, daß ich stundenlang am Strand schlief. Nach einer Woche flogen wir heim, wo ich mich noch den ganzen März bis Anfang April von den Strapazen und der Infektion erholte.

Als ich soweit genesen war, daß ich wieder Tennis spielen konnte, blieb nur noch ein Monat Zeit bis zu den French Open. Ich hatte die Chance, die offenen Meisterschaften von Frankreich zum vierten Mal in Folge zu gewinnen, was noch niemandem vor mir gelungen war. Ich wußte auch, daß es ratsam war, vor Beginn des Grand Slams noch mindestens ein Turnier zu spielen. Ursprünglich wollte ich an einem Turnier in Barcelona teilnehmen, mußte aber absagen, weil ich noch nicht ganz bei Kräften war. Blieb also der Citizen Cup in Hamburg. Mein einziger Vorbehalt war ein Zwischenfall anläßlich meines letzten Turniers in Deutschland, den ich noch in unangenehmer Erinnerung hatte.

Damals hatte ein Mann versucht, mir eine gerichtliche Vorladung in die Hand zu drücken, als ich vor meinem Hotel aus dem Taxi aussteigen wollte. Er sprach kein Wort Englisch, und ich sprach kein Deutsch. Er kam mit Riesenschritten auf mich zu ... Ich bekam es mit der Angst zu tun und sprang mit einem Satz in den Wagen zurück. Als der Mann die Hand nach mir ausstreckte, stieß er gegen das Blech und hätte mir um ein Haar den Arm in der Tür eingeklemmt, die mit Schwung zufiel. Damals stand mir kein Bodyguard zur Seite, doch der deutsche Taxifahrer schaltete sich ein und nahm die Papiere am Ende entgegen. Sie stammten von einer deutschen Agentur, die mich als Kind vertreten hatte, als ich noch in Jugoslawien Tennis spielte. Sie hatte beschlossen, mich zu verklagen, weil ich mir nach meinem Umzug in die Vereinigten Staaten einen anderen Manager gesucht hatte.

Ich versuchte, daran zu denken, daß dieser unliebsame Zwischenfall nichts mit dem Tennissport zu tun hatte und der Citizen Cup ein gutes Turnier vor Beginn der French Open war. Betrachte die Dinge aus der richtigen Perspektive, Monica, sagte ich mir immer wieder.

Vier Tage vor Beginn des Turniers in Hamburg forderte ich eine Wildcard an. Bei jeder großen Veranstaltung ist eine bestimmte Anzahl von Wildcards vorgesehen. Diese »Nachmeldekarten« werden zum einen an regional bekannte Spieler vergeben, die viele Zuschauer anlocken, aber keinen der vorderen Plätze auf der Rangliste belegen und sich somit nicht für das Turnier qualifizieren würden, und zum anderen sind sie Spitzenspielern vorbehalten, die ursprünglich nicht gemeldet waren und sich erst in letzter Minute für eine Teilnahme entscheiden. Da ich Barcelona aufgrund der Virusinfektion so spät abgesagt hatte, war ich nicht für den Citizen Cup gemeldet und brauchte daher eine Wildcard, die von der Turnierleitung ausgestellt wird. Ironie des Schicksals: Wäre ich nicht zu krank gewesen, um das Turnier in Barcelona zu bestreiten, hätte ich das Spielfeld in Hamburg niemals betreten.

Doch damals konnte ich das nicht wissen. Im April 1993 glaubte ich fest an meine Glückssträhne. Ich war gesund, stark und für das Turnier gerüstet.

37

In jenem Monat April 1993 habe ich gelernt, daß man jeden Menschen in die Knie zwingen kann. Wenn ich heute auf die Woche in Hamburg und den Citizen Cup zurückblicke, erkenne ich, wie naiv ich damals war zu glauben, nichts und niemand schien imstande, mich daran zu hindern, Tennis zu spielen und Turniere zu gewinnen. Inzwischen bin ich eines Besseren belehrt worden. Und ich habe akzeptiert, daß ich nur deshalb noch einmal von vorne anfangen konnte, weil ich bereit war, die Hilfe von Experten, Familienmitgliedern und Freunden anzunehmen.

Ich verbrachte den Jahrestag des Attentats in Hamburg mit Betsy Nagelsen und ihrem Bruder Jimmy. Am 30. April 1994 fuhr ich nach Orlando, um mir das Basketballspiel der NBA-Profiliga anzusehen, mit dem die Saison eröffnet wurde. Wir besaßen Eintrittskarten, doch mir war an diesem Tag nicht danach, unter Menschen zu gehen. Betsy und Jimmy hatten Verständnis für mich. Wir machten es uns in der Bibliothek von Betsys Haus gemütlich, ließen sämtliche Jalousien herunter und stellten drei Liegen zu einer riesigen Lümmelwiese zusammen. Dann schafften wir bergeweise Kalorienbomben herbei und verputzten sie, während wir das Spiel im Fernsehen verfolgten. Das war zwar nicht gesund, aber ich fühlte mich sicher, geborgen und rundum wohl in der Gesellschaft meiner

Freunde. Ab und zu dachte ich: Seit Hamburg ist schon ein ganzes Jahr vergangen. Danach konzentrierte ich mich wieder voll auf die Spielereien, die menschliche Wärme und das Lachen, das den Raum erfüllte.

Ich übernachtete bei Betsy, und am nächsten Morgen holten Jimmy und sie mich in aller Herrgottsfrühe aus den Federn. »Aufstehen, wir gehen joggen! Heute ist Schwitzen angesagt, als Ausgleich dafür, daß wir gestern gesündigt haben«, lachte Betsy, als sie mich aus dem Bett zog. Erst am späten Nachmittag war Schluß mit dem Laufen und Fahrradfahren; ich durfte mich neben dem Swimmingpool ausruhen und zusehen, wie die unermüdliche Betsy noch einige Runden schwamm. Ich ließ mir einfach die Sonne auf den Bauch scheinen, ohne einen Gedanken an das Attentat in Hamburg zu verschwenden.

Jimmy kam mit ernstem Gesicht zu uns. »Monica, ich habe eine traurige Nachricht.«

»O Gott, was ist denn nun schon wieder?«

»Ayrton Senna ist tot. Ein Unfall, während eines Autorennens.«

Von den Formel-1-Fahrern war mir Ayrton Senna immer der liebste gewesen. Ich hatte ihn 1993 in Italien nach einem Rennen persönlich kennengelernt und mich den ganzen Nachmittag mit ihm in seinem Wohnwagen unterhalten. Er war ungeheuer verständnisvoll und nett. Ayrton hatte eine Art, alle Dinge von ihrer positiven Seite zu sehen und jede Sekunde des Tages voll auszuleben. »Sie sind ein echter Glückspilz«, hatte ich neidvoll gesagt. »Sie haben Ihr Hobby zum Beruf gemacht, und Sie haben nie Angst, so wie ich jetzt.«

»Ach, Monica«, erwiderte er. »Ich wurde auch nicht niedergestochen oder bei der Ausübung meines Sports von einem anderen Menschen verletzt. Deshalb kann ich gar nicht nachfühlen, was Sie durchgemacht haben. Wenn ich mit dem Wagen durch eine Kurve fahre, habe ich allerdings auch manchmal Angst. Ich weiß aber, da muß ich durch, denn hinterher fühle ich mich immer phantastisch.« Ich werde garantiert früher sterben als er, dachte ich, als ich den Wohnwagen verließ.

Seit dem Angriff war ein Jahr vergangen, und noch immer lebte ich auf »Sparflamme«. Und nun war Ayrton tot, der jede Minute so ausgekostet hatte, als wäre es seine letzte. Das Schicksal hatte es gut mit mir gemeint, und in diesem Augenblick, als ich an Betsys Pool saß, schwor ich mir eines: Ich würde das Geschenk nutzen. Ich gab mir noch ein Jahr Zeit, um wieder zu mir selbst zu finden.

»Ich kann noch gar nicht glauben, um wieviel besser es mir geht, seit ich wieder trainiere«, gestand ich Dr. May, als ich im Juni zur Fortsetzung der Therapie nach Tahoe zurückkehrte.

»Tennis macht Ihnen eben Spaß. Egal ob Sie wieder an Turnieren teilnehmen oder nicht, Sie lieben dieses Spiel und sollten es für sich selbst spielen. Wie geht es Ihnen sonst?«

»Ich sehe immer noch sein Gesicht vor mir. Parche ist wie eine finstere Macht, die mein Leben beherrscht. Sie überschattet alles ... und das Messer, ich sehe jede Nacht das Messer, und ich rieche das blutige T-Shirt ...«

Dr. May hörte aufmerksam zu, ohne mich zu unterbrechen, während sich meine verschütteten Gefühle Bahn brachen. »Was in Hamburg passiert ist, läßt sich nicht ungeschehen machen«, sagte er schließlich. »Sie können mit Hilfe der Techniken, die wir gemeinsam erarbeitet haben, die Vergangenheit besser in den Griff bekommen, doch ändern läßt sie sich nicht. Sie müssen lernen, das zu akzeptieren, erst dann werden Sie Fortschritte machen. Sie haben sich auf eine Therapie eingelassen, das ist schon der erste Schritt. Nun müssen Sie Ihre emotionalen Reaktionen auf den Angriff, auf Parche, die Auswirkungen auf Ihr Leben durchleuchten. Erst wenn Sie sich dieser Empfindungen bewußt sind, können Sie Ihre Depressionen lindern und das Leben wieder genießen.«

Die Therapie bei Dr. May dauerte den ganzen Sommer.

Sooft ich zwischendurch zu Hause war, versuchte ich, an meinen Zielsetzungen zu arbeiten, die Techniken anzuwenden, die ich erlernt hatte, sowie Tennis zu spielen und nicht so unkontrolliert zu essen. An manchen Tagen ging es mir gut, an anderen schlecht. Doch insgesamt gesehen machte ich Fortschritte.

Im November erhielt ich einen Anruf von Stephanie Tolleson. »Monica, normalerweise würde ich dich mit solchen Dingen nicht belästigen, aber ich dachte, du würdest gerne wissen, daß man dich dazu ausersehen hat, den Arete Award an die diesjährige Gewinnerin zu verleihen. Wie du weißt, wird damit der mutigste junge Sportler des Jahres ausgezeichnet; dieses Mal hat man die Turnerin Sonya Bell ausgewählt, sie ist erst dreizehn und blind. Du bist ihr großes Idol.«

»Mmm, laß mich darüber nachdenken, Stephanie.«

Der Gedanke, daß ich für irgend jemanden ein Vorbild sein könnte – vor allem für ein Mädchen, das nur sieben Jahre jünger war als ich – erschien mir seltsam. Ich hätte Sonya gerne persönlich kennengelernt und etwas für eine Sportlerin getan, die ihr Schicksal so tapfer meisterte. Dieses blinde Mädchen brachte mit äußerster Präzision Saltos auf dem schmalen Schwebebalken zustande, bewältigte technisch anspruchsvolle Übungen beim Bodenturnen und schwang an den Holmen des Stufenbarrens ohne Fehlgriffe hin und her!

»Gut, ich mache es«, erklärte ich Stephanie zwei Stunden später. »Aber ich möchte nicht, daß irgend jemand vor der Preisverleihung davon erfährt, und ich komme nur dann, wenn strenge Sicherheitsvorkehrungen getroffen werden.« Es sollte mein erster Auftritt in der Öffentlichkeit seit mehr als einem Jahr sein. Ich war ungeheuer nervös, doch ich bin ein Mensch, der zu seinem Wort steht.

Meine Mutter begleitete mich zur Preisverleihung nach Chicago. Um 14 Uhr betrat ich den Bankettsaal, in dem die Generalprobe stattfinden sollte. Nur wenige Leute standen auf der

Bühne, um ihrem Vortrag den letzten Schliff zu geben, und im Zuschauerraum waren nur wenige Menschen zu sehen. Sie starrten mich verblüfft an, als ich schnurstracks auf die Bühne ging, um meine Laudatio noch einmal durchzugehen. Nicht einmal Sonya, die Hauptperson des Abends, wußte, daß ich ihr den Preis überreichen würde.

Beim Hinausgehen kam ich an einem Tisch vorbei, an dem ein junges Mädchen mit seinen Eltern saß. Ich wußte nicht, daß es Sonya war, bis die Bells mich an ihren Tisch baten und uns miteinander bekannt machten.

»Hallo, bist du wirklich Monica?« fragte die Turnerin schüchtern.

»Hallo Sonya. Ja, ich bin Monica Seles…«

Sonya sprang auf und umarmte mich. »Ich sehe mir jedes deiner Spiele an«, sagte sie aufgeregt. »Ich weiß, daß du es bist, ich erkenne dich an deinem Stöhnen.« (Endlich jemand, der sich durch mein Stöhnen nicht gestört fühlte!) »Ich freue mich so, daß du gekommen bist. Ich kann es noch gar nicht glauben – du weißt nicht, wieviel mir das bedeutet.« Wir saßen noch mindestens eine Stunde beisammen, und Sonya und ich sprachen über Schule, Freunde, unser Leben. Ich sagte, daß ihre Entschlossenheit, sich nicht unterkriegen zu lassen und ihr Schicksal zu meistern, ein Ansporn für mich war. Ich weiß nicht, ob sie mir geglaubt hat, doch es war mir ernst.

Am Abend wurde der Arete Award verliehen. Die Veranstaltung war etwas ganz Besonderes, sie ist mir bis heute in Erinnerung geblieben. Ich überreichte Sonya den Preis und hörte immer wieder von anderen Sportlern, daß man Widrigkeiten im Leben überwinden muß. Der Baseballspieler Hank Aaron, der an dem Bankett teilnahm, kam zu unserem Tisch, um mich zu begrüßen und ein paar aufmunternde Worte zu sagen. Er erwähnte mich sogar in seiner Laudatio, was ich als große Ehre empfand. Als sich der Abend dem Ende zuneigte, sprach ich zum ersten Mal nach knapp einem Jahr wieder mit den Reportern. Meine Kommentare waren knapp und vage, denn noch immer hatte ich nicht auf alles eine Antwort gefunden.

38

Er saß auf dem Bürgersteig neben der blauen Markise eines großen Kaufhauses und trug einen grünen Drillichanzug, dunkel vom Schmutz und Regen, der seit Tagen niedergegangen war. Er hatte sich einen großen weißen Plastiksack als provisorischen Regenmantel umgehängt. Neben ihm saß ein Hund mittlerer Größe, kein Rassehund, sondern ein brauner Mischling – niedlich, weil er ein unverwechselbares Äußeres besaß. Der Hund hielt einen Futternapf im Maul. Ich wollte ein paar Groschen hineinlegen, aber ich hatte Angst vor fremden Hunden. Als ich sah, wie eine Dame Münzen in den Napf fallen ließ, trat ich näher. Der Mann schaute nicht auf, als die Münzen klirrend in die Schale fielen, doch der Hund schon. Seine Augen waren groß, traurig und ohne Hoffnung.

Meine Mutter und ich betraten das Kaufhaus in Seattle. Wir waren Ende November '94 hergekommen, um eine Freundin zu besuchen, als Teil des Versuchs, zu normalen Verhältnissen zurückzufinden. Keine von uns beiden hatte damit gerechnet, daß wir in einem Kaufhaus auf einer Bank sitzen und über einen Mann und seinen Hund nachdenken würden.

»Hast du dir die Gesichter einmal genauer angesehen?« fragte ich meine Mutter. »Sie wirkten beide abgebrannt und trostlos. Der Hund hatte so traurige Augen ... vielleicht kann ich ihn mitnehmen. Bei uns hätte er es gut.«

»Das kannst du nicht machen, Monica. Der Hund ist wahrscheinlich das einzige im Leben, was der Mann noch besitzt.«

In jener Nacht grübelte ich unentwegt darüber nach, wie dem Mann und seinem Hund zu helfen war. Ich stellte mir vor, wie schwer es für einen Obdachlosen sein mußte, Arbeit zu finden, wenn man nicht einmal eine feste Adresse oder eine Telefonnummer angeben kann, unter der man zu erreichen ist.

Am nächsten Morgen ging ich in das Kaufhaus und begab mich auf die Suche nach dem Paar.

»Guten Tag«, sagte ich zögernd, als ich vor dem Mann neben der blauen Markise stand. »Ist Ihnen kalt?«

»Ja«, erwiderte er. »Wir sind schon ziemlich lange hier draußen.«

Ich kaufte zwei Tassen Kaffee und setzte mich neben ihn. Wir kamen ins Gespräch. Der Mann hatte keine Ahnung, wer vor ihm saß, doch ich wußte, was es bedeutet, erledigt und am Ende zu sein. »Ich war früher Tennisspielerin«, sagte ich. »Aber ich wurde während eines Turniers niedergestochen.« Bis heute weiß ich nicht, wieso ich ihm das erzählte, normalerweise bin ich Fremden gegenüber nicht so redselig. Doch aus irgendeinem Grund hielt ich es für richtig.

»Sie sehen nicht aus wie jemand, auf den man mit einem Messer losgeht«, erwiderte der Mann überrascht. »Aber zumindest haben Sie überlebt und das Geschehen verarbeitet. Ich bin Vietnam-Veteran, den Krieg habe ich bis heute nicht aus meinem Gedächtnis verbannt...«

»Ehrlich gesagt, auch ich kann noch keinen Schlußstrich unter das Ereignis von damals ziehen«, vertraute ich ihm an. »Jeden Tag bemühe ich mich aufs neue, das Vergangene zu überwinden, aber es ist mir noch nicht gelungen.«

Wir unterhielten uns fast eine Stunde lang. Als es Zeit war zu gehen, wußte ich nicht genau, was ich zum Abschied tun oder sagen sollte. Mir brach es fast das Herz, den Mann und seinen Hund da draußen in Regen und Kälte zurückzulassen. Als ich ging, drückte ich ihm ein paar Scheine in die Hand.

»Das kann ich nicht annehmen. Das ist viel zuviel.«

»Ich verlasse Seattle morgen und werde Sie höchstwahrscheinlich nie wiedersehen. Bitte nehmen Sie das Geld an. Ich möchte wirklich, daß Sie es nehmen. Sie müssen mir nur versprechen, sich dafür weder Alkohol noch Zigaretten zu kaufen, und dem Hund anständiges Futter zu besorgen. Er ist so lieb. Ich könnte ihn auf der Stelle mit nach Hause nehmen.«

»Ich verspreche es«, sagte der Mann. »Ihnen würde ich meinen Hund sogar geben, aber ich kann mich nicht von ihm trennen, er ist mein ein und alles. Er ist der einzige, mit dem ich reden, der einzige, den ich umarmen kann.«

Es fiel mir nicht leicht, die beiden zu verlassen. Ich hoffe, daß es mir im Leben nie mehr so ergehen wird. Eines hatte ich jedoch gelernt: Es war höchste Zeit, in der Gegenwart zu leben, sonst würde ich es nie mehr schaffen, mich von der Vergangenheit zu lösen. Schluß mit den Ausflüchten, mit dem »Morgen raffe ich mich auf und gehe auf den Tennisplatz, morgen fange ich mit dem Training an« oder »Ab morgen werde ich nicht mehr dauernd an Parches Tat denken«. Was zählt, ist das Hier und Jetzt. In wenigen Wochen würde ich meinen 21. Geburtstag feiern. Die Zeit war reif, dem Leben wieder seine guten Seiten abzugewinnen.

39

Mein 21. Geburtstag war ein Tag, auf den ich mich gefreut hatte, seit ich sechzehn war. Mit 21 wurde man damals volljährig, die große Freiheit winkte. Ich freute mich darauf, endlich tun und lassen zu können, was ich wollte, zum Beispiel einen Pub oder Nachtclub besuchen. Aber es ging mir nicht darum, in der Öffentlichkeit Alkohol zu trinken, ohne mit dem Gesetz in Konflikt zu geraten. In erster Linie war mir wichtig, daß mein Alter kein Thema mehr sein würde.

Dummerweise kommt es im Leben oft anders, als man denkt. Dies gilt auch für Geburtstage. Nach meiner Rückkehr aus Seattle begann ich tatsächlich mit dem Tennis- und Konditionstraining. Obwohl ich mir fest vorgenommen hatte, mich auf die

Gegenwart zu konzentrieren, machte mir die Vergangenheit immer wieder einen Strich durch die Rechnung. Dr. May hatte mich bereits gewarnt, daß es Höhen und Tiefen geben würde, doch ich war mehr auf die Höhen eingestellt und hoffte inständig, daß der Alptraum endlich aufhören würde. Meine Frustration wuchs, und meine Stimmung ging zusehends den Bach hinunter.

»Monica, willst du nicht mal wieder joggen gehen?« fragte mein Vater, als er merkte, daß ich meine Übungen zu vernachlässigen begann. »Und wie wär's, wenn wir ein paar Bälle ...«

»Ich kann nicht!« rief ich, den Tränen nahe, und rannte aus dem Zimmer. Ich fing wieder an, alles auf die lange Bank zu schieben: Morgen werde ich vier Meilen laufen, morgen werde ich aufhören, wahllos Essen in mich hineinzustopfen ... morgen, morgen, morgen.

»Monica, was wünschst du dir zum Geburtstag?« wollte meine Mutter am 31. November von mir wissen, zwei Tage vorher.

»Nichts. Ich habe dieses Jahr keine Lust, zu feiern. Es gibt nichts zu feiern. Und Geschenke will ich auch nicht. Von niemandem.«

»Ach komm, nur im kleinen Kreis. Wir möchten dir so gerne etwas schenken und ein kleines Fest veranstalten, nur unter uns.«

»Nein.«

Am 2. Dezember 1994 wurde ich 21 Jahre alt. Als ich morgens aufwachte, wußte ich, daß mir ein rabenschwarzer Tag bevorstand. »Alles Mist«, fluchte ich, als ich aufstand.

Meine Eltern und Zoltan hatten es nicht übers Herz gebracht, meinen Geburtstag so zu ignorieren, wie ich es verlangt hatte – ein Kuchen mit Kerzen stand auf dem Frühstückstisch. »Ausblasen«, forderte mich meine Mutter auf, als ich die brennenden Kerzen anstarrte, »dann darfst du dir etwas wünschen.« Als Kind glaubte ich an solche Ammenmärchen: An meinem

21. Geburtstag hätte ich aber am liebsten gebrüllt: Was soll der Blödsinn, meine Wünsche gehen doch sowieso nie in Erfüllung! Doch ich tat nichts dergleichen, schloß statt dessen die Augen und blies die Kerzen aus. Mein Vater überreichte mir ein Geschenk, das von der ganzen Familie stammte. Ich öffnete das schmale, längliche Etui und nahm das schlichte goldene Armband heraus.

»Dein Leben ist in letzter Zeit so kompliziert gewesen, daß wir dachten, wir schenken dir etwas Einfaches«, sagte er, als er mir das Armband umlegte.

Ich hatte kein Geschenk gewollt, doch es war gut gemeint und mit so viel Liebe ausgesucht, daß ich einfach nicht böse sein konnte. Ein paar Tage danach besserte sich meine Laune, und ich flog zu Dr. May in der Hoffnung, daß ich die Talsohle erreicht hatte und es von jetzt an bergauf gehen würde. So war es auch.

Um die Weihnachtszeit begann ich ernsthaft mit dem Training. Ich spielte wieder jeden Tag mit meinem Vater Tennis, und als meine Therapie Fortschritte machte, änderten sich allmählich auch meine Eßgewohnheiten, was sich auf der Waage bemerkbar machte. Außerdem hatte ich Lust, Weihnachten mit allem, was dazugehört, zu feiern.

Meine Eltern wollten mir ein weiteres Schmuckstück schenken, als Talisman. Sie hatten zwei Armbänder aus Gold ausgesucht, unter denen ich wählen konnte: eines war mit Schildkröten, das andere mit Marienkäfern durchsetzt.

»Schildkröten symbolisieren ein langes Leben«, meinte meine Mutter.

»Und Marienkäfer bringen Glück«, erklärte mein Vater. »Welches gefällt dir besser, Monica?«

Ich entschied mich für das Armband mit den Schildkröten. Ich glaubte nicht mehr an Glücksbringer, doch ich war inzwischen zu der Überzeugung gelangt, daß sich mit der Zeit fast alle Probleme bewältigen ließen.

Im Januar ’95 flog ich wieder zu Dr. May in die Therapie. Wir sprachen über den Schrei, der noch immer in meinen Ohren widerhallte.

»Vielleicht sollten Sie sich das Attentat auf dem Videofilm ansehen«, schlug er vor. »Dann wissen Sie, was es mit dem Schrei auf sich hat. Wir wären noch einen Schritt weiter.«

Ich war einverstanden. Als ich nach Sarasota zurückkehrte, sah ich mit meinen Eltern die Videoaufzeichnung von meinem Match in Hamburg an.

Die Entscheidung war richtig, ich bereue sie nicht. Daß wir uns den Film abends anschauten, erwies sich allerdings nicht gerade als optimal; die Bilder wirkten unrealistisch, wie ein Traum. Ich stehe auf dem Platz, spiele gegen Maleeva, kämpfe, um im Rennen zu bleiben. Dann der Seitenwechsel. Die Kamera schwenkt zu den Tribünen hinüber. Plötzlich ein Schrei – wie von einem verwundeten Tier. Die Kamera schwenkt nach oben, zur Reklametafel mit dem Citizen-Cup-Zeichen. Erneuter Schwenk, ich taumle auf das Netz zu, eine Hand gegen den Rücken gepreßt. Da ist Parche, mehrere Männer halten ihn fest. Sein Gesicht ist verzerrt und rot, sein Arm auf den Rücken gedreht, wie verrenkt. Ich taumle, mache einige stolpernde Schritte nach vorne, ein Mann taucht hinter mir auf: Er legt die Hände auf meine Schultern, ich falle um, nach hinten, er fängt mich auf. Mein Gesichtsausdruck ist starr, wie eine Maske, Schock und Fassungslosigkeit sind darin geschrieben.

Ich sprang von der Couch auf und rannte aus dem Zimmer. Ich konnte nicht mehr zuschauen. Ich bekam die irrationalen Gedanken nicht mehr in den Griff, die mich quälten. Positive Gedanken, Monica, ermahnte ich mich, als ich merkte, wie ich mich langsam in eine Hysterie hineinsteigerte. Positive Gedanken. Es war ein schlimmer Abend, doch Dr. May hatte recht: Die Bilder vom Attentat anzusehen und den Schrei zu hören, der in so vielen Nächten durch meine Träume gegeistert war, brachte mich letztlich noch einen Schritt weiter.

Eine Woche später schaltete ich den Sportkanal ESPN ein und sah mir einige Tennisspiele im Fernsehen an. Die Zuschauer feuerten die Spieler an, und ich mußte an das Training mit meinem Vater auf unserem Tennisplatz hinter dem Haus denken. Dort herrschte keine Aufregung, wenn ich meinen Vater beim Spielen ausmanövrierte, es gab keine Reaktion aus dem Publikum. Plötzlich vermißte ich das ganze Drumherum.

»Vater, ich würde gerne auf den Plätzen im Club trainieren«, sagte ich eines Morgens. »Vielleicht finden wir ja ein paar Leute, die Lust haben, mit mir zu spielen, die ich mag und gut kenne.« Mein Vater war sprachlos. »Ich bin bereit für den nächsten Schritt«, fuhr ich mit einem schiefen Lächeln fort, um meine Nervosität zu überdecken.

An diesem Abend wagte ich mich in den Club, um ein paar Bälle zu schlagen. Die Tennisplätze waren zu jenem Zeitpunkt gut besucht, und nachdem ich mein Training beendet hatte, kamen einige Spieler zu mir, um mich zu begrüßen. »Schön, Sie zu sehen, Monica. Wir hoffen, daß es Ihnen wieder gutgeht. Viel Glück für Ihr Comeback.«

Zum ersten Mal brach ich nicht gleich in Tränen aus.

40

Ende Februar 1995 rief Martina Navratilova mich an; sie sagte, daß sie am Federation Cup teilnehmen würde, der in Fort Myers, Florida, stattfand. »Monica, ich habe schon seit langem nicht mehr richtig trainiert. Wie wär's, wenn ich dich besuchen würde? Vielleicht könnten wir bei der Gelegenheit gleich ein paar Bälle schlagen!«

»Ja, sicher«, erwiderte ich überrascht.

Martina brachte ihren Foxterrier mit, KD. KD steht für Killerdog. Der Zwerg sieht zwar nicht so aus, als wäre er scharf wie ein Kampfhund, doch der Name paßt zu ihm. Ich erinnere mich noch gut an die US Open, als ich im Umkleideraum ein Fach direkt unterhalb von Martinas Fach hatte. Während sie spielte, blieb KD in der Kabine, und als ich meine Sachen holen wollte, verteidigte er sein Terrain und ließ mich nicht heran. Ich mußte mich umziehen, weil ich gleich an der Reihe war. Schließlich wußte ich mir keinen Rat mehr und holte einen Ordner, der den Hund in sicherer Entfernung festhalten mußte, so daß ich mich umziehen konnte.

Martina und ich verbrachten wunderschöne Tage miteinander. Morgens trainierten wir auf dem Tennisplatz hinter dem Haus, und sie gab mir einige gute Tips für meine Flugbälle. Danach tobten wir uns auf meinem Trampolin aus. Ich fand es herrlich, Martina, die immer ein großes Idol gewesen war, wie ein kleines Kind herumalbern zu sehen. Danach legten wir eine Pause ein und aßen zu Mittag. Martina sagte mir: »Monica, wir würden uns freuen, wenn du wieder mit auf Tour gehen würdest. Es ist natürlich deine Entscheidung, aber ich möchte, daß du eines weißt: Alle werden dich mit offenen Armen empfangen.«

Martinas Worte und ihre Aufrichtigkeit taten mir ungeheuer gut. Die Zeit verging wie im Fluge, und beim Abschied öffnete sie den Verschluß ihres wunderschönen goldenen Armbands und überreichte es mir. »Monica, das möchte ich dir schenken. Ein Talisman. Er hat mir Glück gebracht.« Sie befestigte das Armband an meinem Handgelenk.

»Martina, das kann ich nicht annehmen«, stammelte ich.

»Nach deinem Comeback kannst du es mir ja zurückgeben«, erwiderte sie lächelnd.

»Und was ist, wenn es kein Comeback gibt?«

»Dann behältst du es eben. Es wird dir trotzdem Glück bringen.«

Martina gehört zu den Menschen, die unglaublich freigebig sind. Auf dem Platz ist sie eine harte Gegnerin, aber im Privatleben hat sie ein butterweiches Herz. Was ist, wenn ich ihr das

Armband nie zurückgeben kann? fragte ich mich nach ihrer Abreise. Oder, schlimmer noch, was ist, wenn ich es verliere?

Während der nächsten Monate trug ich das Armband nur ein einziges Mal. Aber ich sah es mir oft an, vor allem, wenn die Alpträume mich wieder quälten, so daß an Schlaf nicht zu denken war und mich ein Gefühl der Hoffnungslosigkeit überkam. Doch langsam begann ich mich mit dem Gedanken an ein Comeback anzufreunden. Vielleicht lag es an dem Armband, oder es war einfach Zeit für den nächsten Schritt. Ich glaube, es war ein bißchen von beidem.

41

Mitte März ließ ich die ersten Andeutungen über ein mögliches Comeback im Gespräch mit meiner Freundin Betsy fallen, hatte aber Angst davor, den Satz auszusprechen: »Ich will wieder Profitennis spielen.« Wie sah die praktische Seite aus? Es galt so viele Vorbereitungen zu treffen, so viele Probleme und Interessen zu berücksichtigen, so viele Entscheidungen zu fällen. All das war nicht im Alleingang zu bewältigen. Obwohl meine Eltern meinen Entschluß frohen Herzens unterstützten, konnten sie mir die zahllosen Einzelheiten der Arbeit nicht abnehmen, die mit der Rückkehr ins Profilager verbunden waren. Betsy erkannte, wo der Schuh drückte, und schlug vor, ich sollte mich mit ihrem Mann, Marc McCormack, zusammensetzen. Er ist unschlagbar, wenn es gilt, die Ärmel hochzukrempeln und einen Schlachtplan zu entwickeln. Ich hatte Glück: Er versprach, mir bei meinem Comeback zu helfen.

Ich fuhr mit meinem Vater nach Orlando, um dort mit Marc zu sprechen. Mein Vater überreichte ihm einen Brief, den er verfaßt hatte. Darin schrieb er:

»Ich glaube, es ist an der Zeit, die Vergangenheit ein für allemal zu begraben und nach vorne zu schauen. Ich möchte Sie, als Leiter von IMG, bitten, meiner Tochter dabei zu helfen. Wir wären Ihnen wirklich sehr dankbar, wenn Sie verschiedene Probleme mit uns gemeinsam in Angriff nehmen könnten, einschließlich des Sponsor-Prozesses und Monicas möglicher Klage gegen den Deutschen Tennisverband wegen mangelhafter Sicherheitsvorkehrungen. Darüber hinaus möchten wir IMG für alles entschädigen, was das Unternehmen in den beiden letzten Jahren für Monica getan hat, als es infolge mangelnder Werbeaufträge unentgeltlich tätig war.«

Mark und ich führten ein Gespräch unter vier Augen. »Wichtig ist vor allem, daß du tust, was dir Spaß macht«, riet er mir, nachdem wir uns lange unterhalten hatten. »Rein finanziell gesehen müßtest du nie wieder einen Schläger in die Hand nehmen. Du hast für den Rest deines Lebens ausgesorgt und könntest nur noch zum Vergnügen spielen. Willst du wirklich ins Profilager zurück?«

»Ja.« In dem Augenblick, als ich das Wort ausgesprochen hatte, wußte ich, daß es der Wahrheit entsprach. »Aber wie?«

»Monica, ich freue mich darauf, die Herausforderung anzunehmen und dein Comeback vorzubereiten«, erwiderte Mark lächelnd. Als erstes wollte er nach Italien fliegen und sich dort mit dem Leiter einer meiner Sponsorenfirmen treffen, um die Schwierigkeiten zwischen uns zu bereinigen. Als nächstes stand ein Besuch beim Deutschen Tennisverband auf dem Programm. Und was die Aufwandsentschädigung für IMG betraf, versprach er, sich mit einer konkreten Zahl an uns zu wenden.

»Wenn du das wirklich willst«, betonte er noch einmal, »dann müssen wir dein Comeback Schritt für Schritt vorbereiten. Erstens wirst du hart und vor allem regelmäßig trainieren, denn soweit ich weiß, spielst du nur sporadisch. Da du seit zwei

Jahren kein Profimatch mehr bestritten hast, ist es zweitens meiner Meinung nach wichtig, zunächst mit einem Schauturnier anzufangen. Dabei können wir das ganze Drumherum bestimmen – das Stadion auswählen, über die Zahl der Zuschauer entscheiden und für optimale Sicherheit sorgen. Außerdem mußt du dir keine Sorgen machen, Punkte zu verlieren oder auf der Rangliste abzurutschen.«

»Ich bin mit allem einverstanden«, hörte ich mich sagen.

»Gut, dann laß uns als Termin zunächst einmal grob den Juli 1995 festsetzen, kurz vor Wimbledon. Denk also daran, daß du in vier Monaten wieder einen Wettkampf vor Publikum bestreiten wirst.«

An diesem Abend gingen Betsy, Mark, mein Vater und ich miteinander essen. Wir sprachen über das Comeback, und irgendwann wurde auch das Thema Sicherheitsvorkehrungen angeschnitten. »Monica hat wahrscheinlich das Gefühl, als säße sie auf einem Stuhl mit zwei Knöpfen. Wenn sie den einen drückt, winken ihr eine Million Dollar. Wenn sie den anderen drückt, verliert sie ihr Leben«, sagte mein Vater. Dieser Realismus traf mich wie ein Keulenschlag. Ich entschuldigte mich und lief auf die Toilette. Tränen kamen mir, ich konnte sie nicht aufhalten. Habe ich wirklich die richtige Entscheidung getroffen? fragte ich mich immer wieder. Ist Tennis es wert, daß man dafür sein Leben riskiert?

Ich habe nie des Geldes wegen Tennis gespielt, finanzielle Erwägungen hatten auch jetzt keinen Einfluß auf meine Entscheidung. Warum wollte ich also wieder ins Profilager zurück? Letztendlich hatte mein Entschluß auch nichts mit Parche zu tun. Ich war nicht darauf versessen, ihm zu beweisen, daß er mich nicht unterkriegen konnte oder daß er mir keine Angst mehr einjagte, denn das tat er immer noch. Ich verspürte lediglich das überwältigende Bedürfnis, wieder im Profilager zu spielen, mich mit den Besten der Welt zu messen und mein Können auf dem Centre Court unter Beweis zu stellen. Ich spritzte mir kaltes Wasser ins Gesicht und kehrte zum Tisch zurück. Es war an der Zeit, dem Leben wieder seine guten Seiten abzugewinnen.

Als ich Orlando verließ und nach Hause zurückkehrte, begann ich damit, jeden Tag eisern zu trainieren und Diät zu halten. Ende März war ich wieder ganz gut in Form, und ich fühlte mich so stark wie seit Jahren nicht mehr. Ich war für den Schritt ins Profilager und in die mir vertraute Welt gerüstet. Günther Parche war derweil mit seinem zweiten Prozeß konfrontiert. Ich war mir sicher, daß seine Landsleute die Tat immer noch scharf verurteilten und die Gerichte ihn nicht ungestraft davonkommen lassen würden.

Doch die Atmosphäre in Deutschland hatte sich zu jenem Zeitpunkt, als Parche erneut vor Gericht gestellt wurde, spürbar geändert. Ich wurde das Gefühl nicht los, daß einige deutsche Zeitungen eine Kehrtwende um 180 Grad vollzogen: Statt das Urteil in erster Instanz kritisch unter die Lupe zu nehmen und das Revisionsverfahren zu unterstützen, stempelten sie mich plötzlich zum Sündenbock: Ich war der große Tennisstar, der einem »Unschuldslamm« auf Abwegen, das niemandem ernsthaft Schaden zufügen wollte, den Prozeß zu machen gedachte. Dieser Stimmungsumschwung bereitete mir Unbehagen, aber dennoch war ich mir sicher, daß es meinen Anwälten gelingen würde, einen Schuldspruch für Parche zu erwirken und zu verhindern, daß er weiterhin auf freiem Fuß blieb.

Eine Woche vor Beginn des Revisionsverfahrens im April 1995 rief mich mein Anwalt an. »Monica, ich halte es für wichtig, daß Sie nach Deutschland kommen und im Prozeß gegen Parche aussagen. Der Richter muß sich aus erster Hand ein Bild von den emotionalen Schäden machen können, die Parches Tat angerichtet hat.«

Es reichte offenbar nicht aus, daß er mich vor zehntausend Zuschauern auf dem Tennisplatz niedergestochen oder daß er ein umfassendes Geständnis abgelegt hatte. Nun sollte ich auch noch nach Deutschland fliegen und die Auswirkung der Tat auf mein Leben in allen Einzelheiten demonstrieren. Schlimmer noch, ich würde während meiner Zeugenaussage im Gerichtssaal vorne auf der Bank Platz nehmen müssen, mit dem Rücken zu Parche. Das war zuviel verlangt!

»Ich werde Dr. May bitten, nach Deutschland zu fliegen und sich im Prozeß als Sachverständiger über meine emotionalen Probleme zu äußern.« Mein Anwalt war nicht gerade glücklich über die Entscheidung, doch mir erschien diese Lösung die beste zu sein.

Dr. May willigte ein. Im Zeugenstand erklärte er hinsichtlich meiner psychischen Verfassung: »Meine Patientin leidet immer noch unter Angstzuständen, weint viel und ist hypernervös. Sie schläft schlecht und hat Alpträume. Sie befürchtet, daß es Parche ein zweites Mal versuchen könnte.« Er rief mich danach an, um mir zu sagen, daß ich die richtige Entscheidung getroffen hatte. Mit dem Rücken zu Parche zu sitzen, während ich das Attentat noch einmal in allen Einzelheiten durchlebte, wäre zu diesem Zeitpunkt zuviel verlangt gewesen.

In der Zwischenzeit konzentrierte ich mich auf mein Comeback. Anfang April flog ich nach Williamsburg zur Einweihung eines neuen Tenniscenters des William and Mary College, das nach Mark McCormack und Betsy benannt werden sollte. Dort verbrachte ich wundervolle Tage und spielte auf den brandneuen Plätzen. Als meine Mutter und ich den Rückflug antraten, waren wir beide glücklich und zuversichtlich, was die Zukunft betraf. Ich rief noch schnell Stephanie Tolleson vom Flughafen aus an.

»Stephanie, Monica hier«, begrüßte ich sie munter. »Alles in Ordnung? Gibt's was Neues?«

»Ich habe schlechte Nachrichten, Monica. Parche ist wieder auf freiem Fuß.«

Am 3. April wurde das Urteil aus der ersten Instanz, zwei Jahre Haft auf Bewährung für Parche, bestätigt. Ein höheres Strafmaß sei wegen des umfassenden Geständnisses nicht gerechtfertigt, erklärte die Richterin, die den Vorsitz über das Berufungsverfahren führte. »Unser Gesetz stützt sich nicht auf das Prinzip ›Auge um Auge, Zahn um Zahn‹«, hieß es in der Urteilsbegründung. Trotz eines vom Gericht bestellten psychiatrischen Gutachtens, in dem es hieß, Parche sei »ein abartig veranlagter, notorischer Einzelgänger« verließ er als freier Mann den Gerichtssaal.

Ich legte den Hörer auf, fiel meiner Mutter in die Arme und weinte ohne Unterlaß. Stephanie hatte gesagt, daß mein deutscher Anwalt, Dr. Dabelzik, bei der nächsthöheren Instanz Berufung einlegen und versuchen wollte, Parche noch einmal vor den Kadi zu zitieren, doch daran mochte ich im Augenblick nicht denken. Meine Gedanken kreisten nur um meine Angst. »Komm, komm, ich muß hier weg«, flehte ich meine Mutter an. Wir verließen den Flughafen und sprangen in ein Taxi. Ich bat den Fahrer, loszufahren, egal wohin.

»Alles in Ordnung mit Ihnen?« fragte er, als er sich in den Verkehr einordnete.

»Fahren Sie einfach drauflos«, erwiderte ich leise. Ich wußte nicht, wohin wir fuhren, nur, daß wir stundenlang im Taxi saßen. Monica, kapier endlich, daß man dir keine Gerechtigkeit widerfahren läßt, sagte ich mir, als der Schock allmählich abklang. Dir bleiben zwei Möglichkeiten: Entweder spielst du wieder Tennis, wie geplant, oder du vergißt es ein für allemal und schaust dich nach etwas anderem um. Wofür auch immer du dich entscheidest, du mußt die Vergangenheit begraben und in die Zukunft blicken.

Meine Mutter und ich mieteten uns für die Nacht in einem Hotel ein und flogen am nächsten Tag nach Sarasota zurück.

Einige Wochen später rief ich Mark McCormack an. »Mit wem spiele ich eigentlich bei dem Schauturnier? An wen denkst du?« Falls er überrascht war, daß *ich* die Initiative ergriff, ließ er es sich nicht anmerken.

»Wie wär's mit Martina?«

»O ja. Das wäre super«, erwiderte ich.

42

»Du solltest im Juni zu den French Open fahren. Es wäre eine großartige Gelegenheit, Kontakt mit der WTA* und zu anderen Gruppen aufzunehmen, die bei deinem Comeback eine Rolle spielen werden«, schlug Mark McCormack vor.

»Gute Idee.«

»Monica, ich weiß, daß du dich vor dem Attentat bei der Behindertenolympiade engagiert hast«, fuhr er fort. »Willst du das auch in Zukunft tun?«

»Unbedingt«, erwiderte ich.

»Gut. Die Wettkämpfe finden in der ersten Juliwoche statt. Sie werden '95 *das* Sportereignis des Jahres sein«, erklärte Mark. »Ich treffe alle nötigen Vorbereitungen für dich.«

Ich trainierte bis ungefähr eine Woche vor Beginn der offenen Meisterschaften von Frankreich. Bevor ich nach Paris flog, machte ich noch einen Abstecher nach Miami, um dort mehrere Yonex-Schläger auszuprobieren, die neu auf den Markt gekommen waren. Während der Zeit, als es mir schlechtging, hatte sich der gesamte Mitarbeiterstab der Firma Yonex als unglaublich hilfsbereit und verständnisvoll erwiesen. Danach fuhr ich mit meinem Manager Tony Godsick (der mit Stephanie zusammenarbeitet) und meiner Mutter zum Flughafen. Während der Abfertigung am Schalter spürte ich plötzlich, wie mir jemand auf die Schulter tippte.

---

* Women's Tennis Association, Verband der Berufsspielerinnen

Wir hatten niemandem erzählt, daß ich bei den French Open als Zuschauerin dabeisein würde. Offiziell befand ich mich auf einer Geschäftsreise, und da ich nicht am Grand Slam teilnahm, mußte ja niemand erfahren, daß ich mich in Paris aufhielt. Außerdem hätte mich vermutlich die Presse belagert, und das wäre nicht fair gegenüber den anderen gewesen; es hätte die Aufmerksamkeit von den Spielen abgelenkt. Doch als ich mich umdrehte, entdeckte ich Chris Evert und bekam einen Schrekken. Sie arbeitete inzwischen als Sportberichterstatterin fürs Fernsehen, und meine Reise nach Paris, ausgerechnet zum Zeitpunkt der French Open, würde ein interessantes Gesprächsthema für ihre Moderation während der Übertragung des Turniers abgeben. Chris war überrascht, mich zu treffen, aber sie fragte mich nicht, warum ich nach Paris flog.

Gott sei Dank, das war noch einmal gutgegangen. Nach unserer Ankunft in Frankreich holten wir unser Gepäck und fuhren ins Hotel. Niemand erkannte mich, und es lagen auch keine Journalisten auf der Lauer. Gegen Mittag beschlossen meine Mutter und ich, einen Spaziergang zu unternehmen. Als wir das Hotel verließen, liefen zwei Fotografen auf uns zu; sie hatten offenbar auf mich gewartet. Irgendwie schienen sie erfahren zu haben, daß ich in Paris war. Na wunderbar, dachte ich, jetzt werden alle sagen, die Seles ist nach Paris gekommen, um kostenlos die Werbetrommel für sich zu rühren.

Am darauffolgenden Tag traf ich mit einem Vertreter der WTA Tour Players Association zusammen, dem Verband, in dem die Turnierspieler organisiert sind. Zu jenem Zeitpunkt wußten sie nur, daß ich eine Rückkehr zum Profitennis in Betracht zog. Sie hatten keine Ahnung, daß die Vorbereitungen für mein Comeback bereits auf Hochtouren liefen. Das mußten wir so lange für uns behalten, bis alles definitiv war. Das letzte, was ich wollte, wäre gewesen, ein riesiges Tamtam zu veranstalten und danach einen Rückzieher zu machen. Bei dem Gespräch erfuhr ich, welche Regeln und Bestimmungen bei Turnieren sich in den letzten Jahren geändert hatten. Wir sprachen auch über meine Wünsche hinsichtlich der Sicherheitsvorkehrungen, falls ich wieder Turniere spielen würde.

Außerdem war ein Treffen mit dem Repräsentanten einer Sponsorfirma anberaumt. Deren Zeitpläne ließen es nicht zu, unsere Differenzen außergerichtlich beizulegen. Bis zum heutigen Tag prozessieren wir. Ich habe unterdessen einen neuen Sponsor, die Firma Nike; die Beziehungen sind sehr eng und außerordentlich positiv für alle Beteiligten.

Ich schaffte es allerdings nicht, mir die French Open – die dritten, die ich seit dem Attentat verpaßt hatte – live im Stadion anzusehen; es wäre zu schmerzhaft gewesen.

Als ich aus Paris zurückkehrte, rief Mark an. »Läuft alles nach Plan?« Ich sagte ja. »Gut, dann bin ich mir ziemlich sicher, daß dein Schauturnier Ende Juli stattfinden wird. Ich weiß noch nicht, in welcher Stadt. Aber ich werde schon das richtige Plätzchen für dich finden.«

Mein Comeback war inzwischen wie ein Zug, der mit jedem Tag und mit jeder Woche schneller wird. Ich war aufgesprungen und bereit, die Reise meines Lebens fortzusetzen.

43

6. Juni 1995, Pressemitteilung:

Monica Seles kehrt auf den Tenniscourt zurück;
Eröffnungsspiel gegen Martina Navratilova live in der CBS-Sportschau
am Samstag, dem 29. Juli

Seles ist außerdem bei der Behindertenolympiade als Beraterin tätig

Monica Seles, ehemals Weltranglistenerste, kehrt zum ersten Mal seit mehr als zwei Jahren wieder auf den Tenniscourt zurück. Die »CBS Sports Show« wird das langerwartete Comeback gegen die legendäre Martina Navratilova am Samstag, dem 29. Juli, live übertragen. Diese Nachricht wurde heute von David Kenin, Leiter von CBS Sports, bekanntgegeben.

»Wir freuen uns sehr, daß CBS Sports Monica Seles' Rückkehr zum Wettkampftennis präsentieren wird«, sagte Kenin. »Während ihrer Pause in den vergangenen 26 Monaten hat die Sportwelt auf einen ihrer strahlendsten Sterne verzichten müssen. Das Spiel, in dem sich zwei Meisterinnen ihres Fachs gegenüberstehen, wird schon jetzt als Sieg für Seles gewertet – als ein Triumph von Lebensmut und Energie bei der Bewältigung eines traumatischen Ereignisses.«

Vor dem Match am 29. Juli wird Seles bei der Behindertenolympiade am 8. Juli in New Haven, Connecticut, zum ersten Mal wieder in der Öffentlichkeit auftreten und die Tennisriege fachlich beraten. Bezüglich der WTA-Turnierspiele, an denen Seles teilnehmen wird, liegt derzeit keine Meldung vor.

Seles, 21 Jahre alt, hat seit dem 20. April 1993, als sie bei einem Turnier in Hamburg, Deutschland, niedergestochen wurde, keine Tenniswettkämpfe mehr bestritten. Vor ihrer Zwangspause hatte Seles sieben der acht Grand-Slam-Turniere gewonnen, bei denen sie angetreten war.

Navratilova, 38, neunmalige Wimbledon-Siegerin im Dameneinzel, die 1994 erneut den Einzug ins Finale schaffte, zog sich im November 1994 aus den Einzelbewerben zurück. Sie holte sich während ihrer Laufbahn achtzehn Grand-Slam-Titel und 167 Titel im Einzel. Damit gewann sie insgesamt mehr Meisterschaften als alle anderen Spieler und Spielerinnen in der Geschichte des Tennissports. Sie hält den Rekord mit der längsten Siegesserie in Folge (74 im Einzel) und im Doppel (109, an der

Seite von Pam Shriver). Sie wird Ende Juli in Wimbledon gemeinsam mit Steffi Graf im Doppel antreten.

Tim Ryan und Mary Carillo werden das Schauturnier für CBS Sports kommentieren. Gespielt wird in drei Sätzen.

Die Behindertenolympiade begann am 8. Juli in New Haven, Connecticut. Einerseits war ich angesichts meines ersten öffentlichen Auftritts vor dem Schaukampf mit Martina ziemlich nervös, andererseits freute ich mich darauf. Ich hatte schon früher, während der WTA-Touren, mit den Teilnehmern gearbeitet und war Vorsitzende des Olympischen Komitees gewesen. Ich hatte die behinderten Sportler immer ihres Lebensmutes und ihrer großartigen Leistungen wegen bewundert, und deshalb ließ ich fünf gerade sein: Sollten sich Tony Godsick und die anderen über die Sicherheitsmaßnahmen, die Logistik und alles andere den Kopf zerbrechen! Ich konzentrierte mich darauf, soviel Zeit wie möglich mit den Sportlern zu verbringen.

Der Tag hätte nicht besser beginnen können. Tony hatte ein Treffen mit Sonya Bell arrangiert (die Turnerin, der ich bei der Verleihung des Arete Award in Chicago den Preis überreichen und für die ich die Laudatio halten durfte). Wir freuten uns riesig über das unverhoffte Wiedersehen, redeten und lachten stundenlang miteinander. Und dann war es Zeit, ins Stadion zur Eröffnung der Behindertenolympiade zu gehen.

Bei meiner Ankunft auf dem Platz lief ein junger Olympiateilnehmer auf mich zu und umarmte mich. Er trug ein T-Shirt mit einer Aufschrift, die besagte, daß man mich willkommen hieß und sich über meine Rückkehr zum Tennis freue. Ich war gerührt. Danach wurde ich von Eunice Kennedy Shriver, der Gründerin der Behindertenolympiade, und verschiedenen Mitgliedern der Kennedy-Familie begrüßt, die mir für die Teilnahme an der Veranstaltung dankten. Die Kennedys unterhielten sich mit mir über die heißen Kämpfe, die sie auf dem Tennisplatz innerhalb der eigenen Familie ausfochten. Mrs. Shriver fragte mich sogar, ob ich ihr nicht eine Stunde Unterricht gegen könnte, damit sie in der Lage wäre, ihre Söhne »beim nächsten Spiel haushoch zu schlagen«. Natürlich sagte ich mit Freuden zu.

Mein Vater, Tony und meine Pressesprecherin Linda Dozoretz begleiteten mich an jenem Tag. Mehr als dreihundert Journalisten aus aller Herren Länder waren gekommen; sie folgten mir auf Schritt und Tritt, was einerseits schmeichelhaft, andererseits aber auch ziemlich nervtötend war. Ich verbrachte den Tag damit, zahllose Preise an die Tennischampions zu überreichen und versuchte, jedem das Gefühl zu vermitteln, ein Turnier gewonnen zu haben, das genauso wichtig war wie der Grand Slam. Es bot sich sogar die Gelegenheit für ein kleines Spiel, nur so zum Spaß. Gegen einige der Olympioniken trat ich im Doppel an, und anderen spielten mein Vater und ich einige Bälle zu. Ich war verblüfft über die Geschicklichkeit und die Reaktionsgeschwindigkeit der Sportler bei den Rückschlägen. Manche feuerten sogar Passier- und Schmetterbälle ab, an die ich nicht mehr herankam – was ihnen natürlich einen Heidenspaß bereitete.

Mein Vater und ich wollten am nächsten Tag unbedingt an der Abschlußfeier teilnehmen, deswegen blieb ich noch in New Haven. Es war ein wundervolles Erlebnis, und alle Sportlerinnen und Sportler, die ich dort kennenlernte, beeindruckten mich tief. Daß man meinen eigenen Mut und meine Entschlossenheit erwähnte, war mir peinlich; was war das schon im Vergleich zur inneren Stärke und positiven Lebenseinstellung, die ich bei den Teilnehmern der Behindertenolympiade so maßlos bewunderte! Ein paar Wochen später wurde ich zur »No Nonsense American Woman of the Month« gekürt, eine Auszeichnung, mit der in Amerika Frauen geehrt werden, die im Privat- und/oder Berufsleben unbeirrt ihren Weg gehen. Mein Beraterhonorar spendete ich der Behindertenolympiade.

Im Anschluß daran kehrte ich nach Florida zurück, um mein Training für das Schauturnier fortzusetzen, ein Turnier mit Sponsoren und zwei Spielerinnen, für das zu jenem Zeitpunkt noch kein geeigneter Austragungsort gefunden war. Ein geeignetes Stadion zu finden erwies sich als schwierig. Die meisten sind Monate im voraus ausgebucht, und wir benötigten eines in drei Wochen. Schließlich wurden wir mit dem Atlantic City Convention Center handelseinig.

Als die Tage und Wochen wie im Flug vergingen und die Stunde X näherrückte, wurde ich immer nervöser. Ich hatte ein mulmiges Gefühl bei dem Gedanken, vor Tausenden von Menschen auf den Tribünen und weiteren Millionen vor dem Bildschirm zu spielen, denn die Sendung wurde in sämtlichen US-Bundesstaaten ausgestrahlt. Was war, wenn ich mich wie eine Anfängerin anstellte? Einmal pro Woche sprach ich mit Dr. May, um meine Gefühle und Ängste besser in den Griff zu bekommen.

Es gab noch ein Problem. Seit Paris ging ich regelmäßig zum Joggen, um abzuspecken. Zweieinhalb Wochen vor Atlantic City spürte ich plötzlich Schmerzen in den Knien. Sie wurden so schlimm, daß ich kaum noch auftreten konnte. Ich flog nach Vail zu Dr. Steadman. Seine Diagnose: Sehnenentzündung. Dr. Steadman wußte, daß es keinen Sinn gehabt hätte, mir Bettruhe zu verordnen. Bis zu meinem Schauturnier waren es nur noch zwei Wochen. »Machen Sie einfach möglichst viele Übungen für die innere Oberschenkelmuskulatur, trainieren Sie nicht mehr so lange auf dem Platz und hören Sie mit dem Joggen auf, ein für allemal«, lauteten seine Anweisungen. Uns beiden war klar, daß ich in Atlantic City spielen würde, notfalls auch auf einem Bein.

Am Tag vor dem Schaukampf traf Mark McCormack mit einem Privatjet in Sarasota ein, um meine Mutter, meinen

Vater und mich nach Atlantic City zu fliegen. Ich hatte nicht mit einem so großen Bahnhof gerechnet, als wir das Nobelhotel Caesar's Palace betraten. Ich wollte nur noch in mein Hotelzimmer, auspacken und dann schleunigst auf den Tennisplatz des Convention Center fahren, um dort einige Bälle zu schlagen. Doch ich hatte die Rechnung ohne den Wirt gemacht.

Kaum war ich aus dem Auto gestiegen, ging der Wirbel schon los. Vor dem Hoteleingang wurde ein roter Teppich ausgerollt, bis vor meine Füße. Dann hießen mich ein historisch gewandeter Cäsar und eine juwelenbehangene Cleopatra in Atlantic City willkommnen. Showgirls im Flitterkostüm streuten Rosen, als ich über den Teppich »schritt«. Ich wurde mit Blumensträußen überhäuft und sah mich einem wahren Blitzlichtgewitter gegenüber. Anfangs hatte ich mir Sorgen wegen der Sicherheitsmaßnahmen gemacht. »Was ist, wenn er hierherkommt?« fragte ich Mark immer wieder. »Wenn er es noch einmal versucht?« Er versprach, daß Caesar's alle nur menschenmöglichen Sicherheitsvorkehrungen treffen und dabei keine Kosten und Mühen scheuen werde. Ich vertraute Mark so blindlings, daß ich völlig entspannt die Aufmerksamkeit genoß, die mir das Hotel angedeihen ließ.

Nachdem ich mein Zimmer bezogen hatte, fuhr ich mit meinem Vater zum Training. Auf dem Tennisplatz wartete eine Reportermeute auf mich. Sie wollten sehen, wie ich mich nach einer zweijährigen Pause anstellen würde. Ich hatte ja die ganze Zeit nur auf Privatplätzen gespielt, also kannte niemand meinen derzeitigen Leistungsstand. Ich begann, einige Bälle mit einer Collegestudentin zu schlagen, die sich bereit erklärt hatte, als Trainingspartnerin zu fungieren. Während dieses ersten Spiels mit Luchsaugen beobachtet zu werden, war meinen Nerven nicht gerade zuträglich – insofern machte ich meine Sache gar nicht so schlecht.

Am Abend ging ich mit Betsy und Mark zum Essen, doch ich brachte vor Aufregung keinen Bissen hinunter. Bevor ich mich verabschiedete, sagte Betsy: »Das wird bestimmt eine harte Nacht. Versuch, ein bißchen zu schlafen, bleib ruhig, und vergiß nicht: Es soll dir in erster Linie Spaß machen. Denk an alles, was du durchgemacht und was du bereits überwunden hast. Tu also dein Bestes und versuch zu schlafen.«

Natürlich konnte ich nicht einschlafen. Ich sah fern bis drei Uhr morgens, und als ich endlich einnickte, hatte ich seltsame Träume. Ich wollte auf den Platz hinausgehen, um meinen Schaukampf zu bestreiten, doch ich stolperte andauernd und kam gar nicht bis zum Platz durch, weil sich vor mir überall Hindernisse befanden. Ich konnte in der Ferne das Netz erkennen, aber war nicht imstande, dorthin zu gelangen. Und überall glotzten merkwürdige Gesichter zu mir herunter, die sich plötzlich verzerrten und in Fratzen verwandelten.

Der Morgen graute schneller, als mir lieb war, und ehe ich mich's versah, war es auch schon Zeit, zum Tenniscenter zu fahren und mich aufzuwärmen. Ich schlug etwa zwanzig Minuten lang meine Bälle, dann ging ich in den Umkleideraum, um mich für das Spiel umzuziehen. Mein Vater begleitete mich ein Stück, er wollte mir noch einen letzten guten Rat geben – als Vater, nicht als Trainer: »Monica, geh einfach auf den Platz, und genieß das Spiel. Es ist Zeit, daß du wieder Spaß daran hast.«

Martina war bereits da, als ich die Umkleidekabine betrat. »Weißt du, man macht so viele Erfahrungen im Leben, sieh es doch einfach positiv«, versuchte sie mich aufzumuntern, als sie mein ängstliches Gesicht sah. »Natürlich bist du nervös, mir ist es keinen Deut anders ergangen bei meinem letzten Einzel, bevor ich den Turniersport an den Nagel gehängt habe. Ich war geradezu versessen auf einen guten Abgang. Ich kann dir nur einen Rat geben: Versuch erst gar nicht, allen Erwartungen, die andere an dich haben, gerecht zu werden. Du hast gearbeitet, und du verdienst die Chance, wieder zu zeigen, was in dir steckt.«

Ich war Martina unendlich dankbar für alles, was sie für mich getan hatte, für ihre Unterstützung während meiner Zwangspause und für ihre Anteilnahme. Nach dem Spiel wollte ich ihr das Armband zurückgeben. Und ihr sagen, daß es mir tatsächlich Glück gebracht hatte.

Betsy kam in den Umkleideraum. Wir setzten uns in eine Ecke und redeten. Sie sagte mir, wie stolz sie auf mich sei und daß es manchmal sehr viel Mut und Durchhaltevermögen erforderte, das Leben wieder ins rechte Lot zu bringen. »Und jetzt geh raus, und zeig ihnen, was du auf der Pfanne hast!« Sie lächelte, und ich umarmte sie und bedankte mich dafür, daß sie mir immer eine treue Freundin und Stütze gewesen war.

Ein Kameramann von CBS steckte den Kopf zur Tür herein. »Noch zehn Sekunden«, kündigte er an. Als Martina und ich uns anschickten, auf den Platz hinauszutreten, begann er mit dem Countdown: »9 ... 8 ... 7 ...«

»Bitte, hören Sie auf damit! Sie machen mich nervös. Sagen Sie mir einfach, wann ich raus muß.«

Martina verließ den Umkleideraum als erste. Sie wurde mit lautem Beifall begrüßt.

»Jetzt«, sagte der Kameramann. Ich setzte einen Schritt vor den anderen, wie ein Automat. Mein Herz klopfte zum Zerspringen, es dröhnte in meinen Ohren. Ich trat auf den Platz hinaus, empfangen von donnerndem Applaus und Hochrufen. Die Zuschauer waren aufgestanden, und ihre ermunternden Zurufe übertönten mein Herzklopfen. Das gilt mir? dachte ich fassungslos. Wie kann ich ihnen nur beweisen, wieviel mir diese Ovationen bedeuten? Ich winkte der Zuschauermenge zu, verbeugte mich immer wieder und knickste, um mich zu bedanken, daß sie gekommen waren, daß sie mich wieder spielen sehen wollten. Es ist wie eine Heimkehr, dachte ich, als ich weiterging. Ja, ich fühlte mich wieder zu Hause.

Mir geht's gut, sagte ich mir, bevor Martina und ich loslegten. Genieß das Spiel. Mit solchen mentalen Hilfen hatten Dr. May und ich gearbeitet. Und sie waren es auch, die mir halfen, ruhig zu werden und mich zu konzentrieren.

»Aufschlag Seles«, verkündete die Schiedsrichterin über Mikrophon. Doppelfehler. Der erste Aufschlag nach meiner Rückkehr, und ausgerechnet den muß ich versieben! Lächerlich. Ich war während des ersten Spiels so nervös, daß ich beim Aufschlag meinen eigenen Ball nicht sehen konnte, als ich ihn hochwarf. Meine Beine waren bleischwer. Das kann ein langer Tag werden, und du wirst bald ganz schön in der Tinte sitzen und dich zum Narren machen, wenn du nicht ruhiger wirst, dachte ich. Es gelang mir, meinen Aufschlag durchzubringen, und ich gewann das Spiel.

Ich brachte ein paar gute Schläge an und einige wirklich miserable, was zum Tie-Break führte. 3:3... Ich muß mich konzentrieren, dachte ich, als ich zu den Tribünen hinüberblickte, wo Betsy, Mark, Stephanie Tolleson und meine Eltern saßen. Sie lächelten und freuten sich ungemein, mich wieder auf dem Platz zu sehen. Ich glaubte nicht, daß es für sie eine Rolle spielte, ob ich das Match letztlich gewinnen oder verlieren würde. Sie wünschten sich nur, daß es mir gelingen würde, das Trauma zu überwinden und wieder Freude am Tennis zu haben und mein Leben wieder zu genießen. Tief durchatmen, Monica, ermahnte ich mich. In diesem Satz war es eng, doch ich gewann ihn im Tie-Break 6:3.

Im ersten Spiel des zweiten Satzes nahm ich Martina den Aufschlag ab. Danach begann ich mich zu entspannen und mich auf dem Platz wieder so heimisch zu fühlen, als hätte es nie eine Zwangspause gegeben. Jeder Ball war »gut«, vor allem meine langen Passierschläge. Erst als es 5:2 stand, bekam ich Probleme und konnte das nächste Spiel nicht für mich entscheiden. Beim Aufschlag war ich nicht imstande, mich zu konzentrieren. Normalerweise gehen meine Bälle, wenn ich den Aufschlag verpatze, nur haarscharf daneben. Doch diesmal war ich so nervös, daß ich mein Handgelenk nicht ruhig halten konnte, und der Ball traf hinten an der Grundlinie auf. Martina blickte mit verdutzter Miene zu mir herüber, als wollte sie sagen: Was, zum Kuckuck, war das denn?

Beim letzten – die Partie entscheidenden – Punkt unterlief mir ein Doppelfehler nach dem anderen. Dreimal hatte ich die Chance, das Match zu beenden, und jedesmal ging sogar der zweite Aufschlag daneben. Beim vierten Mal war mein Aufschlag so lasch, daß der Ball das Netz beinahe nicht erreicht hätte. Er traf im gegnerischen Feld auf und sprang direkt vor Martinas mörderischer Rückhand hoch. Na toll, dachte ich. Sie wird ihn hoch oben schlagen und dir einen Slice vor die Füße knallen. Auf einem schnellen Hartplatz einen Ball zu unterschneiden, ist sehr schwer, doch für Martina kein Problem. Martina traf, doch der Return ging ins Aus.

Ich blickte zu meinen Eltern hinüber und formte lautlos die Worte: »Ich hab's geschafft.«

»Willkommen im Club, Mädel«, sagte Martina lächelnd. »Keine Frage, du bist wieder so gut wie eh und je.«

Ich reichte der Schiedsrichterin die Hand, lief dann zu meinen Eltern und küßte sie. »Dad, wir haben es wirklich geschafft«, flüsterte ich meinem Vater ins Ohr. Danach umarmte ich Betsy und Mark, Stephanie und Sonya Bell, die gekommen waren, um mir für meine Rückkehr die Daumen zu halten, und bedankte mich bei allen. Meine Familie und meine Freunde von IMG, Mitglieder der WTA und Presseleute umringten mich und bekundeten mir ihre Zuneigung und Unterstützung. Ich kam aus dem Lächeln nicht mehr heraus.

44

Nach Atlantic City hätte mich nichts und niemand mehr von meiner Rückkehr zum professionellen Tennis abhalten können. Nur noch eine Frage blieb offen: mein Platz auf der

Weltrangliste. Auf welchen Rang würde man mich setzen? Wahrscheinlich hätte ich mit jedem Rang vorliebgenommen. Doch es sollte anders kommen.

Das Verdienst gebührt ausschließlich Martina Navratilova. Von ihr stammte die Idee, und sie war es auch, die unbeirrt zu ihrer Überzeugung stand, auch wenn andere behaupteten, daß es das Dümmste sei, was sie je gehört hätten. Als unser Schaukampf angekündigt wurde, schlug Martina als Vorsitzende der WTA Tour Players Association ihrer Organisation und den Ranglisten-Topspielerinnen vor, mich für den Fall eines Comebacks auf Platz eins zu setzen, zusammen mit Steffi Graf. Der Vorschlag stieß auf heftigen Widerstand.

Ich habe weder die WTA noch die Spieler um eine »Extrawurst« gebeten. Zum Zeitpunkt des Attentats hatte man mir auch keine Sonderbehandlung angedeihen lassen, und inzwischen hatte ich gelernt, diese Tatsache zu akzeptieren. Die Entscheidung der WTA hinsichtlich meiner Ranglistenplazierung hätte meine Entscheidung, zum Turniersport zurückzukehren, ohnehin nicht beeinflußt. Doch wie dem auch sei, der Verband schickte mir eine Erklärung, in der es hieß, man habe mich neben Steffi Graf auf Ko-Rang eins gesetzt. Ich fügte meine Unterschrift hinzu, und damit war der Vertrag rechtsgültig.

Kurze Zeit später, während des Turniers in Wimbledon, verständigten sich die Spitzenspielerinnen darauf, daß sie mit der Mehrzahl der Klauseln in diesem Vertrag nicht einverstanden waren. Immer wieder fanden Besprechungen zwischen WTA-Turnierleitung und Spielerinnen statt, die sich über Wochen hinzogen, doch am Ende entschied der Verband, sich wortwörtlich an die Vereinbarungen zu halten. Der Beschluß überraschte mich und bestärkte mich in meinem Vorsatz, allen zu beweisen, daß ich nur meinen rechtmäßigen Platz zurückerhalten hatte.

Es gab noch einen Punkt bei der Entscheidung der WTA, der mich erstaunte: Hätte man mich zu Beginn als Wildcard-Spielerin geführt, und hätte eine Spielerin, die ganz oben in der Rangliste stand, in einer der ersten Runden gegen mich verloren, wären die Folgen für ihre Plazierung verheerend gewesen. Außerdem wäre damit schon zu Beginn eines wichtigen Turniers der Losentscheid weggefallen. Die WTA wußte aus früheren Erfahrungen mit mir, daß ich nach meiner Rückkehr Tennis der Spitzenklasse spielen würde. Sie wollte verhindern, daß sich die Ranglistenvordersten mit einer Wildcard-Spielerin messen mußten.

35

Nach dem Attentat schien jedermann mein Leben zu kennen. Man hatte miterlebt, wie ich mich im Laufe der Jahre auf dem Tennisplatz entwickelte, ich war in zahlreichen Turnieren zu sehen, und man hatte die Messerattacke auf dem Bildschirm mitverfolgt – was gab's da noch groß zu rätseln? Anhand dieses Ereignisses zogen die Medien ihre Schlußfolgerungen über meine Genesung, mein Engagement im Tennissport und meine psychische Verfassung. Nach dem Attentat erschienen Artikel, in denen es hieß, es bereite mir offensichtlich Spaß, die Spannung künstlich hochzuschaukeln wie beim »dritten Läuten im Theater«. Ich würde mich auf dem Spielfeld nur deswegen rar machen, weil ich eine möglichst hohe Versicherungssumme kassieren wollte (bis heute habe ich keine müde Mark erhalten) oder um meine Chancen im Prozeß gegen den Deutschen Tennisbund zu verbessern.

Für diese Artikel gab es vermutlich unterschiedliche Gründe. Einige Mitglieder der Presse waren möglicherweise bemüht, die Bedeutung des Attentats herunterzuspielen, um mir die Rückkehr in den Turniersport zu erleichtern. Aber es war eine Realität, mit der ich irgendwie fertig werden mußte, und das war harter Tobak für eine Neunzehnjährige. Ich würde nie mehr die alte sein, ungeachtet dessen, ob ich wieder Turniere spielen würde. Ich mußte diese Tatsache akzeptieren, und sie auch.

Einige Reporter und Fernsehberichterstatter benutzten das Attentat für ihre eigenen Zwecke; sie konnten eine Story ausschlachten und anheizen, die in der Öffentlichkeit bereits kontrovers diskutiert wurde. Manche verstiegen sich sogar zu der Behauptung, ich hätte die Schwere der Verletzung schamlos übertrieben und den Wirbel, den die Medien danach veranstalteten, genossen.

Diese Kommentare fand ich erbärmlich, denn meiner Ansicht nach sollten professionelle Journalisten imstande sein, vorurteilsfrei zu berichten. Und zweitens hätte Mary besser als alle anderen wissen müssen, daß Spielerinnen, die einen vorderen Platz in der Weltrangliste belegen, bei den Kollegen nie besonders beliebt sind. Sie war selber Profi gewesen, hatte Doppel bestritten und gehörte somit zu den Insidern, die aus eigener Erfahrung beurteilen können, was hinter den Kulissen, im Umkleideraum, wirklich vor sich geht.

Turnierspielerinnen an der Spitze der Weltrangliste sind höchst selten miteinander befreundet. Bei zu engen Bindungen besteht die Gefahr, daß man Geheimnisse ausplaudert und über Schwachstellen spricht, was der Gegnerin einen Vorteil verschaffen könnte, den sie bei der nächsten Begegnung auf dem Platz ausnutzen würde. Ich erinnere mich an keine einzige echte Freundschaft zwischen Topspielerinnen in all den Jahren. Respekt vor der Leistung der anderen, das ja, aber keine Freundschaft.

Niedriger plazierte Spielerinnen entwickeln in aller Regel engere Beziehungen. Vielleicht liegt es daran, daß sie sich ein Zimmer oder den Mietwagen teilen, um während der zahllosen Reisen von A nach B Kosten zu sparen. Außerdem spielen sie Doppel zusammen, um ihre Finanzen aufzubessern.

Hinzu kommt, daß im Spitzensport einfach keine Zeit für

Freundschaften bleibt. Angenommen, ich nehme an den US Open teil, und mein Spiel ist für 13 Uhr anberaumt. Ich stehe morgens auf, frühstücke, mache meine Dehnübungen. Um 11 Uhr geht's ab ins Stadion, wo rund dreißig Minuten Aufwärmtraining zu absolvieren sind. Danach ziehe ich mich um. Nun benötige ich noch einige Minuten Zeit, um zu entspannen und mich zu konzentrieren. Ich setze meinen Walkman auf und bereite mich mental auf das Match vor. Nun ist es Zeit, aufs Spielfeld zu gehen. Nach dem Match ziehe ich mein naßgeschwitztes T-Shirt aus und ein trockenes an. Weiter geht's zur Pressekonferenz. Im Anschluß daran hole ich meine Siebensachen aus dem Umkleideraum und fahre heim bzw. ins Hotel zurück, um mich auszuruhen. Ich möchte die wenigen Stunden, die mir nach einem so anstrengenden Tag bleiben, mit meiner Familie oder guten Freunden verbringen, die nicht mit dem Tennissport verbandelt sind. Oder ich habe einfach das Bedürfnis, alleine zu sein, nachdem ich in einem Stadion vor einer dichten Zuschauermenge gespielt und die Fragen der Presse beantwortet habe. Das letzte, was mir in den Sinn käme, wäre, stundenlang im Umkleideraum zu bleiben, um andere Spielerinnen zu treffen und vielleicht Freundschaften zu knüpfen.

Die einzige Gelegenheit, private Kontakte zu Spitzenspielerinnen zu knüpfen, sind die Schauturniere. Sie stellen eine erholsame Abwechslung dar: Man steht weniger unter Druck, und viele Organisatoren haben gemeinsame Abendessen und Tagesausflüge für die Spielerinnen und Spieler eingeplant. Bei solchen Veranstaltungen hatte ich viel Spaß mit Jennifer Capriati, Martina Navratilova und Gabriela Sabatini. Trotzdem bin ich überzeugt davon, daß keine von ihnen bei einem wichtigen Turnier mit einer anderen Topspielerin zusammensitzen und aus dem Nähkästchen plaudern würde. Das wäre taktisch unklug.

46

Auf einige Dinge im Leben sollte man nicht verzichten. Zu ihnen gehörte für mich auch die Talk-Show »Late Night with David Letterman«. Ich bin seit Jahren ein Fan des respektlosen Fernsehmoderators und war vor dem Attentat sogar zu Gast in seiner Show. In den beiden folgenden Jahren setzte sich sein Mitarbeiterstab wiederholt mit mir in Verbindung, um mich für einen Auftritt zu gewinnen. Bis August 1995 hatte ich das Gefühl, es gäbe nichts Wichtiges zu sagen. Doch nach meinem Schaukampf mit Martina fühlte ich mich endlich gerüstet, Dave und seinen scharfzüngigen Kommentaren Rede und Antwort zu stehen.

Tony Godsick arrangierte vor der Talkrunde ein Treffen, so daß ein Mitarbeiter aus Daves Produktionsteam vorab alle noch offenen Fragen mit uns klären konnte. Ich beschloß, den Zuschauern einmal zu zeigen, daß ich Humor besaß, und deshalb notierte ich mir witzige Einfälle unter der Rubrik: »Monicas Liste der Top Ten«. An dem Tag, als die Aufzeichnung stattfinden sollte, trug ich Tony meine Ideen vor. Als wir im CBS-Studio ankamen, hatte ich genügend Material beisammen, um eine eigene Comedy-Show zu moderieren. Ich hatte nicht mit einem solchen Empfang gerechnet: Das Publikum brachte mir minutenlang stehende Ovationen dar. Dave zeichnete meinen Lebensweg ausführlich und mit rührenden Worten nach. Am Ende des Gesprächs fühlte ich mich, als ob ich endgültig in das Leben wieder zurückgekehrt wäre und mich unverzüglich und ohne Rücksicht auf Verluste ins Tennisvergnügen stürzen sollte.

Nach dem Schaukampf in Altantic City nahm ich wieder an Turnieren teil. Ich war innerlich bereit, mich trotz der Sicherheitsbedenken und anhaltenden emotionalen Höhen und Tiefen voll zu integrieren. Ich beschloß, Ende August an den US Open 1995 teilzunehmen und wußte, daß ich vor dem Grand-Slam-Turnier einen Profiwettkampf nach allen Regeln der Kunst bestreiten mußte, sozusagen zum Aufwärmen.

Dummerweise war die Sehnenentzündung in meinem linken Knie seit dem Schauturnier schlimmer geworden, und mir blieb keine andere Wahl, als das Bein zu schonen. Nach langem Überlegen beschloß ich, an den offenen Meisterschaften von Kanada teilzunehmen, weil die Verletzung nach menschlichem Ermessen bis Mitte August einigermaßen ausgeheilt sein mußte; ich rechnete allerdings nicht damit, daß ich in Toronto großartige Leistungen bringen würde. Doch selbst wenn ich nicht besonders gut abschnitt, war es wichtig, vor dem Grand Slam ein Profimatch zu bestreiten, sagte ich mir.

Betsy Nagelsen reiste als Berichterstatterin für ESPN zu den Canadian Open. Es war herrlich, sie dabeizuhaben, nicht nur als moralische Stütze, sondern auch, um mir eine Stadt zu zeigen, die ich noch nicht kannte. Meine Kolleginnen waren unglaublich nett: Am ersten Abend des Turniers gaben sie eine Party für mich, um meine Rückkehr zu feiern. Ich freute mich sehr, die vertrauten Gesichter meiner Generation wiederzusehen und neu hinzugekommene Spielerinnen kennenzulernen, die ich noch nicht kannte.

Mein erstes Match fand am Dienstag, dem 15. August, gegen die Amerikanerin Kimberley Po statt. Es war ein Nachtspiel, was bedeutete, daß ich den ganzen Tag Zeit hatte, meine Nervosität zu steigern. Als ich in Begleitung von Bodyguards das Stadion betrat, erhoben sich die Zuschauer wie auf Stichwort von ihren Plätzen und klatschten Beifall. Da ich zuvor nie in Toronto gespielt hatte, war ich mir nicht sicher, wie mich das Publikum empfangen würde. Die Unterstützung war größer, als ich mir je erträumt hätte, obwohl das Spiel selbst ohne Höhepunkte verlief: Ich gewann den ersten Satz mit 6:0 und den zweiten 6:3.

Als für mich die dritte Runde begann, ließ die Anspannung endlich ein wenig nach, und ich konnte lockerer auftreten. Meine Gegnerin war Nathalie Tauziat aus Frankreich. Nathalie und ich hatten uns früher schon unzählige Male auf dem Platz gegenübergestanden. Bei unserer letzten Begegnung hatte sie sich wiederholt beim Schiedsrichter über mein Stöhnen beschwert. Zeit, das Kriegsbeil zu begraben, dachte ich, als wir uns einige Stunden vor Spielbeginn zufällig begegneten. Es war das erste Mal seit zwei Jahren, daß wir uns wiedersahen, und ich erwartete zumindest ein »Hallo« von ihr, wenn schon kein nettes Wort zur Begrüßung, wie »Schön, daß du wieder da bist«. Sie ging wortlos an mir vorüber. Ich gewann gegen sie 6:2, 6:2. Dieses Mal kamen keine Beschwerden über mein Stöhnen.

Trotz der Tatsache, daß ich ziemlich nervös war, genoß ich die Zeit in Toronto. Ich nahm sogar ein »Bad in der Menge« und besuchte mit Betsy, Tony und Jimmy, meinem Trainingspartner für die Dauer des Turniers, ein Konzert des Rockmusikers Van Halen. Wir konnten zwar nicht bis zum Ende bleiben, weil ich am nächsten Tag ein Spiel hatte, doch wir erlebten unter anderem ein unvergeßliches Drummersolo. Auf dem Rückweg ins Hotel gestand uns Jimmy, daß er Klavier spielen konnte, auch ohne Noten, nur nach dem Gehör. Als wir im Hotel ankamen, hielten wir gleich nach einem Klavier Ausschau; er sollte uns unbedingt etwas vorspielen. Tatsächlich stand eines in der Bar. Als sich Jimmy ans Klavier setzte, hoffte ich insgeheim, daß er nicht übertrieben hatte, denn die Bar war vollständig besetzt. Er konnte tatsächlich spielen – und wie! Die sanften Melodien verliehen der Nacht plötzlich einen ganz eigenen Zauber.

Daß ich das Viertelfinale bei den Canadian Open erreichte, war ein echter Knaller, denn ich hatte ja sehr wenig trainiert. Geh einfach raus auf den Platz und genieß es, sagte ich mir vor dem Match gegen Anke Huber aus Deutschland. Anke ist unheimlich stark von der Grundlinie aus. Es kommt selten vor, daß sie einen Ball nicht erreicht. Das Spiel war sehr ausgeglichen, mit einigen hervorragenden Ballwechseln. Als ich mit 6:3, 6:2 gewann, konnte ich es kaum fassen.

»Es macht mir nichts aus, jetzt zu verlieren«, erklärte ich Betsy trotz des Lampenfiebers vor dem Semifinale, bei dem ich gegen Gabriela Sabatini antreten sollte. Betsy bleute mir wieder einmal ein, positiv zu denken. Ich war immer pessimistisch vor einem wichtigen Spiel gewesen, schon vor Hamburg. Als ich auf den Platz hinausging, dachte ich: Bestimmte Dinge scheinen sich nie zu ändern.

Das Spiel gegen Gaby dauerte nur 48 Minuten. Ich gewann 6:1, 6:0. Bei meinem ersten Profiwettkampf seit zwei Jahren hatte ich mich tatsächlich für das Finale qualifiziert!

Nach dem Halbfinale am Samstag machten Betsy und ich einen Einkaufsbummel und landeten in einem Juweliergeschäft. Die einfachsten Entscheidungen waren für mich schon immer die schwersten. Ich bin imstande, den Zeitplan für meine Turniere ein Jahr im voraus auszuarbeiten, doch an diesem Tag war ich unfähig, mich für einen der gar nicht so teuren Silberringe zu entscheiden. Betsy und ich standen über eine Stunde in dem Juwelierladen.

Zwei Amerikaner sprachen mich an und sagten: »Monica, wir haben gerade festgestellt, daß Sie mehr Zeit brauchen, einen Silberring auszusuchen, als um Sabatini zu schlagen!«

Amanda Coetzer war meine Gegnerin im Finale der Canadian Open. Amanda hatte Steffi Graf in der ersten Runde des Turniers aus dem Rennen geworfen. Ich hatte schon einmal gegen sie gewonnen, und der Sieg war mir beileibe nicht in den Schoß gefallen. Sie gehört zu den Spielerinnen mit konstant guter Leistung; sie läuft wahnsinnig schnell, erwischt jeden Ball und macht nur selten Fehler. Mein Vater und ich führten ein langes Gespräch, bevor ich auf den Centre Court hinausging. »Das ist ein neuer Anfang, Monica«, munterte er mich auf. »Du spielst erstklassig. Aber wichtig ist vor allem, daß du wieder Fuß gefaßt hast. Geh raus und genieß es.« Ich war fest überzeugt, daß ich verlieren würde.

Das Match war in nur 51 Minuten vorbei. Ich gewann 6:0, 6:1. Später sagte Amanda: »Bei Monica bin ich einfach nicht zum Zuge gekommen. Sie läßt einem nicht lange Zeit zum Überlegen. Man muß sich an die Schnelligkeit ihrer Bälle gewöhnen. Irgendwann ist man völlig konfus. Ich wußte nicht mehr weiter.« Als das Spiel zu Ende war, fühlte ich mich wie benommen. Ich ging zu meinen Eltern an die Box und umarmte sie. Mein Vater hatte Tränen in den Augen.

»Ich glaubte zu träumen. Es ist so lange her, und ich war mir nicht sicher, ob ich überhaupt je wieder Tennis spielen würde«, erklärte ich den kanadischen Zuschauern bei der Siegerehrung. Mein Vater kämpfte erneut mit den Tränen, als ich meiner Familie, meinen Freunden und den Tennisfans dankte. Ich dachte an die zwei Jahre, die vor diesem großen Augenblick lagen, an den Kampf gegen meine eigenen Dämonen, den Kampf meines Vaters gegen den Krebs und den meiner Mutter um den Zusammenhalt der Familie. Wir hatten uns alle grundlegend verändert seit jenem Morgen vor 28 Monaten, als ich nach Hamburg zum Viertelfinale aufbrach. Erst jetzt nahmen wir das Ausmaß unserer gegenseitigen Zuneigung wahr und auch die Tatsache, wie wertvoll Freunde sind. Egal wie die US Open für mich ausgehen mochten – ich wußte, daß ich bereits auf der ganzen Linie gesiegt hatte.

47

Wo steckte Betsy? Sie würde nicht als Kommentatorin für ESPN über mein erstes Match bei den US Open 1995 berichten, sondern sollte eigentlich mit meiner Familie in unserer Box neben dem Tennisplatz sitzen. Wo konnte sie nur sein? Es war das erste Spiel in der ersten Runde des Grand-Slam-Turniers. Meine Gegnerin war die Rumänin Ruxandra Dragomir. Und mein Nervenkostüm sorgte für Unruhe.

Ich hatte ein solches Lampenfieber, daß ich schon um 7 Uhr morgens im National Tennis Center in Flushing Meadows auftauchte, obwohl ich erst am Abend an der Reihe war. Den Tag brachte ich irgendwie mit Training und Physiotherapie über die Runden. Die Stunden bis zum Abend dehnten sich endlos. Ich versuchte, einen Happen zu essen, ein Nickerchen zu halten, fernzusehen, doch ich konnte nicht stillsitzen, lief hin und her wie ein Tiger im Käfig, während mir tausend sorgenvolle Gedanken durch den Kopf schossen. Später war ich so verkrampft, daß meine Gesichtsmuskeln schmerzten. Immerhin war es mein erstes Grand-Slam-Turnier seit zwei Jahren, ich hatte so hart gearbeitet... Nur mit der Ruhe, Monica, ermahnte ich mich, sonst bis du nicht einmal imstande, den Ball zu sehen.

Doch. Ich sah den Ball. Nicht entdecken konnte ich hingegen meine Freundin Betsy. Während des ersten Satzes ließ ich meinen Blick immer wieder über die Tribünen schweifen: keine Betsy. Ihr Sitz neben meinen Eltern blieb leer. Ungefähr zur Hälfte der Spielzeit erspähte ich plötzlich ein vertrautes Gesicht in Dragomirs Box. Betsy! Was zum Teufel hatte sie in der Box meiner rumänischen Gegnerin zu suchen? Sie schnitt eine Grimasse. Ich konzentrierte mich wieder auf das Spiel und gewann den ersten Satz mit 6:3. Im zweiten Satz fand ich zu meinem Rhythmus und holte einen Punkt nach dem anderen. Er endete 6:1. Als ich meiner rumänischen Gegnerin die Hand reichte, wurde mir bewußt, daß ich noch nie in meinem Leben so glücklich über einen Sieg in der ersten Runde gewesen war. Ich lief zu meinen Eltern.

»Du hast es geschafft, Monica«, sagte mein Vater, dem die Tränen über die Wangen strömten. Ich lächelte und umarmte zuerst ihn und danach David Dinkins, ehemaliger Bürgermeister von New York, der ein enger Freund der Familie und eine große Stütze während meiner Zwangspause gewesen war. Dann ging ich in den Umkleideraum, um mir etwas Trockenes anzuziehen. Auf dem Weg dorthin begegnete ich Betsy.

»Mann o Mann, ich muß dir etwas Komisches erzählen«, sagte sie lachend. »Stell dir vor, ich hab die Boxen verwechselt. Ich dachte, in der richtigen zu sein und werfe einen Blick auf die andere Seite des Platzes. Wen sehe ich da? Deine Eltern. Ich wollte nicht rund um das Stadion marschieren und auch nur eine Sekunde des Spiels verpassen, deshalb blieb ich einfach sitzen. Du hättest dein Gesicht sehen sollen, als du mich erkannt hast!« Wir lachten uns halbtot, während ich mich umzog, um an der Pressekonferenz teilzunehmen.

»Lange Zeit habe ich davon geträumt, doch ich konnte es mir nicht vorstellen, und deshalb ist es für mich jetzt wichtig, mein Bestes zu geben. Anfang nächsten Jahres werde ich bestimmt meine alte Form wiedergewonnen haben« und und und ... Das ist nur ein Beispiel für die Bandwurmsätze, die ich bei der Pressekonferenz vom Stapel ließ. Ich war so aufgeregt nach dem Sieg, daß ich vergaß, Luft zu holen, und redete ohne Punkt und Komma. Falls die Reporter irritiert waren, ließen sie es sich zumindest nicht anmerken.

An diesem Abend dinierten Betsy und ich in einem Restaurant in Manhattan. Als wir den Speisesaal betraten, klatschten die Anwesenden Beifall. Nie zuvor war ich in New York so freundlich empfangen worden. Am nächsten Tag ging ich im Central Park spazieren. Überall beglückwünschten mich die Leute zu meinem Comeback. Sogar ein junger Mann auf Rollerblades tauschte mit mir einen kumpelhaften Handschlag aus! Ich stellte fest, daß ich mich in Manhattan pudelwohl fühlte, genauso wie in Toronto. Ich sah mir zwei Shows am Broadway an, überreichte den Music Award – eine Auszeichnung des Musiksenders MTV – dem Gewinner und besuchte sogar ein Footballspiel der Giants. Das Leben war wieder lebenswert, es gab immer wieder etwas Neues, Aufregendes zu entdecken. Und ich genoß es in vollen Zügen.

Von Runde zu Runde spielte ich besser, nicht phantastisch, aber gut genug, um im Achtelfinale gegen Anke Huber anzutreten. Ich wußte, daß es ein zähes Ringen geben würde. An jenem Tag war es ungewöhnlich heiß und windig. Mein Vater behauptet, daß eine meiner größten Schwächen darin bestünde, nie genau zu wissen, woher der Wind weht. Nach einem Spiel pflegte er mich häufig nach der Windrichtung zu fragen. Meistens hatte ich keine Ahnung. Solche Mängel lassen sich nur schwer beheben.

Anke eröffnete das Spiel, indem sie die Bälle abwechselnd rechts und links plazierte; mein linkes Knie begann höllisch zu schmerzen, als sie mich kreuz und quer über den Platz scheuchte. Die Sehnenentzündung machte mir zu schaffen, ich trug eine Beinschiene, mußte Tabletten einnehmen und mit einem Physiotherapeuten arbeiten. Ich wußte, daß ich schnellstmöglich die Führung übernehmen mußte, wenn mein Knie nicht noch mehr in Mitleidenschaft gezogen werden sollte, und gewann das Spiel in zwei Sätzen, 6:1 und 6:4.

Im Viertelfinale trat ich gegen Jana Nowotna an. Sie ist eine starke Aufschlag- und Volleyspielerin, und ich hatte schon einmal gegen sie verloren. An diesem Tag kämpfte ich auf Teufel komm raus, um den ersten Satz für mich zu entscheiden, was mir erst im Tie-Break 7:6 gelang. Den zweiten Satz gewann ich verhältnismäßig leicht, mit 6:2. Kaum zu glauben, doch ich hatte den Sprung ins Halbfinale geschafft!

Wenn mir irgend jemand prophezeit hätte, ich würde in meinem ersten Grand-Slam-Turnier so weit kommen, hätte ich es nicht geglaubt. Ich wog noch immer einige Kilo zuviel, litt an einer Knieverletzung und war daher nicht in der Lage, regelmäßig zu trainieren.

Meine nächste Gegnerin würde die Spanierin Conchita Martinez sein. Conchita hatte bis zum Halbfinale keinen einzigen Satz abgegeben. Ihre bisherigen Leistungen waren phantastisch, und zuvor hatte sie zwei Hartplatz-Turniere gewonnen, was bedeutete, daß sie auch mental in Spitzenform war. Unser Match sollte um 17 Uhr beginnen, keine optimale Zeit. Es würde aber nicht vor 19.30 Uhr zu Ende sein, und ich würde erst nach 20.30 im Hotel ankommen, essen und dann sofort ins Bett gehen müssen. Sollte ich das Finale, das für den darauffolgenden Tag anberaumt war, erreichen, blieb mir nur diese eine Nacht zur Erholung. Darauf mußte ich mich einstellen; ich gewann 6:2, 6:2.

Mir blieb keine Zeit zum Nachdenken: Nach Hause fahren, schlafen, aufwachen, frühstücken, Dehnübungen, Aufwärmen und ab ins National Tennis Center, wo ich gegen Steffi Graf im Finale antrat. Von dieser Begegnung hatten die Medien und Tennisfans gleichermaßen geträumt – ein spannendes Duell zwischen den beiden Weltranglistenersten.

Als ich in den Umkleideraum kam, war Steffi schon da. Ich begrüßte sie mit einem Hallo und ging zu meinem Spind, um mich umzuziehen. Einige Minuten später rief uns der Turniersprecher, und gemeinsam gingen wir durch den langen, trichterförmigen Gang zum Centre Court. Auf den Tribünen herrschte große Aufregung. Die Zuschauer begrüßten uns mit Zurufen und Applaus, und unzählige Blitzlichter flammten auf, als wir den Platz betraten. Ich gab mir Mühe, nicht an das traumatische Ereignis zu denken, das ich unweigerlich mit Steffi in Verbindung brachte; nicht an Parche zu denken und wie er mich niedergestochen hatte, um ihr den Weg zu ebnen, um sicherzugehen, daß sie die Nummer eins der Weltrangliste wurde. Nun teilten wir uns den Platz an der Spitze. Konzentriere dich, Monica, ermahnte ich mich. Das Match begann.

Es verlief eher knapp, wir kämpften verbissen um jeden

einzelnen Punkt, jedes einzelne Game. Beide brachten wir unsere Aufschläge durch, bis es im ersten Satz 6:6 stand. Tie-Break. Das schaffst du, sagte ich mir immer wieder, als ich aufschlug. In der Tat – ich ging mit 6:5 in Führung, bei eigenem Aufschlag und der Möglichkeit zum Satzball. Ich warf den Ball hoch, traf ihn mit voller Wucht, plazierte ihn genau an der Mittellinie. Steffi rannte los, kein Return! Siegessicher riß ich die Faust hoch und dachte, ich hätte den ersten Satz gewonnen. Doch der Schiedsrichter überstimmte den Linienrichter.

»Aus«, meldete er reichlich spät.

Aus? Er war nicht im Aus, er war haargenau auf der Linie gewesen. Ich ging zum Schiedsrichter und stritt mit ihm wegen des Punktes. Er blieb hart, und so kehrte ich frustriert zurück; zweiter Aufschlag also. Steffi retournierte mit einer wundervollen Vorhand, was uns wieder einen Gleichstand einbrachte. Ich verpatzte den nächsten Punkt, und Steffi holte sich den Tie-Break und den ersten Satz. Ich war am Boden zerstört.

Es ist nicht meine Art, einem verlorenen Punkt lange nachzutrauern. Doch im zweiten Satz war mir diese positive Sicht abhanden gekommen. Meiner Ansicht nach war die Entscheidung unfair gewesen (das glaube ich bis zum heutigen Tag), ich konnte mich nicht damit abfinden. Den nächsten Satz gewann ich mit 6:0, obwohl ich unkonzentriert war, denn ich ließ den umstrittenen Aufschlag im Tie-Break immer wieder vor meinem geistigen Auge Revue passieren. Zu Beginn des nächsten Satzes ärgerte ich mich noch immer.

Den Zuschauern war zu verdanken, daß sich meine Stimmung schließlich besserte. Ihre Anfeuerungsrufe waren so laut, daß mir zum ersten Mal bewußt wurde: Du könntest das Match gewinnen! Ich hatte diese Möglichkeit bisher kein einziges Mal ernsthaft in Erwägung gezogen, denn schließlich war es mein erster Grand Slam nach zweieinhalb Jahren Pause, und ich hatte mich wie eine Schneekönigin gefreut, überhaupt das Finale zu erreichen. Aber gewinnen? In zwei Games servierte ich ein As. Der Schiedsrichter erklärte, der Aufschlag sei im »Aus« gewesen. Es war nur eine der vielen umstrittenen Entscheidungen, die er in diesem Match zu meinen Ungunsten fällte. Erneut spürte ich Wut in mir hochsteigen. Steffi nahm mir den Aufschlag ab und ging in Führung – 3:2. Danach hatte ich ungeheure Schwierigkeiten, mich zu konzentrieren. Ich spürte, wie mir das Match entglitt, und es gab nichts, was ich dagegen tun konnte. Der Satz ging 6:3 an Steffi, die das Spiel und somit die US Open 1995 gewann.

Ich ging ans Netz, um meiner Gegnerin zu gratulieren. Doch statt nach vorne zu kommen und mir die Hand zu geben, lief Steffi zu ihrer Box und umarmte ihre Mutter. Ich fand ihre Reaktion merkwürdig – so etwas hatte es meines Wissens noch nie bei einem Tennisturnier gegeben. In aller Regel reicht man zuerst dem Gegner die Hand, als Zeichen des Respekts, und geht erst dann zu Familienmitgliedern und Freunden, nicht umgekehrt. Ich stand ratlos am Netz. Schließlich kehrte Steffi zurück, wir reichten uns die Hand und küßten uns auf die Wange. Danach ging ich zu meinen Eltern und dankte ihnen für ihre Unterstützung. Mir wäre es natürlich lieber gewesen, mein Einstand in einem Grand-Slam-Turnier hätte ein glücklicheres Ende gefunden, aber ich konnte mit meinen Leistungen zufrieden sein, denn schließlich hatte ich das Finale erreicht.

Später erfuhr ich, daß Steffi unser Match als den größten Sieg ihres Lebens bezeichnete. Ich begreife nicht, warum sie diese Formulierung gewählt hat und stehe mit dieser Meinung nicht allein da. Doch wie dem auch sei, was zählt ist, daß es mir gelungen war, wieder ganz vorne an der Spitze mitzumischen. Falls es insgeheim noch irgendwelche Zweifel bei den weltbesten Spielerinnen gegeben hatte, ob ich Rang eins B Seite an Seite mit Steffi verdiente, so waren diese nun höchstwahrscheinlich ausgeräumt. Den Jubelrufen und dem Applaus bei den Canadian und US Open nach zu urteilen, hatten mein Comeback und mein Spiel den Tennisfans gefallen.

48

Einige Spielerinnen geben nur dann Autogramme, wenn sie gewinnen; für mich spielt es keine Rolle, ob ich gewonnen oder verloren habe: Ich unterschreibe. 1992 verbrachte ich nach meinem Sieg bei den Virginia Slims Championships beinahe zwei Stunden damit, Autogramme zu schreiben. Wenn man verliert, befindet man sich nicht gerade in Hochstimmung, doch die Anerkennung und Aufmunterung, die man von den Fans während der Autogrammstunde erhält, entschädigen mich für die bittere Pille. Die Jugendlichen erinnern mich daran, wie ich so alt war wie sie und um ein Autogramm meiner Idole Martina und Chris anstand. Ich weiß noch, wie aufgeregt ich war, als ich es in der Tasche hatte!

Nicht alle Sportler sind nett zu ihren Fans. Ich erinnere mich, daß ich einmal einen chinesischen Tischtennisspieler bei den Weltmeisterschaften um ein Autogramm bat und unwirsch weggescheucht wurde. Deswegen bleibe ich heute so lange sitzen, bis auch der letzte Jugendliche meine Unterschrift auf T-Shirt, Tennisbälle, Turnschuhe oder Baseballkappe bekommen hat.

Als ich noch in der Juniorenmannschaft spielte, traf ich einmal den großen Tennisstar John McEnroe in der Empfangshalle eines Hotels und fragte, ob ich ein Foto von ihm machen dürfe.

»Klar«, erwiderte er.

Ich habe das Foto bis heute aufbewahrt. John opferte nicht mehr als zehn, vielleicht fünfzehn Sekunden, und ich war den ganzen Tag lang selig – die Erinnerung wird mir ein Leben lang teuer sein. Ich denke, das ist nicht zuviel verlangt. Was ist es denn schon im Vergleich zu dem, was mir die Fans mit ihren Anfeuerungsrufen und ihrem Applaus geben. Seit Hamburg ist es das mindeste, was ich tun kann, um mich für ihre Zuneigung und Unterstützung zu bedanken.

Vor dem Attentat erhielt ich bergeweise Fanpost. Die Leute schrieben mir, um mir zu sagen, daß ihnen mein Spiel sehr gut gefallen hätte, und einige Kinder und Jugendliche teilten mir mit, daß sie mir nacheifern und ebenfalls ein Tennisstar werden wollten.

Liebe Monica,
ich bin neun Jahre alt, und Du bist mein großes Vorbild. Ich übe fleißig, damit ich den Ball mit beiden Händen am Schläger treffe. Ich möchte genauso stöhnen wie Du. Ich liebe Dich
Scott

Nach dem Angriff änderte sich der Tenor der Briefe. Sogar die Kinder verstanden, was geschehen war, und versuchten, mir mit ihren Briefen zu helfen.

Liebe Monica,
bitte hasse mich nicht, weil ich Deutsche bin. Es tut mir so leid. Falls Du jemals wieder nach Deutschland kommst, werde ich Dich beschützen.
In Liebe
Deine Barbara (acht Jahre)

Einige Fans begannen, mir ihre geheimsten Wünsche und Probleme anzuvertrauen. Junge Frauen, die Opfer von Tätlichkeiten oder einer Vergewaltigung geworden waren, schrieben mir einfühlsame Briefe, schilderten ihre eigene Leidensgeschichte und erteilten mir gute Ratschläge. Eltern riefen meinen Agenten an; er sollte mich bitten, einmal mit ihren Kindern zu reden, die in Schwierigkeiten steckten oder mit einer schweren Krankheit oder Behinderung fertig werden mußten. Plötzlich sahen viele in mir ein menschliches Wesen, zu dem sie auf Anhieb einen Draht fanden; sie offenbarten mir ihre Probleme, baten mich um moralische Unterstützung oder um Hilfe. Ich war dankbar dafür, daß ich meinen Fans etwas von dem zurückgeben konnte, was sie für mich getan hatten, indem ich Autogramme schrieb, ihnen die gewünschten Fotos schickte und mich aktiv im sozialen Bereich engagierte. Nach dem Attentat fühlte ich mich in der Lage, noch mehr zu tun.

Liebe Monica,
mein Sohn ist elf Jahre alt und leidet an Leukämie. Er weigert sich, seine Medikamente zu nehmen, und ich habe Angst, daß er stirbt, wenn die Behandlung nicht fortgesetzt wird. Würden Sie bitte so lieb sein und bei uns anrufen? Vielleicht ändert er seine Meinung, wenn Sie mit ihm reden. Ich weiß, es ist viel verlangt, aber ich habe niemanden, an den ich mich sonst wenden könnte.

Ich finde es immer wieder erstaunlich, daß Kinder auf mich hören, wenn ich ihnen sage, daß sie ihre Medizin einnehmen sollen. Ich habe das etliche Male erlebt, und es ist ein wunderbares Gefühl zu wissen, daß man helfen kann. Ich besuchte oft die Kinderstation von Krankenhäusern, um die kleinen Patienten aufzumuntern. Besonders ist mir ein kleines Mädchen aus Houston in Erinnerung, das wunderbar Tennis spielte, doch bei einem Unfall einen Arm verlor. Sie wehrte sich gegen die Rehabilitationstherapie, und deshalb erklärte ich ihr, wie wichtig die Behandlung sei und daß sie wieder Tennis spielen könne, wenn sie sich Mühe geben würde. Ich versuchte, ihr begreiflich zu machen, daß es keine Rolle spielte, ob man gewinnt oder verliert, sondern daß allein das Mitmachen zählt, der Spaß am Spiel. »Das ist der Grund, warum ich Tennis spiele«, sagte ich. Das kleine Mädchen versprach, zur Therapie zu gehen.

Dann war da noch der Anruf einer Mutter, deren Tochter während des Fußballtrainings bewußtlos auf dem Spielfeld zusammengebrochen war; als sie zu sich kam, war die gesamte linke Körperhälfte gelähmt. Ich rief das Mädchen an, und wir sprachen über Probleme, die wir beide kannten – wie schwer es war, jeden neuen Tag zu bewältigen.

Ich finde es schön, daß mich die Leute nicht mehr als »Tennismaschine«, sondern als menschliches Wesen betrachten, das sich in ihre Probleme und die ihrer Kinder einfühlen kann. Vielleicht liegt es an meinem Alter, daß Kinder mich mögen, schließlich bin ich nicht viel älter als sie, oder daran, daß ihnen meine sportlichen Leistungen imponieren. Oder sie spüren ganz einfach, daß ich sie ernst nehme. Erst nach dem Attentat erkannte ich, daß die Beziehung zu den Fans keine Einbahnstraße ist: nicht nur sie sind für mich da, sondern ich auch für sie.

In den letzten Jahren wurde mir zunehmend bewußt, daß Tennis nur meine erste Karriere darstellt, die derzeit im Vordergrund steht. Wenn ich den Sport als Aktive an den Nagel gehängt haben werde, möchte ich noch lange mit Kindern arbeiten und ihnen bei der Bewältigung schwieriger Lebenssituationen und Behinderungen helfen. Vielleicht kann ich mich revanchieren und ihnen helfen, sich wohl in ihrer Haut zu fühlen, so wie meine Fans, Jugendliche und Erwachsene, mir geholfen haben.

49

Auch wenn ich im Endspiel der US Open 1995 gegen Steffi Graf verlor, spielte ich gut genug, um in den Köpfen meiner Konkurrentinnen jeden Zweifel über mein Comeback zu zerstreuen. Trotzdem war ich der Ansicht, daß ich noch mehr zu beweisen hatte. Mit diesem Gedanken im Hinterkopf flog ich Anfang Januar 1996 nach Sydney, um an den Peters NSW Open teilzunehmen. Ich hatte beschlossen, diesen Wettbewerb vor den offenen Meisterschaften von Australien einzuschieben, was bedeutete, daß ich drei wichtige Turniere in einer Zeitspanne von nur einem Monat spielen mußte – die Peters, die Australian Open und Tokio. Ein ehrgeiziges Programm angesichts der Tatsache, daß ich im Herbst 1996 Knöchel- und Knieverletzungen auskuriert hatte.

Ich hatte noch eine Woche Pause, bevor das erste Turnier begann, was sich als Glücksfall erwies, denn die Zeitverschiebung machte mir zu schaffen. Am zweiten Tag ruinierte ich meinen Schläger. Ich war so müde, daß er mir einfach aus der Hand fiel. Jeden Morgen stand ich von 7.00 Uhr bis 9.00 Uhr auf dem Platz; um Punkt 7.15 Uhr begann es zu regnen. Ich trainierte nicht so viel, wie ich mir vorgenommen hatte, doch es reichte aus. Nach dem Training hefteten sich die Reporter an meine Fersen. Es dauerte eine Weile, bis ich mich daran gewöhnt hatte. Meine Teilnahme an den Australian Open sorgte für Schlagzeilen. Die Presseleute waren wirklich nett, also machte es mir nichts aus.

Einige Tage vor Beginn des Turniers schaute ich mir die Sehenswürdigkeiten an. Ich besuchte die Oper, unternahm einen Ausflug mit dem Dampfer, schwamm an der Bondai Beach. Ich hatte Spaß, konnte mich gut entspannen, und vor meinem ersten Spiel fühlte ich mich topfit. Die Verletzungen machten mir nicht mehr zu schaffen, und ich war mental für den Kampf gerüstet.

Bei den Peters NSW Open mußte ich gegen sämtliche schlagstarken Spielerinnen in Australien antreten. Nichtsdestoweniger erreichte ich das Viertelfinale und stand Mariaan De Swardt aus Südafrika gegenüber. Mariaan hat den zweithärtesten Aufschlag im Damentennis, und der Kampf war schwerer, als der Punktestand vermuten läßt (6:3, 6:2). Im Halbfinale war Brenda Schultz-McCarthy meine Gegnerin, die weltbeste Aufschlägerin. Ich hatte in der Vergangenheit schon gegen sie gespielt, und bei ihrem ersten Aufschlag ist äußerste Vorsicht geboten! An diesem Tag war Brenda in Spitzenform. Ich hatte meine liebe Not, den ersten Satz im Tie-Break 7:6 (7:4) für mich zu entscheiden, und war erleichtert, als ich den zweiten mit 6:3 gewann. Geschafft, ich war im Endspiel.

Vor dem Finale der Peters NSW Open hatte ich noch nie gegen die Amerikanerin Lindsay Davenport gespielt und wußte nicht genau, was mich erwartete. Womit ich gewiß nicht gerechnet hatte, war, gleich den ersten Satz 4:6 zu verlieren. Lindsay erwies sich an diesem Tag als Multitalent, und ich mußte mich am Riemen reißen, um wieder zu meinem Spiel zu finden. Den nächsten Satz konnte ich im Tie-Break mit 7:6 (9:7) und den dritten mit 6:3 für mich verbuchen. Ich gewann die Peters Open, mußte dafür aber einen hohen Preis bezahlen: Während des Spiels mit Lindsay zerrte ich mir einen Muskel in der Leistengegend. Dafür war kein bestimmter Schlag oder Sprung nach dem Ball verantwortlich, sondern die Tatsache, daß Plätze mit Rebound-Ace-Belag eben ein bißchen zäher sind, als ich es gewöhnt bin.

Ich hatte keine Zeit, um mir den Kopf über meine Verletzung zu zerbrechen. Nach der Siegerehrung sprinteten der IMG-Repräsentant Tony Godsick, mein Vater und ich zu unserem Mietwagen. Der Flug nach Melbourne ging in fünfzehn Minuten, und die Fahrt zum Flughafen dauerte normalerweise fünfundzwanzig Minuten! Ich mußte noch am selben Abend in Melbourne sein, sonst wäre mir nicht einmal ein Tag geblieben, um mich auf die Australian Open vorzubereiten. Gottlob hatte die Polizei von Sydney ein Einsehen: sie gab uns »Geleitschutz«, als wir in unserem Minivan Richtung Flughafen brausten, wobei uns ein unmarkierter Streifenwagen mit »Kojak-Sirene« und ein markierter den Weg ebneten. Hätte ich doch nur eine Videokamera dabeigehabt, es war wie im Kino! Wir schafften es auf den allerletzten Drücker und flogen erschöpft, aber glücklich, nach Melbourne.

Sonntag am späten Abend kam ich in Melbourne an und hatte gerade noch Zeit, die Koffer auszupacken, bevor ich todmüde ins Bett fiel. Montag morgen stand ich in aller Herrgottsfrühe auf, um zu trainieren, anschließend war Physiotherapie für meinen lädierten Leistenmuskel angesagt. Die Tatsache, daß mir nicht mehr als ein Tag zur Verfügung stand, um mich vom Streß zu erholen und vor dem Spiel am Dienstag mit den Plätzen vertraut zu machen, auf denen die Australian Open stattfinden würden, beunruhigte mich. Aber was sollte ich machen!

Die ersten Runden schaffte ich verhältnismäßig leicht. Ich fühlte mich noch immer in Hochform, und obwohl meine Leiste weh tat, waren die Schmerzen auszuhalten. Im Viertelfinale schlug ich Iva Majoli aus Kroatien sang- und klanglos mit 6:1, 6:2.

Am darauffolgenden Tag hatte ich frei und wollte mit Betsy Nagelsen, die als Kommentatorin über das Turnier berichtete, ins Kino gehen. An diesem Tag stand Arantxa Sanchez-Vicario im Viertelfinale der Amerikanerin Chanda Rubin gegenüber. Da ich nie gegen Chanda gespielt hatte und im Halbfinale gegen die Siegerin antreten würde, schaltete ich kurz den Fernseher ein, bevor ich Betsy abholen ging. Ich schaute einige Minuten zu, dann mußte ich los. Als ich drei Stunden später in mein Hotelzimmer zurückkam, schaltete ich das Fernsehgerät noch einmal ein: Arantxa und Chanda spielten noch immer. Der Punktestand wurde auf der Tafel angezeigt: 12:12. Bestimmt bringen sie die Höhepunkte der Begegnung noch einmal im Überblick, dachte ich ungläubig.

Ich rief Tony an. Er bestätigte mir, daß es eine Live-Übertragung war und das Match schon mehr als drei Stunden dauerte! Gebannt sah ich zu, wie Arantxa und Chanda um den dritten Satz kämpften, den Chanda 16:14 für sich entschied. Mit diesem zweitlängsten Dameneinzel, das jemals ausgetragen wurde und sich über drei Stunden und dreiunddreißig Minuten hinzog, gewann Chanda das Viertelfinale. Es war eines der besten Spiele des Damentennis überhaupt. Du meine Güte, und gegen dieses Mädchen wirst du im Halbfinale antreten, dachte ich aufgeregt.

Als ich beim Training am nächsten Morgen damit beginnen wollte, Aufschläge zu üben, mußte ich feststellen, daß ich meinen linken Arm nicht über die Höhe der Schulter hinaus anheben konnte. Jedesmal, wenn ich den Ball hochwarf und ausholte, schoß der Schmerz wie glühende Nadeln durch Schultergelenk und Arm bis zum Handgelenk. Um Gottes willen, was war denn nun wieder los? Ich verließ mit meinem Vater eilends den Platz; im Hotel legten wir stündlich einen frischen Eisbeutel auf und massierten den Arm. Ich nahm ein Schmerzmittel ein, doch nichts schien wirklich zu helfen. Am Abend stellte mein Physiotherapeut eine Muskel- oder Sehnenzerrung in der Schulter fest. Ich müßte im Halbfinale so lange die Schmerzen ertragen, bis sich die Schultermuskulatur erwärmt hätte, eröffnete er mir. Danach würde es mir besser gehen. Als ich an diesem Abend zu Bett ging, fragte ich mich verzeifelt, ob ich am nächsten Morgen überhaupt noch den Arm heben und aufschlagen konnte.

Die ersten vier Games gegen Chanda Rubin waren die Hölle. Ich versuchte, mir die Schmerzen beim Aufschlag nicht anmerken zu lassen. Tief in meinem Innern hätte ich am liebsten geschrien: »Ich will hier raus, auf der Stelle! Warum tue ich mir das bloß an?«

Chanda ist eine mit allen Wassern gewaschene Allround-Spielerin, und sie kann eine Vorhand von jedem Punkt des Platzes aus mit solcher Wucht und Präzision übers Netz bringen, daß es einfach nicht möglich ist, zu retournieren. Genau das tat sie im ersten Satz und schlug mich mit 6:7 (7:2).

Keine Niederlage im Halbfinale, bleute ich mir ein. Nicht nur, daß ich mir selbst etwas beweisen mußte, nein, ganz Australien erwartete, daß ich die offenen Meisterschaften gewann. Ich hatte mir den Titel in drei aufeinanderfolgenden Jahren, von 1991 bis 1993, geholt, und nur das Attentat in Hamburg konnte verhindern, daß ich die Australian Open in ungebrochener Folge häufiger gewann als jede andere Spielerin in der Geschichte des Damentennis. Seit meiner Ankunft in Melbourne wurde ich in den Medien als Gewinnerin gehandelt, und deshalb *mußte* ich sie einfach gewinnen, koste es, was es wolle. Es spielte keine Rolle, daß ich in den letzten zweieinhalb Jahren wenig Tennis gespielt hatte. Ich wollte und ich würde gewinnen. Laß dich nicht unterkriegen, geh wieder in Führung, Monica, sagte ich mir, nachdem ich den ersten Satz verloren hatte. Und ich lief wieder zu voller Stärke auf.

Den zweiten Satz holte ich mit 6:1. Meine Schulter schmerzte noch immer, aber ich ließ nicht zu, daß dadurch mein Aufschlag beeinträchtigt wurde. Dann folgte eine heiße Schlacht um den dritten Satz. Ich kämpfte, was das Zeug hielt, aber Chanda zog mit 5:2 davon. Los, mach schon, Monica, ermahnte ich mich. Ich brachte meinen Aufschlag durch, und es stand 5:3.

Chanda hatte nun die Chance, bei eigenem Aufschlag das Match für sich zu entscheiden. Ihr unterlief ein Doppelfehler, ein Flugball ging ins Aus, und schließlich nahm ich ihr den Aufschlag ab. 5:5. Nun konnte mich nichts mehr aufhalten. Ich gewann die nächsten beiden Spiele, und nach einer langen Vorhand hieß es für mich Spiel, Satz und Sieg. Ich war selig und unendlich erleichtert, als die Strapaze vorbei war, denn ich spürte einen dumpfen Schmerz in meiner Schulter, als ich zum Netz ging, um Chanda die Hand zu reichen.

Niemand hatte behauptet, die Australian Open würden ein Kinderspiel sein. Doch als mir Anke Huber meinen Aufschlag im ersten Satz des Finales abnahm und mit 3:2 in Führung ging, wußte ich, daß sie einen guten Tag hatte und ein hartes Stück Arbeit auf mich wartete. Anke ist eine sehr schnelle Spielerin, und dagegen gibt es nur ein Mittel: mit harten Grundlinienschlägen kontern. Ich gewann den ersten Satz knapp mit 6:4, den zweiten klar mit 6:1.

Ich stand auf dem Centre Court mit der Grand-Slam-Trophäe in den hocherhobenen Händen vor einer jubelnden Zuschauermenge, umarmte meinen Vater, meine Mutter, Marc McCormack und Betsy und hatte das Gefühl, die Zeit wäre 1994 stehengeblieben. Es war, als hätte es die zweieinhalb Jahre des »Exils« nie gegeben, als hätte ich nie pausiert und als wäre dies nicht nur mein vierter Sieg bei den Australian Open, sondern mein vierter Sieg *in Folge.*

Ich ging in den Umkleideraum, um mir ein trockenes T-Shirt anzuziehen, und danach zur Pressekonferenz. Ich war euphorisch; Beifall, Lächeln und Aufregung begleiteten mich. Ich war rundum glücklich und fühlte mich mit mir selbst und der Welt in Einklang, als die Pressekonferenz begann. Die Reporter applaudierten, als sie mich hereinkommen sahen, und schossen dann ihre Fragen auf mich ab. »Wie fühlt man sich, wenn man den ersten Grand-Slam-Titel als Amerikanerin gewinnt?« Ich erwiderte, daß ich Amerika schon seit Jahren als meine Heimat betrachtete, aber es sei noch immer wie im Märchen. »Was ist mit Ihren Verletzungen? Sind sie schlimm?« »Die Schulterverletzung ist ziemlich schmerzhaft, bei entsprechender Physiotherapie wird sie jedoch schnell ausheilen«, antwortete ich. »Glauben Sie, daß Jennifer Capriati zum Tennis zurückkehren wird?« »Das ist ihre Entscheidung, aber ich hoffe es.«

»Werden Sie wieder an Turnieren in Deutschland teilnehmen?« rief ein Reporter mir zu. Ich holte tief Luft. »Ms. Seles, werden Sie auch in Deutschland wieder ein Turnier spielen?« wiederholte er die Frage.

»Ich weiß es nicht«, erwiderte ich. »Es fällt mir sehr schwer, dorthin zurückzukehren, und Ihnen würde es vermutlich nicht anders ergehen, wenn Sie an meiner Stelle stünden. Ich wurde vor Tausenden von Zuschauern angegriffen, und der Täter hat keinen einzigen Tag im Gefängnis verbracht. Ich denke, daß es nicht leicht sein wird, mich dort jemals wieder sicher zu fühlen.«*

»Glauben Sie nicht, daß Ihre Genesung erst dann völlig abgeschlossen ist, wenn Sie wieder in Deutschland gewesen sind?« hakte der Reporter noch einmal nach.

»Ich weiß nicht... Ich meine, was dort geschehen ist, war einfach nicht fair. Ich habe aber keine Lust, darüber nachzudenken«, sagte ich. In diesem Augenblick ging mir ein Licht auf. Einige Minuten lang schien es den Alptraum der letzten Jahre nie gegeben zu haben. Ich hatte gerade einen Grand Slam gewonnen, den ersten nach meiner Zwangspause, stand vor Tausenden von Zuschauern, hielt die Trophäe hoch, hörte ihre anfeuernden Rufe und ihren Beifall. Nun wollte ich nur eines: den wundervollen Tag genießen, ohne an die Vergangenheit zu denken. Doch dieser Reporter hatte es offenbar darauf abgesehen, mir die Freude zu verderben. Ich spürte, wie mir die Tränen in die Augen stiegen und zog meine Baseballkappe tiefer ins Gesicht, damit niemand sah, daß ich weinte. Ich hörte das unerbittliche Klicken der Kameras. »Bitte machen Sie jetzt keine Fotos«, bat ich leise.

»Monica, haben Sie während Ihres Aufenthalts in Melbourne irgendwelche Pläne bezüglich Ihrer Freizeit?« lenkte ein rücksichtsvoller Reporter ab.

Ich versuchte zu antworten und bemühte mich, die Frustration und Traurigkeit hinunterzuschlucken. »Das war's dann wohl«, erklärte ich, als ich merkte, daß ich mich einfach nicht zusammenreißen konnte. Ich stand auf und ging. Zum zweiten Mal hintereinander beendete eine Grand-Slam-Gewinnerin

---

* Einige Wochen später teilte Billy Jean King, Sprecherin des amerikanischen Federation-Cup-Teams, in einer Presseerklärung mit, die Mannschaft lehne es ab, am Federation Cup in Deutschland teilzunehmen. Sie forderte im Namen ihrer Teamkollegen, den Wettbewerb (die Entsprechung zum Davis-Cup der Herren) »an einem neutralen Ort« auszutragen.

sang- und klanglos eine Pressekonferenz. Bei den US Open war Steffi Graf in Tränen aufgelöst aus dem Raum gestürzt, als man ihr bohrende Fragen über ihren Vater stellte.

»Nimm dir das dumme Geschwätz nicht zu Herzen«, versuchte Tony Godsick mich zu trösten, als ich weinend im Gang stand. Ich ging in den Umkleideraum zurück; Betsy, meine Mutter, Mary Joe Fernandez und Edwina (eine australische Freundin) kamen herein. Ich konnte meine Tränen nicht zurückhalten. »Warum haben die mich nicht einfach in Ruhe gelassen?« Niemand wußte eine Antwort darauf. Am liebsten wäre ich noch einmal in den Presseraum zurückgekehrt und hätte ihnen gesagt, daß ich weder Deutschland noch den Deutschen die Schuld an Parches Tat gab. Daß ich hoffte, meine Angst eines Tages zu überwinden und wieder in dem wunderschönen Land zu spielen, in dem ich viele Freunde habe. Aber ich war noch zu aufgewühlt, um darüber mit wem auch immer zu reden. Ich verließ das Stadion in höchster Eile und fuhr ins Hotel zurück. Meine Trophäe vergaß ich.

Am Abend ging es mir wieder besser. In Melbourne gibt es eine Band namens Young Elders, die vor einigen Jahren ein Lied über mich komponierte. Tony arrangierte einen Besuch bei den Musikern im Plattenstudio. Sie sangen ihr »Fly, Monica, Fly« für mich, und der Drummer erteilte mir sogar eine Unterrichtsstunde auf seinem Instrument. Danach fuhr ich ins Hotel zur Physiotherapie, und anschließend stand eine große Dinnerparty, die Nike veranstaltete, auf dem Programm. Später gingen Tony, Anke Huber, Mary Joe Fernandez und ich noch in einen Nachtclub zum Tanzen. Ich vergaß meinen Frust und genoß die Musik. Es ist herrlich, abzuschalten und die Gemeinschaft mit Freunden zu genießen, wenn man wenige Stunden zuvor noch hart auf dem Tennisplatz gekämpft hat.

Es kommt immer anders, als man denkt, das habe ich aus der Vergangenheit gelernt. Es war ungeheuer wichtig, die Australian Open, mein erstes Grand-Slam-Turnier nach meiner

Zwangspause, zu gewinnen, doch nicht aus den Gründen, die ich zunächst für wichtig hielt. Ursprünglich wollte ich gewinnen, um mir selbst etwas zu beweisen. Als die Medien mich als Siegerin handelten, wollte ich ihnen beweisen, daß sie richtig getippt hatten. Doch am Ende zählte nur eines: auf den Platz hinauszugehen und so gut wie möglich zu spielen. Das war es, was ich am meisten vermißte, als es in meinem Leben mehr Schattenseiten als lichte Momente gab, und das hat mir, wie ich heute weiß, niemand nehmen können.

STATIONEN EINER TENNISKARRIERE

März 1988–Februar 1996

1988

März

VIRGINIA SLIMS OF FLORIDA, *Boca Raton*

Frei/Hart Los: 2 Rang: – Gesetzt auf: –

R 2	*g*	*Kelesi, Helen*	*7:6 (7:3)*	*6:3*
R 3	*v*	*Evert, Chris*	*6:2*	*6:1**

März

LIPTON INTERNATIONAL PLAYERS' CHAMPIONSHIPS, *Key Biscayne*

Frei/Hart Los: 1 Rang: – Gesetzt auf: –

R 1	*g*	*Field, Louise*	*6:0*	*6:3*
R 2	*v*	*Sabatini, Gabriela*	*7:6*	*6:3*

* R = Runde; g = gewonnen; v = verloren; A = Achtelfinale; V = Viertelfinale; H = Halbfinale; F = Finale; Los = gibt die Runde an, ab der Monica Seles im Turnier spielte; Rang = Platz auf der Weltrangliste ab Platz 100; Frei = Turnier im Freien; Halle = Turnier in der Halle; Hart = Hartplatz; Tepp. = Teppichboden; Sand = Sandplatz; Gras = Grasplatz

Oktober

VIRGINIA SLIMS OF NEW ORLEANS, *New Orleans*

Frei/Hart Los: 3 Rang: – Gesetzt auf: –

R 3	*g*	*Frazier, Amy*	*4:6*	*6:4*	*7:6 (7:1)*
A	*g*	*Magers, Gretchen*	*6:4*	*6:4*	
V	*g*	*Moneil, Lori*	*6:1*	*6:3*	
H	*v*	*Smith, Anne*	*6:1*	*4:3*	*(Abbruch)*

1989

Februar

VIRGINIA SLIMS OF WASHINGTON, *Washington*

Halle/Tepp. Los: 3 Rang: 85 Gesetzt auf: –

R 3	*g*	*Sawtschenko, Larisa*	*6:0*	*6:2*
A	*g*	*White, Robin*	*6:3*	*6:0*
V	*g*	*Maleeva, Manuela*	*6:2*	*6:4*
H	*v*	*Garrison, Zina*	*annull.*	

April

VIRGINIA SLIMS OF HOUSTON, *Houston*

Frei/Hart Los: 3 Rang: – Gesetzt auf: –

R 3	*g*	*Daniels, Mary Lou*	*6:2*	*6:3*	
A	*g*	*Frazier, Amy*	*5:7*	*6:4*	*6:2*
V	*g*	*Temesvari, Andrea*	*6:2*	*7:5*	
H	*g*	*Cunningham, Carrie*	*6:0*	*6:1*	
F	*g*	*Evert, Chris*	*3:6*	*6:1*	*6:4*

Juni

FRENCH OPEN, *Paris*

Frei/Sand   Los: 1   Rang: 22   Gesetzt auf: –

R 1	*g*	*Reis, Ronnie*	*6:4*	*6:1*	
R 2	*g*	*Martin, Stacey*	*6:0*	*6:2*	
R 3	*g*	*Garrison, Zina*	*6:3*	*6:2*	
A	*g*	*Faull, Jo-Anne*	*6:3*	*6:2*	
V	*g*	*Maleeva, Manuela*	*6:3*	*7:5*	
H	*v*	*Graf, Steffi*	*6:3*	*3:6*	*6:3*

Juli

WIMBLEDON, *London*

Frei/Gras   Los: 1   Rang: 13   Gesetzt auf: 11

R 1	*g*	*Schultz, Brenda*	*7:6 (7:3)*	*1:6*	*6:4*
R 2	*g*	*Porwik, Claudia*	*6:2*	*6:4*	
R 3	*g*	*Sviglerova, Eva*	*6:4*	*6:3*	
A	*v*	*Graf, Steffi*	*6:0*	*6:1*	

September

US OPEN, *New York*

Frei/Hart   Los: 1   Rang: 12   Gesetzt auf: 12

R 1	*g*	*Henricksson, Ann*	*4:6*	*6:2*	*6:2*
R 2	*g*	*Smith, Anne*	*7:5*	*6:2*	
R 3	*g*	*Stafford, Shaun*	*7:6 (7:3)*	*6:2*	
A	*v*	*Evert, Chris*	*6:0*	*6:2*	

September

VIRGINIA SLIMS OF DALLAS, *Dallas*

Halle/Tepp. Los: 3 Rang: 10 Gesetzt auf: 5

R 3	*g*	*Bunge, Bettina*	*7:6 (7:0)*	*6:4*
A	*g*	*Burgin, Elise*	*6:2*	*6:3*
V	*g*	*Sanchez, Arantxa*	*6:4*	*6:2*
H	*g*	*Smith, Anne*	*6:1*	*6:2*
F	*v*	*Navratilova, Martina*	*7:6 (7:2)*	*6:3*

Oktober

PORSCHE TENNIS GRAND PRIX, *Filderstadt*

Halle/Tepp. Los: 3 Rang: 9 Gesetzt auf: 4

R 3	*g*	*Schultz, Brenda*	*4:6*	*6:3*	*6:4*
A	*g*	*Hanika, Sylvia*	*6:3*	*6:4*	
V	*v*	*Fernandez, Mary Joe*	*6:4*	*4:6*	*7:6*

Oktober

EUROPEAN INDOORS, *Zürich*

Halle/Tepp. Los: 3 Rang: 9 Gesetzt auf: 4

R 3	*g*	*Zardo, Emanuela*	*6:1*	*6:2*
A	*g*	*McNeil, Lori*	*7:6 (7:5)*	*6:2*
V	*g*	*Kelesi, Helen*	*6:0*	*6:0*
H	*v*	*Novotna, Jana*	*7:6*	*6:4*

Oktober

BRIGHTON INTERNATIONAL, *Brighton*

Rang: 7 Gesetzt auf: 3

R 3	*g*	*Herreman, Nathalie*	*6:3*	*6:4*	
A	*g*	*Henricksson, Ann*	*6:3*	*6:1*	
V	*g*	*Mandlikowa, Hana*	*6:0*	*6:1*	
H	*g*	*Maleeva, Manuela*	*6:3*	*6:2*	
F	*v*	*Graf, Steffi*	*7:5*	*6:4*	

November

VIRGINIA SLIMS CHAMPIONSHIPS, *New York*

Halle/Tepp. Los: A Rang: 7 Gesetzt auf: 6

A	*g*	*Martinez, Conchita*	*6:1*		
V	*v*	*Navratilova, Martina*	*6:3*	*5:7*	*7:5*

1990

Februar

VIRGINIA SLIMS OF CHICAGO, *Chicago*

Halle/Tepp. Los: 3 Rang: 6 Gesetzt auf: 4

R 3	*v*	*Fairbank-Nideffe, Rosalyn*	*6:3*	*6:4*	

Februar

VIRGINIA SLIMS OF WASHINGTON, *Washington*

Halle/Tepp. Los: 3 Rang: 6 Gesetzt auf: 3

R 3	*g*	*Freilos*		
A	*g*	*Martin, Stacey*	*annull.*	
V	*g*	*Shriver, Pam*	*6:2*	*7:6 (7:5)*
H	*v*	*Navratilova, Martina*	*6:3*	*6:0*

März

VIRGINIA SLIMS OF FLORIDA, *Boca Raton*

Frei/Hart Los: 2 Rang: 6 Gesetzt auf: 2

R 2	*g*	*Freilos*		
R 3	*g*	*Jagerman, Nicole*	*6:2*	*6:0*
A	*v*	*Gildemeister, Laura*	*6:1*	*7:5*

März

LIPTON INTERNATIONAL PLAYERS' CHAMPIONSHIPS, *Key Biscayne*

Frei/Hart Los: 1 Rang: 6 Gesetzt auf: 3

R 1	*g*	*Freilos*		
R 2	*g*	*Harvey-Wild, Linda*	*6:1*	*6:4*
R 3	*g*	*Lapi, Laura*	*6:1*	*6:1*
A	*g*	*Fairbank-Nideffe, Rosalyn*	*6:3*	*6:4*
V	*g*	*Herreman, Nathalie*	*6:3*	*6:1*
H	*g*	*Tauziat, Nathalie*	*6:3*	*6:1*
F	*g*	*Wiesner, Judith*	*6:1*	*6:2*

März–April

US WOMEN'S HARDCOURT CHAMPIONSHIPS, *San Antonio*

Frei/Hart Los: A Rang: 4 Gesetzt auf: 2

A	g	*Smith, Anne*	*6:3*	*7:5*
V	g	*Mandlikova, Hana*	*6:4*	*6:4*
H	g	*Fairbank-Nideffe, Rosalyn*	*6:3*	*6:0*
F	g	*Maleeva, Manuela*	*6:4*	*6:3*

April

ECKERD OPEN, *Tampa*

Frei/Sand Los: 3 Rang: 3 Gesetzt auf: 2

R 3	g	*Collins, Sandy*	*6:1*	*6:1*
A	g	*Faber, Donna*	*6:0*	*6:1*
V	g	*Sloane, Susan*	*6:2*	*6:0*
H	g	*Martinez, Conchita*	*6:4*	*6:0*
F	g	*Maleeva, Katerina*	*6:1*	*6:0*

Mai

ITALIAN OPEN, *Rom*

Frei/Hart Los: 2 Rang: 4 Gesetzt auf: 2

R 2	g	*Freilos*		
R 3	g	*Zrubakova, Radka*	*6:4*	*6:1*
A	g	*Paz, Mercedes*	*6:1*	*6:1*
V	g	*Maleeva, Manuela*	*6:0*	*6:2*
H	g	*Kelesi, Helen*	*6:1*	*6:2*
F	g	*Navratilova, Martina*	*6:1*	*6:1*

Mai

LUFTHANSA CUP, *Berlin*

Frei/Hart Los: 2 Rang: 3 Gesetzt auf: 2

R 2	*g*	*Freilos*			
R 3	*g*	*Jagerman, Nicole*	*6:1*	*6:0*	
A	*g*	*Maleeva, Magdalena*	*6:2*	*6:3*	
V	*g*	*Martinez, Conchita*	*6:0*	*6:3*	
H	*g*	*Cecchini, Sandra*	*6:1*	*6:3*	
F	*g*	*Graf, Steffi*	*6:4*	*6:3*	

Juni

FRENCH OPEN, *Paris*

Frei/Sand Los: 1 Rang: 3 Gesetzt auf: 2

R 1	*g*	*Piccolini, Katia*	*6:0*	*6:0*	
R 2	*g*	*Kelesi, Helen*	*4:6*	*6:4*	*6:4*
R 3	*g*	*Meshki, Leila*	*7:6 (7:4)*	*7:6 (7:4)*	
A	*g*	*Gildemeister, Laura*	*6:4*	*6:0*	
V	*g*	*Maleeva, Manuela*	*3:6*	*6:1*	*7:5*
H	*g*	*Capriati, Jennifer*	*6:2*	*6:2*	
F	*g*	*Graf, Steffi*	*7:6*	*6:4*	

Juli

WIMBLEDON, *London*

Frei/Gras Los: 1 Rang: 3 Gesetzt auf: 3

R 1	*g*	*Strandlund, Maria*	*6:2*	*6:0*	
R 2	*g*	*Benjamin, Camille*	*6:3*	*7:5*	
R 3	*g*	*Minter, Anne*	*6:3*	*6:3*	
A	*g*	*Henricksson, Ann*	*6:1*	*6:0*	
V	*v*	*Garrison, Zina*	*3:6*	*6:3*	*9:7*

August

VIRGINIA SLIMS OF LOS ANGELES, *Manhattan Beach*

Frei/Hart   Los: 2   Rang: 3   Gesetzt auf: 2

R 2	*g*	*Freilos*			
R 3	*g*	*Keller, Audra*	*6:2*	*6:2*	
A	*g*	*Smith, Anne*	*6:3*	*6:3*	
V	*g*	*Frazier, Amy*	*2:6*	*6:2*	*7:5*
H	*g*	*Fernandez, Mary Joe*	*6:1*	*6:0*	
F	*g*	*Navratilova, Martina*	*6:4*	*3:6*	*7:6 (8:6)*

September

US OPEN, *New York*

Frei/Hart   Los: 1   Rang: 3   Gesetzt auf: 3

R 1	*g*	*Pampoulova, Elena*	*6:0*	*6:0*	
R 2	*g*	*Fairbank-Nideffe, Rosalyn*	*6:2*	*6:2*	
R 3	*v*	*Ferrando, Linda*	*1:6*	*6:1*	*7:6 (7:3)*

September

NICHREI INTERNATIONAL, *Tokio*

Halle/Tepp.   Los: 3   Rang: 3   Gesetzt auf: 2

R 3	*g*	*Freilos*			
A	*g*	*Pfaff, Eva*	*6:1*	*6:0*	
V	*v*	*Frazier, Amy*	*5:7*	*7:5*	*6:2*

Oktober–November

VIRGINIA SLIMS OF CALIFORNIA, *Oakland*

Halle/Tepp. Los: 3 Rang: 3 Gesetzt auf: 2

R 3	*g*	*Freilos*			
A	*g*	*Temesvari, Andrea*	*6:1*	*6:2*	
V	*g*	*Rehe, Stephanie*	*6:1*	*6:2*	
H	*g*	*Garrison, Zina*	*6:1*	*3:6*	*6:2*
F	*g*	*Navratilova, Martina*	*6:3*	*7:6 (7:5)*	

November

VIRGINIA SLIMS CHAMPIONSHIPS, *New York*

Halle/Tepp. Los: A Rang: 3 Gesetzt auf: 2

A	*g*	*Paulus, Barbara*	*6:2*	*6:2*			
V	*g*	*Sanchez-Vicario, Arantxa*	*5:7*	*7:6*	*6:4*		
H	*g*	*Fernandez, Mary Joe*	*6:3*	*6:4*			
F	*g*	*Sabatini, Gabriela*	*6:4*	*5:7*	*3:6*	*6:4*	*6:2*

1991

Januar

AUSTRALIAN OPEN, *Melbourne*

Frei/Hart Los: 1 Rang: 2 Gesetzt auf: 2

R 1	*g*	*Hack, Sabine*	*6:0*	*6:0*
R 2	*g*	*Cawerzasio, Cathy*	*6:1*	*6:0*
R 3	*g*	*Kschwendt, Karin*	*6:3*	*6:1*
A	*g*	*Tanvier, Catherine*	*6:2*	*6:1*

V	*g*	*Huber, Anke*	*6:3*	*6:1*	
H	*g*	*Fernandez, Mary Joe*	*6:3*	*0:6*	*9:7*
F	*g*	*Novotna, Jana*	*5:7*	*6:3*	*6:1*

Februar–März

VIRGINIA SLIMS OF PALM SPRINGS, *Palm Springs*

Frei/Hart Los: 2 Rang: 2 Gesetzt auf: 1

R 2	*g*	*Freilos*		
R 3	*g*	*Javer, Monique*	*6:3*	*6:1*
A	*g*	*Appelmans, Sabine*	*6:3*	*6:0*
V	*g*	*Hy, Patricia*	*7:5*	*6:2*
H	*g*	*Kelesi, Helen*	*6:0*	*6:3*
F	*v*	*Navratilova, Martina*	*6:2*	*7:6 (8:6)*

März

LIPTON INTERNATIONAL PLAYERS CHAMPIONSHIPS, *Key Biscayne*

Frei/Hart Los:1 Rang: 1 Gesetzt auf: 2

R 1	*g*	*Freilos*			
R 2	*g*	*Cioffi, Halle*	*6:1*	*6:3*	
R 3	*g*	*Kschwend, Karin*	*6:0*	*6:1*	
A	*g*	*Labat, Florencia*	*7:5*	*6:0*	
V	*g*	*Capriati, Jennifer*	*2:6*	*6:1*	*6:4*
H	*g*	*Fernandez, Mary Joe*	*6:1*	*6:3*	
F	*g*	*Sabatini, Gabriela*	*6:3*	*7:5*	

März

US WOMEN'S HARDCOURT CHAMPIONSHIPSS, *San Antonio*

Frei/Hart Los: 3 Rang: 1 Gesetzt auf: 1

R 3	*g*	*Labat, Florencia*	*6:0*	*6:1*	
A	*g*	*Porwik, Claudia*	*6:1*	*6:4*	
V	*g*	*De Lone, Erika*	*6:2*	*6:0*	
H	*g*	*Maleeva-Fragnier, Manuela*	*6:2*	*2:6*	*6:2*
F	*v*	*Graf, Steffi*	*6:4*	*6:3*	

April

VIRGINIA SLIMS OF HOUSTON, *Houston*

Frei/Sand Los: 3 Rang: 1 Gesetzt auf: 1

R 3	*g*	*Freilos*		
A	*g*	*Zrubakova, Radka*	*6:0*	*6:2*
V	*g*	*Bonsignori, Federica*	*6:1*	*6:0*
H	*g*	*Cecchini, Sandra*	*6:0*	*6:2*
F	*g*	*Fernandez, Mary Joe*	*6:4*	*6:3*

April–Mai

CITIZEN CUP, *Hamburg*

Frei/Sand Los: 2 Rang: 1 Gesetzt auf: 1

R 2	*g*	*Freilos*			
R 3	*g*	*Leand, Andrea*	*6:1*	*6:1*	
A	*g*	*Rajchrtova, Regina*	*6:3*	*6:0*	
V	*g*	*Sukowa, Helena*	*6:0*	*6:1*	
H	*g*	*Sanchez-Vicario, Arantxa*	*6:2*	*6:4*	
F	*v*	*Graf, Steffi*	*7:5*	*6:7 (4:7)*	*6:3*

Mai

ITALIAN OPEN, *Rom*

Frei/Sand Los: 2 Rang: 1 Gesetzt auf: 1

R 2	*g*	*Freilos*			
R 3	*g*	*Provis, Nicole*	*6:3*	*6:1*	
A	*g*	*Piccolini, Katia*	*6:3*	*6:1*	
V	*g*	*Meshki, Leila*	*6:0*	*6:1*	
H	*g*	*Fernandez, Mary Joe*	*7:5*	*2:6*	*6:4*
F	*v*	*Sabatini, Gabriela*	*6:3*	*6:2*	

Juni

FRENCH OPEN, *Paris*

Frei/Hart Los: 1 Rang: 1 Gesetzt auf: 1

R 1	*g*	*Zrubakova, Radka*	*6:3*	*6:0*	
R 2	*g*	*De Swardt, Mariaan*	*6:0*	*6:2*	
R 3	*g*	*Quentrec, Karine*	*6:1*	*6:2*	
A	*g*	*Cecchini, Sandra*	*3:6*	*6:3*	*6:0*
V	*g*	*Martinez, Conchita*	*6:0*	*7:5*	
H	*g*	*Sabatini, Gabriela*	*6:4*	*6:1*	
F	*g*	*Sanchez-Vicario, Arantxa*	*6:3*	*6:4*	

Juli–August

TENNIS CLASSICS, *San Diego*

Frei/Hart Los: 3 Rang: 1 Gesetzt auf: 1

R 3	*g*	*Freilos*			
A	*g*	*Shriver, Pam*	*6:2*	*6:2*	
V	*g*	*Minter, Anne*	*6:0*	*6:3*	
H	*g*	*Tauziat, Nathalie*	*6:1*	*6:2*	
F	*v*	*Capriati, Jennifer*	*4:6*	*6:1*	*7:6 (7:2)*

August

VIRGINIA SLIMS OF LOS ANGELES, *Manhattan Beach*

Frei/Hart Los: 2 Rang: 1 Gesetzt auf: 1

R 2	*g*	*Freilos*			
R 3	*g*	*Reinach, Elna*	*6:1*	*6:0*	
A	*g*	*Coetzer, Amanda*	*6:4*	*6:1*	
V	*g*	*Paz, Mercedes*	*6:2*	*6:2*	
H	*g*	*Sanchez-Vicario, Arantxa*	*6:7 (5:7)*	*6:4*	*6:4*
F	*g*	*Date, Kimiko*	*6:3*	*6:1*	

August–September

US OPEN, *New York*

Frei/Hart Los: 1 Rang: 1 Gesetzt auf: 1

R 1	*g*	*Arendt, Nicole*	*6:2*	*6:0*	
R 2	*g*	*Zardo, Emanuela*	*6:0*	*4:6*	*6:0*
R 3	*g*	*Gomer, Sara*	*6:1*	*6:4*	
A	*g*	*Rajchrtowa, Regina*	*6:1*	*6:1*	
V	*g*	*Fernandez, Gigi*	*6:1*	*6:2*	
H	*g*	*Capriati, Jennifer*	*6:3*	*3:6*	*7:6 (7:3)*
F	*g*	*Navratilova, Martina*	*7:6 (7:1)*	*6:1*	

September

NICHIREI INTERNATIONAL, *Tokio*

Frei/Hart Los: 3 Rang: 1 Gesetzt auf: 1

R 3	*g*	*Freilos*		
A	*g*	*Hiraki, Rika*	*6:3*	*6:4*
V	*g*	*Kidowaki, Maya*	*6:0*	*6:0*
H	*g*	*Frazier, Amy*	*6:4*	*6:1*
F	*g*	*Fernandez, Mary Joe*	*6:1*	*6:1*

September–Oktober

MILANO INDOOR, *Mailand*

Halle/Tepp. Los: 3 Rang: 1 Gesetzt auf: 1

R 3	*g*	*Freilos*			
A	*g*	*Garrone, Laura*	*6:0*	*6:1*	
V	*g*	*Sukowa, Helena*	*6:3*	*6:4*	
H	*g*	*Martinez, Conchita*	*6:3*	*6:3*	
F	*g*	*Navratilova, Martina*	*6:3*	*3:6*	*6:4*

November

VIRGINIA SLIMS OF CALIFORNIA, *Oakland*

Halle/Tepp. Los: 3 Rang: 1 Gesetzt auf: 1

R 3	*g*	*Freilos*			
A	*g*	*Javer, Monique*	*6:2*	*6:0*	
V	*g*	*Harvey-Wild, Linda*	*6:0*	*6:2*	
H	*g*	*Maleeva-Fragnier, Manuela*	*6:2*	*6:1*	
F	*g*	*Navratilova, Martina*	*6:3*	*3:6*	*6:3*

November

VIRGINIA SLIMS OF PHILADELPHIA, *Philadelphia*

Halle/Tepp. Los: 3 Rang: 1 Gesetzt auf: 1

R 3	*g*	*Freilos*		
A	*g*	*Werdel, Marianne*	*7:5*	*6:1*
V	*g*	*Garrison, Zina*	*7:6 (8:6)*	*6:0*
H	*g*	*Sanchez-Vicario, Arantxa*	*6:1*	*6:2*
F	*g*	*Capriati, Jennifer*	*7:5*	*6:1*

November

VIRGINIA SLIMS CHAMPIONSHIPS, *New York*

Halle/Tepp. Los: A Rang: 1 Gesetzt auf: 1

A	*g*	*Halard, Julie*	*6:1*	*6:0*		
V	*g*	*Fernandez, Mary Joe*	*6:3*	*6:2*		
H	*g*	*Sabatini, Gabriela*	*6:1*	*6:1*		
F	*g*	*Navratilova, Martina*	*6:4*	*3:6*	*7:5*	*6:0*

1992

Januar

AUSTRALIAN OPEN, *Melbourne*

Frei/Hart Los: 1 Rang: 1 Gesetzt auf: 1

R 1	*g*	*Kijimuta, Akiko*	*6:2*	*6:0*	
R 2	*g*	*Date, Kimiko*	*6:2*	*7:5*	
R 3	*g*	*Basuki, Yayuk*	*6:1*	*6:1*	
A	*g*	*Meskhi, Leila*	*6:4*	*4:6*	*6:2*
V	*g*	*Huber, Anke*	*7:5*	*6:3*	
H	*g*	*Sanchez-Vicario, Arantxa*	*6:2*	*6:2*	
F	*g*	*Fernandez, Mary Joe*	*6:2*	*6:3*	

Februar

NOKIA GRAND PRIX, *Essen*

Halle/Tepp. Los: 3 Rang: 1 Gesetzt auf: 1

R 3	*g*	*Freilos*		
A	*g*	*Kerek, Angela*	*6:2*	*6:2*
V	*g*	*Lindqvist, Catarina*	*6:3*	*6:2*
H	*g*	*Pierce, Mary*	*6:0*	*6:1*
F	*g*	*Fernandez, Mary Joe*	*6:0*	*6:3*

Februar–März

MATRIX ESSENTIALS EVERT CUP

Frei/Hart Los: 2 Rang: 1 Gesetzt auf: 1

R 2	*g*	*Freilos*		
R 3	*g*	*Reinach, Elna*	*6:1*	*6:1*
A	*g*	*Whitlinger, Tami*	*6:2*	*6:3*
V	*g*	*Fernandez, Gigi*	*6:0*	*6:0*
H	*g*	*Maleeva, Katerina*	*6:1*	*6:0*
F	*g*	*Martinez, Conchita*	*6:3*	*6:1*

März

LIPTON INTERNATIONAL PLAYERS' CHAMPIONSHIPS, *Key Biscayne*

Frei/Hart Los: 1 Rang: 1 Gesetzt auf: 1

R 1	*g*	*Freilos*		
R 2	*g*	*Benjamin, Camille*	*6:1*	*6:3*
R 3	*g*	*Sawtschenko-Neilan, Larisa*	*6:0*	*6:4*
A	*g*	*Zrubakova, Radka*	*6:1*	*6:2*
V	*v*	*Capriati, Jennifer*	*6:2*	*7:6 (7:5)*

April

VIRGINIA SLIMS OF HOUSTON, *Houston*

Frei/Sand Los: 3 Rang: 1 Gesetzt auf: 1

R 3	*g*	*Freilos*			
A	*g*	*Paz, Mercedes*	*6:0*	*6:0*	
V	*g*	*Fulco-Villella, Bettina*	*6:1*	*6:0*	
H	*g*	*Gildemeister, Laura*	*6:4*	*6:1*	
F	*g*	*Garrison, Zina*	*6:1*	*6:1*	

April

OPEN SEAT OF SPAIN, *Barcelona*

Frei/Sand Los: 3 Rang: 1 Gesetzt auf: 1

R 3	*g*	*Freilos*			
A	*g*	*Muns-Jagerman, Nicole*	*6:3*	*6:1*	
V	*g*	*Pierce, Mary*	*7:6 (8:6)*	*6:4*	
H	*g*	*Maleeva-Fragnier, Manuela*	*6:3*	*6:1*	
F	*g*	*Sanchez-Vicario, Arantxa*	*3:6*	*6:3*	*6:2*

Mai

ITALIAN OPEN, *Rom*

Frei/Sand Los: 2 Rang: 1 Gesetzt auf: 1

R 2	*g*	*Freilos*			
R 3	*g*	*Baudone, Natalia*	*6:0*	*6:4*	
A	*g*	*Cunningham, Carrie*	*6:0*	*6:1*	
V	*g*	*Meskhi, Leila*	*6:1*	*6:4*	
H	*g*	*Coetzer, Amanda*	*6:0*	*6:4*	
F	*v*	*Sabatini, Gabriela*	*7:5*	*6:4*	

Juni

FRENCH OPEN, *Paris*

Frei/Sand Los: 1 Rang: 1 Gesetzt auf: 1

R 1	*g*	*Mothes, Catherine*	*6:1*	*6:0*	
R 2	*g*	*Kschwendt, Karin*	*6:2*	*6:2*	
R 3	*g*	*McNeil, Lori*	*6:0*	*6:1*	
A	*g*	*Kijimuta, Akiko*	*6:1*	*3:6*	*6:4*
V	*g*	*Capriati, Jennifer*	*6:2*	*6:2*	
H	*g*	*Sabatini, Gabriela*	*6:3*	*4:6*	*6:4*
F	*g*	*Graf, Steffi*	*6:2*	*3:6*	*10:8*

Juli

WIMBLEDON, *London*

Frei/Gras Los: 1 Rang: 1 Gesetzt auf: 1

R 1	*g*	*Byrne, Jenny*	*6:2*	*6:2*	
R 2	*g*	*Appelmans, Sabine*	*6:3*	*6:2*	
R 3	*g*	*Gildemeister, Laura*	*6:4*	*6:1*	
A	*g*	*Fernandez, Gigi*	*6:4*	*6:2*	
V	*g*	*Tauziat, Nathalie*	*6:1*	*6:3*	
H	*g*	*Navratilova, Martina*	*6:2*	*6:7 (3:7)*	*6:4*
F	*v*	*Graf, Steffi*	*6:2*	*6:1*	

August

VIRGINIA SLIMS OF LOS ANGELES, *Manhattan Beach*

Frei/Hart Los: 3 Rang: 1 Gesetzt auf: 1

R 3	*g*	*Freilos*			
A	*g*	*Habsudowa, Kanna*	*6:2*	*6:2*	
V	*g*	*Frazier, Amy*	*6:2*	*6:0*	
H	*g*	*Sanchez-Vicario, Arantxa*	*6:3*	*6:2*	
F	*v*	*Navratilova, Martina*	*6:4*	*6:2*	

August

CANADIAN OPEN, *Montreal*

Frei/Hart Los: 2 Rang: 1 Gesetzt auf: 1

R 2	*g*	*Freilos*			
R 3	*g*	*Werdel, Marianne*	*6:2*	*6:4*	
A	*g*	*Sawamatsu, Naoko*	*6:1*	*6:2*	
V	*g*	*Hy, Patricia*	*6:1*	*4:6*	*6:1*
H	*g*	*McNeil, Lori*	*6:3*	*6:4*	
F	*v*	*Sanchez-Vicario, Arantxa*	*6:3*	*4:6*	*6:4*

September

US OPEN, *New York*

Frei/Hart Los: 1 Rang: 1 Gesetzt auf: 1

R 1	*g*	*Keller, Audra*	*6:1*	*6:0*
R 2	*g*	*Raymond, Lisa*	*7:5*	*6:0*
R 3	*g*	*Porwik, Claudia*	*6:4*	*6:0*
A	*g*	*Fernandez, Gigi*	*6:1*	*6:2*
V	*g*	*Hy, Patricia*	*6:1*	*6:2*
H	*g*	*Fernandez, Mary Joe*	*6:3*	*6:2*
F	*g*	*Sanchez-Vicario, Arantxa*	*6:3*	*6:3*

September

NICHIREI INTERNATIONAL, *Tokio*

Halle/Tepp. Los: 3 Rang: 1 Gesetzt auf: 1

R 3	*g*	*Freilos*			
A	*g*	*Wan, Shi-Ting*	*6:0*	*6:1*	
V	*g*	*Sawamatsu, Naoko*	*6:1*	*6:0*	
H	*g*	*Fernandez, Mary Joe*	*6:0*	*3:6*	*6:4*
F	*g*	*Sabatini, Gabriela*	*6:2*	*6:0*	

November

BANK OF WEST CLASSICS, *Oakland*

Halle/Tepp. Los: 3 Rang: 1 Gesetzt auf: 1

R 3	*g*	*Freilos*		
A	*g*	*Rehe, Stephanie*	*6:4*	*6:1*
V	*g*	*Majoli, Iva*	*6:3*	*6:1*
H	*g*	*Huber, Anke*	*6:2*	*6:3*
F	*g*	*Navratilova, Martina*	*6:3*	*6:4*

November

VIRGINIA SLIMS CHAMPIONSHIPS, *New York*

Halle/Tepp. Los: A Rang: 1 Gesetzt auf: 1

A	*g*	*Tauziat, Nathalie*	*6:1*	*6:2*	
V	*g*	*Novotna, Jana*	*3:6*	*6:4*	*6:1*
H	*g*	*Sabatini, Gabriela*	*7:6*	*6:1*	
F	*g*	*Navratilova, Martina*	*7:5*	*6:3*	*6:1*

1993

Januar

AUSTRALIAN OPEN, *Melbourne*

Frei/Hart Los: 1 Rang: 1 Gesetzt auf: 1

R 1	*g*	*Pizzichini, Gloria*	*6:1*	*6:1*	
R 2	*g*	*Strandlund, Maria*	*6:2*	*6:0*	
R 3	*g*	*Fendick, Patty*	*6:1*	*6:0*	
A	*g*	*Tauziat, Nathalie*	*6:2*	*6:0*	
V	*g*	*Halard, Julie*	*6:2*	*6:7 (5:7)*	*6:0*
H	*g*	*Sabatini, Gabriela*	*6:1*	*6:2*	
F	*g*	*Graf, Steffi*	*4:6*	*6:3*	*6:2*

Februar

VIRGINIA SLIMS OF CHICAGO, *Chicago*

Halle/Tepp. Los: 3 Rang: 1 Gesetzt auf: 1

R 3	*g*	*Freilos*			
A	*g*	*Po, Kimberley*	*6:1*	*6:2*	
V	*g*	*Schultz, Brenda*	*4:6*	*7:6 (7:4)*	*6:4*
H	*g*	*Fernandez, Mary Joe*	*6:3*	*6:0*	
F	*g*	*Navratilova, Martina*	*3:6*	*6:2*	*6:1*

Februar

FRENCH OPEN, *Paris*

Halle/Tepp. Los: 3 Rang: 1 Gesetzt auf: 1

R 3	*g*	*Porwik, Claudia*	*6:1*	*6:2*	
A	*g*	*Wiesner, Judith*	*6:1*	*6:4*	
V	*g*	*Pierce, Mary*	*6:2*	*6:2*	
H	*g*	*Martinez, Conchita*	*6:1*	*6:1*	
F	*v*	*Navratilova, Martina*	*6:3*	*4:6*	*7:6 (7:3)*

Mai

CITIZEN CUP, *Hamburg*

Frei/Sand Los: 3 Rang: 1 Gesetzt auf: 1

R 3	*g*	*Strandlund, Maria*	*6:2*	*6:2*	
A	*g*	*Tarabini, Patricia*	*6:2*	*6:2*	
V	*v*	*Maleeva, Magdalena*	*4:6*	*3:4*	*Pause*

1995

August

CANADIAN OPEN, *Toronto*

Frei/Hart Los: 2 Rang: – Gesetzt auf: 1

R 2	*g*	*Freilos*			
R 3	*g*	*Po, Kimberley*	*6:0*	*6:3*	
A	*g*	*Tauziat, Nathalie*	*6:2*	*6:2*	
V	*g*	*Huber, Anke*	*6:3*	*6:2*	
H	*g*	*Sabatini, Gabriela*	*6:1*	*6:0*	
F	*g*	*Coetzer, Amanda*	*6:0*	*6:1*	

September

US OPEN, *New York*

Frei/Hart Los: 1 Rang: 1 Gesetzt auf: 2

R 1	*g*	*Dragomir, Ruxandra*	*6:3*	*6:1*	
R 2	*g*	*De Lone, Erika*	*6:2*	*6:1*	
R 3	*g*	*Kamio, Yone*	*6:1*	*6:1*	
A	*g*	*Huber, Anke*	*6:1*	*6:4*	
V	*g*	*Novotna, Jana*	*7:6 (7:5)*	*6:2*	
H	*g*	*Martinez, Conchita*	*6:2*	*6:2*	
F	*v*	*Graf, Steffi*	*7:6 (8:6)*	*0:6*	*6:3*

1996

Januar

PETERS NSW OPEN, *Sidney*

Frei/Hart Los: 3 Rang: 1 Gesetzt auf: 1

R 3	*g*	*Freilos*			
A	*g*	*Van Roost, Dominique*	*6:1*	*6:2*	
V	*g*	*De Swardt, Mariaan*	*6:3*	*6:2*	
H	*g*	*Schultz-McCarthy, Brenda*	*7:6 (7:4)*	*6:3*	
F	*g*	*Davenport, Lindsay*	*4:6*	*7:6 (9:7)*	*6:3*

Januar

AUSTRALIAN OPEN, *Melbourne*

Frei/Hart Los: 1 Rang: 1 Gesetzt auf: 1

R 1	*g*	*Lee, Janet*	*6:3*	*6:0*	
R 2	*g*	*Studenikova, Katarina*	*6:1*	*6:1*	
R 3	*g*	*Halard-Decugis, Julie*	*7:5*	*6:0*	
A	*g*	*Sawamatsu, Naoko*	*6:1*	*6:3*	
V	*g*	*Majoli, Iva*	*6:1*	*6:2*	
H	*g*	*Rubin, Chanda*	*6:7 (2:7)*	*6:1*	*7:5*
F	*g*	*Huber, Anke*	*6:4*	*6:1*	

Februar

PAN PACIFIC, *Tokio*

Halle/Tepp. Los: 3 Rang: 1 Gesetzt auf: 1

R 3	*g*	*Freilos*			
A	*g*	*Spirlea, Irina*	*6:4*	*6:2*	
V	*v*	*Majoli, Iva*	*1:6*	*7:6*	*6:4*

Namensregister

GOLDMANN

Callanetics

Callanetics 13848

Callanetics für den Rücken 13849

Callanetics Countdown 13906

Super Callanetics 13909

Goldmann · Der Taschenbuch-Verlag